本书为教育部人文社科规划基金项目"京津冀文化创意产业协同发展的困境与突围"的最终研究成果（项目编号：15YJA860003）

京津冀文化创意产业协同发展的困境与突围

杜 浩 宋伟龙 著

科 学 出 版 社
北 京

内 容 简 介

本书为教育部人文社科规划基金项目"京津冀文化创意产业协同发展的困境与突围"的最终研究成果。全书以"区域创新体系"为总体理念,研究涵盖"理论探讨""各地发展现状""京津冀合作""路径选择"四个方面的内容,在充分借鉴和吸收前人研究成果的基础上,综合运用新闻传播学、区域经济学、管理学、传媒经济学等的理论工具和研究方法,以区域创新体系构建为纽带,对中国京津冀区域内文化创意产业的历史演变、产业布局、现状和问题进行了较为深入的分析。

本书适合区域经济学、新闻传播学、管理学等相关学科的研究生以及想了解京津冀文化创意产业发展现状的读者参考使用。

图书在版编目(CIP)数据

京津冀文化创意产业协同发展的困境与突围/杜浩,宋伟龙著.—北京:科学出版社,2019.3
ISBN 978-7-03-058904-0

Ⅰ.①京… Ⅱ.①杜… ②宋… Ⅲ.①文化产业-产业发展-研究-华北地区 Ⅳ.①G127.2

中国版本图书馆 CIP 数据核字(2018)第 218680 号

责任编辑:王 丹 / 责任校对:王 瑞
责任印制:徐晓晨 / 封面设计:铭轩堂

科学出版社 出版
北京东黄城根北街 16 号
邮政编码:100717
http://www.sciencep.com

北京虎彩文化传播有限公司 印刷
科学出版社发行 各地新华书店经销
*

2019 年 3 月第 一 版 开本:720×1000 B5
2019 年 3 月第一次印刷 印张:14 1/4
字数:280 000

定价:88.00 元
(如有印装质量问题,我社负责调换)

目　　录

绪论 ··· 1
第一章　区域文化创意产业协同发展机理分析 ····························· 6
第一节　区域文化创意产业协同发展相关概念 ························· 6
第二节　区域文化创意产业协同发展相关理论支撑 ·················· 12
第三节　区域文化创意产业协同发展的基本原理 ····················· 16
第四节　区域文化创意产业协同发展的运行机制 ····················· 20
第二章　创意之都：北京市文化创意产业发展现状 ······················· 31
第一节　文化创意产业成为国民经济的重要支柱产业 ··············· 31
第二节　政府文化创意产业政策体系完备 ······························ 34
第三节　空间布局："一核、一带、两轴、多中心" ················ 37
第四节　北京市文化创意产业发展的突出问题 ························ 45
第三章　山海城乡：天津市文化创意产业发展现状 ······················· 49
第一节　文化创意产业逐步成长为支柱产业 ··························· 49
第二节　政府文化政策日趋完善 ·· 52
第三节　搭建文化创意产业财政金融平台 ······························ 55
第四节　空间布局："一带、双心、多组团" ························· 57
第五节　天津市文化创意产业发展的突出问题 ························ 62
第四章　燕赵古风：河北省文化创意产业发展现状 ······················· 67
第一节　文化创意产业发展前景可观 ···································· 67
第二节　政府文化创意产业政策不断完善 ······························ 70
第三节　河北省文化创意产业集聚 ······································· 76
第四节　空间布局："两区四带" ·· 84
第五节　河北省文化创意产业发展的突出问题 ························ 88
第五章　京津冀文化创意产业协同发展的嬗变 ····························· 94
第一节　时间轴：京津冀区域文化创意产业协同发展历程 ········· 94
第二节　空间轴：京津冀区域文化创意产业协同发展布局 ········ 104

第六章	京津冀文化创意产业协同发展的困境	125
第一节	京津冀政府层面协同发展困境	125
第二节	京津冀宏观经济层面协同发展困境	129
第三节	京津冀产业集群层面协同发展困境	134

第七章　京津冀文化创意产业协同发展的路径：区域创新体系　140
　　第一节　京津冀文化创意产业协同发展的空间壁垒　141
　　第二节　突破空间壁垒：区域创新体系　143
　　第三节　区域创新体系的基本构成要素　150
　　第四节　区域创新体系的现实问题及实施战略　158

第八章　京津冀区域创新体系的实现主体：创意集群　165
　　第一节　从产业集群到创意集群　165
　　第二节　区域创新体系的实现主体：创意集群　171
　　第三节　基于创意集群构建京津冀区域创新体系　177

第九章　京津冀区域创新体系的基本保障：创新环境　185
　　第一节　京津冀区域创新软件环境构建路径　186
　　第二节　京津冀区域创新硬件环境构建路径　191

第十章　京津冀区域创新体系的核心资源：创新资源　196
　　第一节　构建京津冀知识资源协同体系　196
　　第二节　构建京津冀创意人才支撑体系　201
　　第三节　构建京津冀文化资本保障体系　204

参考文献　207

附录　208
　　附录一　京津冀三地政府文化创意产业政策一览表（2006—2017年）　208
　　附录二　天津市文化创意产业相关政策一览表　212
　　附录三　河北省文化创意产业相关政策一览表　215
　　附录四　河北省文化产业示范基地名单　217

后记　222

绪　　论

2015年4月30日，中共中央政治局审议通过了《京津冀协同发展规划纲要》，标志着京津冀协同发展成为国家战略。该纲要指出，京津冀协同发展要立足各自比较优势、立足现代产业分工要求、立足区域优势互补原则、立足合作共赢理念。京津冀协同发展对于该区域的文化创意产业而言，既是机遇，也是挑战。说是机遇，因为这是京津冀三地文化创意产业整合三地资源，深化产业分工，互补优势资源，最终实现区域内文化创意产业跨越式发展的重大机遇；说是挑战，是因为现阶段京津冀三地文化创意产业存在发展严重失衡、同质化竞争严重、地方保护盛行等问题。一旦三地文化创意产业协同发展失败，不仅难以为京津冀三地发展提供新的经济增长点，也会直接影响三地经济协同发展的完成进度。因此，本书在紧紧依托京津冀协同发展的大背景下，立足该区域文化创意产业现状和产业特征，将区域创新体系的概念引入京津冀文化创意产业发展中来，力图将区域创新体系的构建作为提高区域创意创新能力、增强区域整体竞争力、加快区域经济协同发展的主要路径。因为构建区域创新体系，进而提高区域创新能力、增强区域竞争力，不仅能够突破京津冀区域内的"核心-边缘"格局，还能够有效提高整个区域的协同创新能力。本书对京津冀区域文化创意产业协同发展的研究，既缘起于京津冀协同发展的国家战略，还由于协同发展对区域内文化创意产业发展及区域创新体系的构建具有重要的现实意义，主要体现在以下几方面。

第一，文化创意产业协同发展是突破区域发展壁垒的重要路径。京津冀三地经济发展水平的限制，使得区域内的文化创意产业"极化效应"较为明显，而"扩散效应"则不足，优质的创意人才、创意资本、创意资源等都流向京津两地，河北与京津差距越来越大，这就在京津冀区域间形成了空间壁垒，阻碍京津冀文化创意产业资本、技术、人才、知识产权等生产要素的自由流动。另外，行政区划的分隔和"分灶吃饭"的财政体制下，三地地方政府为了各自的政绩，往往大力吸引文化创意资源的流入，也会采用各种行政手段阻止文化创意资源的流出，这在一定程度上限制了京津地区文化创意资源，特别是优质文化创意资源向河北等地区的流出。[①]京津冀三地地方政府对文化创意资源流动的干预，长期成为限制京津冀区域文化创意产业协同发展的壁垒。而京津冀文化创意产业协同发展正是要在区域内构建资源自由流动的区域创新体系，在这一体系内，从创意集群、创新环境、创新资源三个方面入手，统一文化创意产业知识产权、人才、财税、扶持等相关政策，打破文化创意产业条块分割的市场格局，建立一个统一的区域文化创意市场，促进资本、人才、产权、技术等文化创意资源的自由流动。

第二，文化创意产业协同发展是该区域产业转型升级的必然要求。学者陶良虎曾指出，"改革开放三十年以来，中国的产业结构呈现了从以第一产业为主到第二产业为主，再到第三产业为主的发展演变过程。"[②]而文化创意产业则随着第三产业的发展取得了长足的进步，"文化+科技""文化+金融""文化+互联网"等多种融合形式的出现，使其已经逐渐成长为第三产业的主要增长点，也是中国国民经济发展最活跃的产业之一。京津冀三地文化创意产业的增长将成为区域产业转型升级的重要"新引擎"。目前，京津冀地区是全国水资源最短缺，大气污染、水污染最严重，资源环境与发展矛盾最为尖锐的地区。促进京津冀区域文化创意产业协同发展，是京津冀区域产业转型升级的内在要求，是实现区域经济协同发展的重要路径。对于京津冀这片大气污染严重的区域，如何在节能减排、淘汰落后产能的同时，保持区域经济的快速发展，这就需要文化创意产业以其强大的产业关联效应和波及效应，对区域整体经济起到强大的拉动作用，进而有效带动相关产业协同发展，成为区域经济发展"新引擎"。[③]京津冀地区可以通过进一步加快京津冀文化创意产业的协同发展，使三地文化创意产业形成发展体系，提升区域集群水平，进而突破发展瓶颈，从而形成文化创意产业发展与生态环境改善之间的良性互动，实现经济效益与社会效益双提升。

第三，文化创意产业协同发展是提升区域软实力的客观要求。在全球化格局下，区域文化创意产业已经走出"自给自足"的农业经济式发展道路，具有了全球生产与消费的文化意义和现实关怀。随着互联网技术的不断发展，文化创意产业已经突破了时间和空间的限制，能够迅速传播到世界的任何角落。例如，美国好莱坞电影集群、日本东京动漫集群、英国曼彻斯特音乐集群、意大利米兰时尚集群等为代表的文化创意产业区域集群，其所输出的文化创意产品，

[①] 颜廷标：《基于中观视角的京津冀协同创新模式研究》，《河北学刊》2016年第2期，第151页。
[②] 陶良虎：《中国产业结构协同研究》，中国商业出版社2008年版，第3页。
[③] 刘立云、雷宏振：《产业集群视角下的文化产业与区域经济增长》，《东岳论丛》2012年第3期，第143-148页。

不仅成为其国经济发展的重要支柱，同时也使其国文化发扬光大，走向世界，实现了区域和国家文化软实力的提升。由此，发达国家文化创意产业的发展历程为中国文化创意产业的发展提供了一种可行性方案。[①]在京津冀文化创意产业协同发展的理念下，可以充分整合三地资源，利用北京的人才、资本优势，天津的转化能力优势，河北的历史文化资源优势、市场优势，在区域内构建文化创意产业区域创新体系，坚持大局思维，摒弃各自小而全的文化创意产业发展政策，将各地产业发展置身于京津冀整个区域内，坚持"北京原始创新、天津研发转化、河北推广应用"的基本原则，结合自身发展优势错位发展，实现京津冀区域文化创意产业集群化发展，提升区域文化软实力，进而实现国际文化秩序的总调整与再平衡，构成以区域文化产业为主体支撑的国家文化产业博弈与角逐的战略焦点。

基于以上内容，本书在充分借鉴前人研究、观点的基础上，运用传媒经济学、新闻传播学、区域经济学、产业经济学等诸多学科知识，以构建区域创新体系为纽带，对中国京津冀区域内文化创意产业的历史演变、产业布局、现状和问题进行了较为深入的分析，并尝试从创新主体、创新环境、创新资源三个方面提出对策。全书主要分为"理论探讨""各地发展现状""京津冀合作""路径选择"四个板块，对京津冀文化产业协同发展进行分析。

1."理论探讨"板块，主要包括一章：第一章

"区域文化创意产业协同发展机理分析"作为本书正文的第一章，主要分为两部分。首先，对区域文化创意产业协同发展的概念进行阐释，从国内外学者对文化创意产业、协同发展等概念的阐释入手，从前提条件和序参量两个方面揭示了区域文化创意产业的基本原理。其次，探究了包括过程机制、动力机制、保障机制等在内的区域文化创意产业的运行机制。

2."各地发展现状"板块，主要包括三章：第二章至第四章

这部分分别以"创意之都：北京市文化创意产业发展现状""山海城乡：天津市文化创意产业发展现状""燕赵古风：河北省文化创意产业发展现状"为题，利用三章的篇幅对京津冀三地的文化创意产业发展现状进行描述，每章结构基本相同，都是从总体经济指标、文化创意产业政策、文化创意产业空间布局以及现实突出问题四个方面对三地的文化创意产业发展现状进行论述，向读者全面展示京津冀三地文化创意产业发展的总体图景。

---

① [巴西]埃德娜·多斯桑托斯：《2008创意经济报告·前言》，张晓明、周建钢等译，三辰影库音像出版社2008年版，第V页。

3."京津冀合作"板块，主要包括两章：第五章、第六章

第五章，"京津冀文化创意产业协同发展的嬗变"。这一章重点从时间轴和空间轴两个维度，对京津冀三地文化创意产业的合作情况进行论述和总结。在时间轴上，本书将京津冀三地的合作分为四个阶段，分别是合作初期摸索阶段（1981年至1991年）、合作停滞发展阶段（1992年至2003年）、合作活跃推动阶段（2004年至2012年）、合作全面实施阶段（2013年至2018年）；在空间轴上，本书从协同发展概况、产业的空间布局以及协同发展路径三个方面对京津冀文化创意产业的合作情况进行了归纳。

第六章，"京津冀文化创意产业协同发展的困境"。现阶段，京津冀三地文化创意产业合作虽然取得了一定成绩，但是仍然存在一定的发展困境。本书从政府层面、宏观经济层面、产业集群层面，对现阶段京津冀三地文化创意产业合作的现实问题进行分析。在政府层面，具体存在政府顶层设计不足、行政级差不利于平等协作、文化体制限制跨区域合作、财税政策不统一等问题；在宏观经济层面，具体存在经济发展水平不均衡、产业梯度差距明显、产业对接困难等问题；在产业集群层面，具体存在缺乏协同规划、发展模式单一、集聚水平不高、产业链协同不够、公共服务不完备等问题。

4."路径选择"板块，主要包括四章：第七章至第十章

第七章，"京津冀文化创意产业协同发展的路径：区域创新体系"。这一章通过对京津冀"空间特征"进行分析，发现区域内三地文化创意产业呈现"核心-边缘"的空间布局，而这样的空间布局使三地在机制体制、产业梯度、产业集群等方面存在空间壁垒。如何突破三地间的空间壁垒，成为京津冀协同发展的关键。本书引入"区域创新体系"概念，认为其是解开京津冀协同发展困境的一把"钥匙"。京津冀文化创意产业"核心-边缘"的空间布局，需要区域创新体系来整合区域内创新资源，利用创意集群提升边缘区域的文化创意产业创新能力，促进区域文化创意产业协同发展。区域创新体系通常是由创新主体、创新环境和创新资源三个部分构成，本书也将从创新主体、创新环境、创新资源三个方面提出构建京津冀区域创新体系的发展策略。

第八章，"京津冀区域创新体系的实现主体：创意集群"。创意集群与区域创新体系的构建存在着千丝万缕的联系，创意集群有利于催生创新，促进区域创新体系的建立；同时区域创新体系的建立也会吸引来更多相关企业，加强文化创意产业的集聚效应。因此，创意集群是区域创新体系的重要实现方式、区域创新主体的创新协作平台，有利于区域创新知识扩散转移，这也决定了创意集群是区域创新体系的实现主体。本书从政府、高校与科研机构、企业、中介服务机构四个创新主体入手，提出了京津冀创意集群发展的"三螺旋"发展

模式。

第九章，"京津冀区域创新体系的基本保障：创新环境"。区域创新体系的创新环境主要包括两个方面：软件环境和硬件环境。对于京津冀区域创新软件环境的构建，本书重点从政府制度环境、社会文化环境两个方面提出应对策略；而对于京津冀区域创新硬件环境的构建，则从区域信息网络建设、区域交通体系建设、产业园区基础建设三个方面提出了应对策略。

第十章，"京津冀区域创新体系的核心资源：创新资源"。区域创新体系的创新资源主要包括知识资源、人才资源、资本资源三部分。在构建知识资源协同体系方面，本书建议从知识资源市场开放机制、知识产权保护协作机制、知识资源流动保障机制、知识资源集群服务机制等方面来构建；在构建京津冀创意人才支撑体系上，建议从人才合作协调机制、人才联合培养机制、人才公共服务机制、人才成果共享机制等方面构建；在构建京津冀文化资本保障体系上，建议要充分发挥政府财政资金基础作用、金融机构资本主体作用和社会多元资本补充作用。

第一章 区域文化创意产业协同发展机理分析

第一节 区域文化创意产业协同发展相关概念

一、文化创意产业

1. 文化产业及其分类

"文化产业"一词是由德国法兰克福学派的学者西奥多·阿多诺及马克斯·霍克海姆等提出，它首先出现于阿多诺与霍克海姆合著的《启蒙辩证法》（1947），这部著作中称之为"cultural industry"，侧重的是大众文化产品生产的标准化、齐一化、程式化，属于文化工业的概念范畴，指出了文化工业从上到下有意识地迎合消费者，因此提供的是消费者想要的、简单的、通俗的产品，并且论述了文化工业将利润追求强加在产品的精神价值之上，更多的是以批判的视角考察大众文化对社会和人的影响。

联合国教科文组织对文化产业的定义是："文化产业就是按照工业标准，生产、再生产、储存以及分配文化产品和服务的一系列活动。这一定义只包括可以由工业化生产并符合四个特征（即系列化、标准化、生产过程分工精细化和消费的大众化）的产品（如书籍报刊等印刷品和电子出版物有声制品、视听制品等）及其相关服务，而不包括舞台演出和造型艺术的生产与服务。"[①] 1986年，联合国教科文组织为了收集各国的文化统计数据，率先制定了文化统计框架，并于1993年作了进一步修正，成为规范各国文化统计工作以及各国建立自己的文化产业体系的参考标准。这个框架认为文化产业是以艺术创造表达形式、以遗产古迹为基础而引起的各种活动和产出，具体包括文化遗产、出版印刷业的著作文献、音乐、表演艺术、视觉艺术、音频媒体、视听媒体、社会文化活

---

① 欧阳友权：《文化产业概论》，湖南人民出版社2006年版，第3页。

动、体育和游戏、环境和自然等十大类。①

大卫·赫斯蒙德夫的《文化产业》一书把文化产业划分为"核心文化产业"与"周边文化产业"。被赫斯蒙德夫列入"核心文化产业"的有广告与营销、广播、电影产业、网络产业、音乐产业、印刷与电子出版、视频与电脑游戏。被赫斯蒙德夫纳入"周边文化产业"的有剧院、运动、消费类电子产业/文化产业硬件、软件等产业。②

越来越多的国家和地区开始重视发展文化产业并将其作为国家战略的重要组成部分，纷纷出台相关的优惠政策，加大扶持力度。2003 年 9 月，中华人民共和国文化部（简称文化部）制定下发的《文化部关于支持和促进文化产业发展的若干意见》中，将文化产业界定为："从事文化产品生产和提供文化服务的经营性行业。文化产业是与文化事业相对应的概念，两者都是社会主义文化建设的重要组成部分。文化产业是社会生产力发展的必然产物，是随着我国社会主义市场经济的逐步完善和现代生产方式的不断进步而发展起来的新兴产业。"③

2004 年，中华人民共和国国家统计局（简称国家统计局）发布的《文化及相关产业分类》将"文化产业"的概念界定为："为社会公众提供文化、娱乐产品和服务的活动，以及与这些活动有关联的活动的集合。"④

2012 年 7 月，国家统计局在《文化及相关产业分类》（2004）的基础上进行修订，颁布实施了《文化及相关产业分类（2012）》，文件认为文化及相关产业指为社会公众提供文化产品和文化相关产品的生产活动的集合。根据以上定义得出，中国文化及相关产业的范围包括以文化为核心内容，为直接满足人们的精神需要而进行的创作、制造、传播、展示等文化产品（包括货物和服务）的生产活动；为实现文化产品生产所必需的辅助生产活动；作为文化产品实物载体或制作（使用、传播、展示）工具的文化用品的生产活动（包括制造和销售）；为实现文化产品生产所需专用设备的生产活动（包括制造和销售）。文化及相关产业的类别包括新闻出版发行服务、广播电视电影服务、文化艺术服务、文化信息传输服务、文化创意和设计服务、文化休闲娱乐服务、工艺美术品的生产、文化产品生产的辅助生产、文化用品的生产、文化专用设备的生产十个方面。

---

① 佟贺丰：《英国文化创意产业发展概况及其启示》，《科技与管理》2005 年第 27 卷第 1 期，第 30-32 页。
② 朱自强：《文化创意产业概念及形态辨析》，《东北师大学报（哲学社会科学版）》2012 年第 1 期，第 120 页。
③ 中华人民共和国文化和旅游部：《文化部关于支持和促进文化产业发展的若干意见》，2003 年 9 月，http://zwgk.mct.gov.cn/auto255/200807/t20080724_465696.html?keywords=。
④ 袁帅：《文化创意产业的概念及内涵研究》，沈阳航空工业学院硕士学位论文 2009 年，第 5 页。

2. 文化产业的主要特征

通过上面的定义和分类我们可以看出，与其他行业相比，文化产业具备精神层面和经济层面的双层属性。首先是精神层面的属性，其重要的表现便是它的文化性和创意性，20 世纪 90 年代，美国学者约瑟夫·奈在其著作《软实力：世界政坛成功之道》的前言中提出"软实力"的概念，并将其定义为"通过吸引，而非强迫或收买的方式来达到自己目的的能力。它源自一个国家的文化、政治观念和政策的吸引力"。他把国家的软实力归于三种主要资源：其一是能对其他国家产生吸引力的文化；其二是能真正实践的政治价值观；其三是能被视为具有合法性和道德威信的外交政策。可见，约瑟夫·奈的软实力理论中一个重要的元素便是文化，文化软实力的说法也应运而生，具体表现为文化凝聚力、文化生产力、文化竞争力以及文化影响力等形式。当物质发展水平极大提高之后，人们在衣食住行等方面的产品越来越同质化，那么附着在产品上的文化内涵、价值观等便成为吸引消费者的重要因素，尤其是不同地区因地理、历史等因素沉淀下来的文化底蕴和人文内涵，更应成为发展文化产业的重要基础。

创意性也是文化产业的重要属性，文化产业有时候也被称作文化创意产业，虽然在很多研究者看来文化创意产业只是文化产业范畴中的一种，但是从二者概念的经常混用也可以看出"创意"是文化产业非常重要的特质之一，"创意"需要打破常规，需要思维碰撞、智慧对接，需要更新颖和更具创造性的想法，这些内涵无不是文化产业持续发展的生命力所在。从文化产业垂直的供需链来看，无论是上游的文化产品、文化内容的生产和创新，中游的设计和制作，还是下游的营销服务，这其中的每个环节都离不开创意。文化产业突出和强调个人的创造能力和设计理念，依赖于人类大脑的发散性思维和个人的创新能力。文化产业所看重的不只是自然资源、地理优势，更多的是人的思维、人的智慧、人的创造力、人的创新能力。[①]文化产业需要文化传承、精神创造，还需要独具特色的创意和天才的艺术灵感，文化产业中的众多类别如广播电视、动漫游戏、音乐、广告设计、娱乐休闲服务等都离不开创意，譬如美国的迪士尼公司，其在动画电影的制作和生产上就十分注重创意，无论是卡通人物的形象设计还是情节的安排以及影片中包含的对美好情感的期许，都蕴含着众多的创意。

其次是经济层面的属性，主要表现为产业性和需求的不确定性。文化产业属于第三产业，也是工业革命的产物，现代机器制造业是文化产业产生的基础和前提，现代科学技术是文化产业发展的一个关键因素，信息化和互联网的发

---

① 邹丹琦：《当代英国文化创意产业的发展（1990—2013）》，湖南科技大学硕士学位论文 2015 年，第 10 页。

展又成为网络文化产业的基础。长期以来，文化产业在中国更多的是作为一种文化事业而存在，其经济价值并没有得到更广泛的体现，随着市场经济和经济体制改革的不断深入推进，文化产业的经济价值得到重视，阿多诺和霍克海姆等"文化产业"的提出使人们更加重视其"产业"的属性。文化产业被视为一种产业，其必然离不开标准的产业化生产和各个产业、部门等的配合。文化产业一项很重要的内容就是生产特定的文化产品，文化产品的生产需要大规模的复制，既需要保证一定的产量，又需要保证一定的生产效率，而大规模的生产就必然推动产业化的形成。

在批量产业化生产的同时，文化产业一般集结着文化、创意、科技、信息等多种元素，在为人们提供基本的实用价值之外，更为显著的是它的文化附加值，而文化附加值的体现受到当地文化资源、产业品牌以及公众文化素养等多种因素的影响，只有一定的观念、价值以及品牌等被受众接受和认可，其相关的文化产品才可以被销售，但是这其中受众的需求具有很大的不确定性。再加上科技日新月异的变化以及国外文化产业的竞争，使得发展文化产业的高风险性十分显著。因此，文化产业的发展常常通过产业集群的方式或者协同的模式来降低交易成本，提高效率，促进资源配置优化，营造良好的外部环境和发展氛围，增强产业的综合竞争力。

总体而言，文化产业是一定空间地域内文化与经济长期交融、相互作用、相互影响的结果，是历史文化与现代经济共同作用的产物，既能体现一个区域的精神文明发展水平，也能反映一个区域的各种资源和要素的配置和分布情况，以及该地区的人们对于这些要素的利用和整合情况。资源和要素的不完全流动是人们选择一定的地理条件生存的客观规定，资源和要素的丰俭程度是人们选择生存空间的依据。因此，从人类运动的一般规律来说，人们总是自觉地向着资源和要素丰富的地区运动，并且随着资源和要素的丰俭程度的不断递减而递减。[①]

3. 文化创意产业

除去"文化产业"外，"创意产业"和"文化创意产业"这两个名词近年来也成为大众传媒上高频率出现的热词。在中国的北京、上海、杭州等地，"创意产业"或"文化创意产业"的提法直接进入了政府规划，成为重点发展的战略性产业。

什么是"创意产业"？什么是"文化创意产业"？

英国在全球最早提出"创意产业"概念，也是世界上第一个政策性推动创

---

① 胡惠林：《关于区域文化产业战略与空间布局》，《山东社会科学》2006年第2期，第5-14页。

意产业发展的国家。1997年,在时任首相布莱尔提议并推动下英国创设了文化、媒体和体育部(Department of Culture Media &Sports,DCMS),内设"创意产业工作组"(Creative Industries Task Force,CITF),大力推进创意产业。1998年和2001年,英国文化、媒体和体育部(DCMS)两次发表《英国创意产业路径文件》(Creative Industries Mapping Document),明确了创意产业的概念,即源自个体的创造力、技巧和才能,通过知识产权的开发和利用,具有创造财富和就业机会潜力的诸多活动。同时指出创意产业主要包括十三个行业:广告、建筑、艺术与古玩、工艺、时尚设计、电影、音像制品和摄影、互动休闲软件、音乐、表演艺术、出版、软件设计、广播与电视,并提出了创意产业发展战略和政策措施。2005年,文化、媒体和体育部(DCMS)发布《创意经济计划》(The Creative Economy Program),为创意产业发展建立了一个更好的政策框架。2006年又公布了《英国创意产业竞争力报告》(Comparative Analysis of the UK's Creative Industries),将创意产业分类为三个产业集群:生产性行业(Production Industries)、服务性行业(Service Industries)、艺术品及相关技术行业(Arts and Crafts Industries)。

"文化创意产业"是"文化"和"创意"的结合,是以创意为手段、以文化内容创作成果为核心价值的产业,一般认为其是文化产业发展到新阶段的产物,是文化产业与创意产业相结合的高附加值的产业,是相对传统的文化产业发展创新的更高形态,也是文化产业内调整升级和产业管理突破原有边界的必然结果。

二、协同与协同发展

1. 协同

协同学创始人德国物理学家赫尔曼·哈肯1961年在研究激光现象的实验中发现,任何一种系统既有个体单独的运动,也存在作用于整体的制约要素。当系统内部各个子系统的独立运动占据主要地位时,系统就表现为无规则的无序运动状态;当各个子系统相互协调、相互影响,整体运动占据主要地位时,系统表现为有规律的有序运动状态。协同的含义主要涉及三个方面的内容。第一,协同的前提:子系统的关联性。第二,协同的目的:整体性。第三,协同的重要特点:自组织性。[1]

2. 协同发展

协同发展是指两个或者两个以上的地区,不同个体、不同资源要素之间相

---

[1] 张欣予:《韩国文化产业协同效益实现路径及启示》,长安大学硕士学位论文2016年,第7页。

互作用，为了完成一个共同的目标，相互促进、相互影响，最终实现共同发展的双赢效果。其核心在于"和谐"，这就要求相互影响、相互作用的个体按照一定的原则、一定的目的、一定的发展路径形成合力，构建稳定的结构，产生较大的整体效益和整体功能。美国经济学家迈克尔·波特第一次将协同的概念运用到经济学研究当中，他在研究公司战略与产业组织发展的经济问题时，认为产业存在自身的融合效应和协同效应，这种效应是贯穿在整个产业发展之中的，并对融合效应和协同效应进行了分析探讨。斯蒂格里特兹运用产业生命周期理论和深化经济学将产业融合分为四种基本的类型——技术替代性融合、技术互补性融合、产品替代性融合、产品互补性融合，深化了产业融合协同的研究层次。[①]

三、区域文化创意产业协同发展

区域文化创意产业协同发展是文化创意产业发展的内在要求和客观规律。人才、科技、资金、文化资源、信息等是文化创意产业发展的要素，这些要素因其自身的特殊性和运动规律存在着自身的独立运动，但是因其相互制约和影响，又存在着要素之间的关联运动。各个要素的独立运动与它们之间的关联运动既对立又统一，只单独地存在哪一种运动都会影响文化创意产业的有序发展。区域文化创意产业协同发展就是要通过控制各种内外部条件，合理地调配各个要素的独立运动和它们之间的关联运动，达到相互协作、相互调和的发展态势，进而促进整个区域文化创意产业的协同发展。

区域文化创意产业协同发展需要各个要素之间的协同。区域文化创意产业系统是由各个要素相互作用构成的统一体系，无论是人才、科技、资金、文化资源还是信息都有各自独立的运动发展规律，它们都在各自的运动发展规律支配下进行发展变化。单个要素的发展变化对整个区域文化创意产业的发展是有影响的，但是，这种影响是孤立的、无序的。只有各要素之间相互合作配合，才能形成协同效应，才能影响整个区域文化创意产业的发展态势。

区域文化创意产业协同发展是不同层次协同的共同作用，从微观上来看，有人才的协同、技术的协同、项目的协同乃至文化产品、内容的协同；从中观上来看，有不同企业之间的协同与合作、不同的政府机构之间的协调与配合；从宏观上来看，有不同市场之间的协同以及文化产业与社会、环境等更广范畴之间的协同。可以说区域文化创意产业协同发展是多层次、多维度的，不同的视角下有更为细致的区别和特殊性。

---

① 谢妮：《湖南与台湾文化产业协同发展研究》，湖南大学硕士学位论文2015年，第5-6页。

第二节　区域文化创意产业协同发展相关理论支撑

一、协同理论

1. 协同学简介

哈肯在《协同学：大自然构成的奥秘》中阐释，"协同学"源于希腊文，意思是"协调合作之学"，协同学是一门交叉学科，它研究系统中子系统之间怎样合作以产生宏观的空间结构、时间结构或功能结构，它既处理确定过程也处理随机过程，是一种从整体性入手的研究理论，认为整体大于部分之和。书中很少探讨个别的规则，而旨在发现结构赖以形成的普遍规律。协同学认为尽管大自然展示的结构千差万别，但还是有一些基本的规律，来说明结构是如何形成的，并且探讨这些组件如何协作。

哈肯比喻单个组元好像是由一只无形的手促成一样自行安排起来的，但其实相反，正是这些组元通过它们的协作才转而创建出这只无形的手，并称这只使一切事物有条不紊地组织起来的无形之手为序参量。序参量由单个部分的协作而产生，反过来，序参量又支配各部分的行为。在这个意义上，可以把协同学看成是一门在普遍规律支配下的有序的、自组织的集体行为的科学。协同学所指出的"有意义的信息"，总的场景是由序参数提供的，每当系统的宏观行为改变时，序参数就变得十分重要，而且一般来说这些序参量是长期量，它们支配着短期量。[①]

2. 无序与有序

按照诺伯特·维纳控制论的观点，任何系统（包括物理、生物和社会系统）都是按照一定的秩序运行的，但由于系统内部以及环境中存在着许多偶然的和随机的偏离因素，任何系统都具有从有序向无序、从确定状态向不确定状态变化的倾向。哈肯认为，无序是各种东西没有摆在它们应有的位置上，正因为各种东西所在位置有很多的可能性，就造成了无序的状态。但是无序增长的趋势是可以加以限制的，譬如较高温度导致分子较剧烈的热运动，从而造成较大的无序，那么从系统中消除热能就可以建立相对有序的状态。在这个过程中，从无序到有序只是分子之间相对位置的不同。

3. 序参量

根据协同学观点，在系统从无序向有序发展的协同过程中形成的序参量对

---

① [德]赫尔曼·哈肯：《协同学：大自然构成的奥秘》，凌复华译，上海译文出版社2001年版，第7-8页。

系统的有序发展发挥主要作用。序参量的出现或形成，是系统相变前后所发生的质的飞跃的最突出的标志。序参量来源于要素之间的协同合作，是所有要素对协同运动贡献的总和，它既反映要素介入协同运动的程度，又支配着要素的行为，描述着相变过程中系统的有序程度；要素之间的协同，促使了序参量的出现或形成。

序参量原本是用来判断一个新结构中有序结构的类型及其有序程度的概念工具。在协同学里，哈肯将它作为处理自组织问题的判断根据。序参量是表示系统有序结构类型和有序程度的宏观参量，是子系统进入开放系统中其协同程度的集中体现。序参量的大小体现了系统整体的有序运动程度，描述了系统所处何种模式，模式存在哪些变化，在活动过程中是何种有序状态，等等。[①]

序参量之间的协同合作使系统的有序结构得以确立（各个序参量协同合作共同决定系统的宏观结构）。系统在临界点处，有的时候不只是存在一个序参量，而是几个序参量同时存在；每个序参量都孕育着一个特定的微观组态，每一个微观组态又都对应着一定的宏观结构；每个序参量都试图独立主宰系统，都试图把自己的微观组态发展成系统的宏观结构，但是由于各个序参量在系统中所处的地位和所起的作用相差不多，几个序参量处于势均力敌的状态；这种情况使得各个序参量之间自动地形成妥协，合作起来协同一致地控制整个系统，这时，系统的宏观结构是由几个序参量协同合作来决定的（共同来决定的）。[②]

4. 协同效应

20 世纪 70 年代，哈肯提出了协同效应的概念，即在一个整体环境下，各个系统间存在着互相影响的合作关系，他们借助系统外部的力量或自发对系统内部的能量进行协调与创造，最终实现各个子系统间的有序互动的效应。[③]简单地说，就是"1+1>2"的效应，整体大于部分之和。协同效应分外部和内部两种情况，以企业为例，外部协同是指一个集群中的企业由于相互协作共享业务行为和特定资源，因而将其比作一个单独运作的企业取得更高的盈利能力；内部协同则是指企业生产、营销、管理的不同环节、不同阶段、不同方面共同利用同一资源而产生的整体效应。

安德鲁·坎贝尔等在《战略协同》一书中说："通俗地讲，协同就是'搭便车'。当从公司一个部分中积累的资源可以被同时且无成本地应用于公司的

---

① [德]赫尔曼·哈肯：《协同学》，徐锡申等译，北京原子能出版社 1984 年版，第 287-288 页。
② 王力年：《区域经济系统协同发展理论研究》，东北师范大学博士学位论文 2012 年，第 28 页。
③ [德]赫尔曼·哈肯：《协同学：大自然构成的奥秘》，凌复华译，上海译文出版社 2001 年版，第 122-134 页。

其他部分的时候，协同效应就发生了。"他还从资源形态或资产特性的角度区别了协同效应与互补效应，即"互补效应主要是通过对可见资源的使用来实现的，而协同效应则主要是通过对隐性资产的使用来实现的"。①

蒂姆·欣德尔概括了坎贝尔等关于企业协同的实现方式，指出企业可以通过共享技能、共享有形资源、协调战略、垂直整合、与供应商谈判和联合力量等方式实现协同。②

二、系统论

系统一词，来源于古希腊语，是由部分构成整体的意思。通常把系统定义为：由若干要素以一定结构形式联结构成的具有某种功能的有机整体。这个定义包括了系统、要素、结构、功能四个概念，表明了要素与要素、要素与系统、系统与环境三方面的关系。

系统论产生于20世纪二三十年代。1928年和1932年，贝塔朗菲在《关于形态形成的批判理论》和《理论生物学》中，突破传统生物学理论和方法的机械论模式，提出了"机体系统论"。1937年，他在芝加哥哲学讨论会上提出了"一般系统论"的概念。1945年，他在《德国哲学周刊》上发表了《关于一般系统论》，阐述了一般系统论的基本思想。1968年，他发表了《一般系统论的基础、发展和应用》，确立了系统论的学术地位，并把系统论从生命系统扩展到心理、社会和文化领域。1972年，在《一般系统论的历史和现状》一文中，贝塔朗菲又提出系统论是一种新的科学规范，其内容包括研究系统的科学和数学系统理论；系统技术，包括计算机、自动化、自调节机构等"硬件"以及新的理论成果、学科等"软件"；系统哲学，研究系统的本体论、认识论等。20世纪80年代以来，中国科学家钱学森提出，系统论是系统科学和哲学之间的中介理论。它的基础科学是系统学，其技术科学是运筹学、控制论、信息论、大系统理论等，其应用科学是系统工程。③

1. 系统论的核心思想

贝塔朗菲强调，任何系统都是一个有机的整体，它不是各个部分的机械组合或简单相加，系统的整体功能是各要素在孤立状态下所没有的性质。他用亚里士多德的"整体大于部分之和"的名言来说明系统的整体性，反对那种认为要素性能好，整体性能一定好，以局部说明整体的机械论的观点。同时他认为，

---

① 杨世坤：《银行并购协同效应陷阱及其防范》，《商业时代》2009年第5期，第89-90页。
② 同①。
③ [美]贝塔朗菲：《一般系统论的基础、发展和应用》，林康义、魏宏森译，清华大学出版社1987年版，第177-195页。

系统中各要素不是孤立地存在着，每个要素在系统中都处于一定的位置上，起着特定的作用。要素之间相互关联，构成了一个不可分割的整体。要素是整体中的要素，如果将要素从系统整体中割离出来，它将失去要素的作用。

2. 系统论的基本思想方法

系统方法是运用系统论原理考察系统整体与部分、系统与环境、结构与功能等相互联系和相互作用的关系，以揭示其本质与规律的方法。系统方法在一般系统论基础上产生，首先在自然科学、工程技术和经营管理中应用，然后扩展到社会科学等领域，成为适用于一切领域的科学方法系统论的基本思想方法。[①]系统方法就是把所研究和处理的对象当作一个系统，分析系统的结构和功能，研究系统、要素、环境三者的相互关系和变动的规律性，并优化系统。

三、控制论

控制论是关于系统内秩序维持的一般法则的科学。控制论的创始人维纳在1948年出版的《控制论：或关于在动物和机器中控制和通信的科学》一书中第一次提出"控制论"这一概念，之后，控制论成为20世纪重要的新兴学科。维纳把控制论看作是研究动态系统在变化的环境条件下如何保持平衡状态或稳定状态的科学。维纳所创建的控制论对20世纪后半叶的科学研究产生了巨大的影响。现代控制论已经形成了四大领域，即工程控制论、生物控制论、智能控制论和社会控制论。

按照维纳的观点，任何系统（包括物理、生物和社会系统）都是按照一定的秩序运行的，但系统内部以及环境中存在着许多偶然的和随机的偏离因素，因此任何系统都具有从有序向无序、从确定状态向不确定状态变化的倾向。为了保持系统的正常运行和促进系统目标的实现，就需要对系统进行控制。

那么，如何才能实现这种控制呢？维纳认为，一个重要的方法就是信息反馈。换句话说，系统输出物反映了系统的秩序状态和功能执行的结果，把输出物的全部或一部分作为反馈信息回送到系统中，并对系统的运行进行再调整，就可以起到修正偏差的作用。在这里我们可以看到，信息在控制论中也是一个核心概念，这也决定了反馈机制是作为一个前提包含在维纳的信息概念当中的。[②]

1. 最优控制理论

最优控制理论是现代控制论的核心。在现代社会不断发展、科学技术日益

[①] 唐钰成：《经济和谐发展的系统论》，《系统科学学报》2009年第17卷第1期，第87-89页。
[②] 郭庆光：《传播学教程》，中国人民大学出版社2011年版，第251页。

进步的情况下,各种控制系统的复杂化与大型化已越来越明显。不仅系统技术、工具和手段更加科学化、现代化,各类控制系统的应用技术的要求也越来越高,这就促使控制论进入多输入和多输出系统控制的现代化阶段,由此产生了最优控制理论。这一理论是通过数学方法,科学、有效地解决大系统的设计和控制问题,强调采用动态的控制方式和方法,以满足各种多输入和多输出系统的控制要求,实现系统最优化的。最优控制理论主要是在工程控制系统、社会控制系统等领域得到了广泛的应用和发展。

2. 自适应、自学习和自组织系统理论

自适应控制系统能按照外界条件的变化,自动调整其自身的结构或行为参数,以保持系统原有的功能,如自寻最优点的极值控制系统、条件反馈性的简单波动自适应系统等。随着信息科学和现代计算技术的发展,自适应系统理论得到了进一步完善和深化,并逐步形成一种专门的工程控制理论。自学习系统就是系统具有能够按照自己运行过程中的经验来改进控制算法的能力,它是自适应系统的一个延伸和发展。对自组织系统理论的研究在20世纪60年代就已经成为控制论的重要领域。从控制论观点讲,系统不仅能被组织,还能够自组织。对自组织系统新模型的探索和研究,将会给组织系统的控制,人工组织系统、组织与有机体系统的控制,带来很大的影响和变革。[①]

第三节 区域文化创意产业协同发展的基本原理

一、区域文化创意产业协同发展的前提条件

1. 整体性

整体性是区域文化创意产业整体协同发展的首要前提,只有将各个子区域连接起来视为一个整体才能实现"1+1>2"的效应。根据协同理论,区域文化创意产业"协同发展"需要各个子系统从自有的优势条件出发寻找各种可能性,并且找到相对有序的结构,借此实现整体效应。"协同"可以使得系统内的各子系统由无序的状态向有序的状态更快地转化,协同发展能够减少各子系统之间的摩擦,改变单打独斗的局面,从而产生系统整体大于部分的效应。

2. 保持开放

保持开放是区域文化创意产业协同发展的又一前提。协同理论的自组织原

---

① 杨学津、孙一主编:《管理系统工程教程》,山东大学出版社2003年版,第155页。

理表明，任何系统都不能缺少与外界环境的交流，尤其是资本、技术、人力等关键资源的交流。因此，各子区域只有具备相互开放性，才能使区域产业的发展达到"协同"。[①]另外，在各个子区域内部的各项文化创意产业的发展也具有高度的开放性，不同文化企业的交流和连接，不同文化项目的合作与共建等都可以通过发达的技术手段、信息渠道等使得子区域内部的子系统相互开放。开放能够不断促进资源的优化配置，及时了解系统内外部的各项情况，当危机发生时能够迅速地应变。

3. 远离平衡态

区域文化创意产业是一个远离平衡态的系统，远离平衡态也是其协同发展的前提之一。支配原理的核心思想是认为系统内部的各种子系统、参量或因素对系统的影响是有差异的、不平衡的。系统内部子区域不同的文化资源禀赋、不同的区位条件、不同的技术手段等造成了区域文化创意产业的不平衡性。在京津冀地区，北京是中国政治文化中心、现代化国际都市，更是历史上的古都，文化资源丰富，高校和科研机构云集，文化创意产业发展迅速；天津是滨海城市，近代以来开埠通商较早，独特的"租界文化"特色以及滨海新区的改革试验田战略具有优势；河北民俗文化与民间艺术丰富，拥有地方戏剧、曲阳石雕、武强年画、蔚县剪纸等众多知名品牌，河北也是历史的燕赵文化大地，狼牙山、西柏坡等还是重要的红色旅游基地。京津冀三地文化资源丰富，但是又极具差异性，具体的文化创意产业发展不平衡。另外，在同一区域不同的发展阶段，文化创意产业的发展也是不平衡的，文化创意产业的发展受制于人才、技术、资金等多种因素的影响，这些要素在不同的发展阶段所达到的发展水平也是不同的。因此，文化创意产业这一系统的发展始终会处在一种动态的发展过程中而不是达到绝对的平衡，它只能在这种远离平衡态的状态中寻找相对稳定的结构。也正是系统的非平衡态，将给系统的发展带来更多的可能性和不确定性，不同子区域的协同发展也更为必要。因此，在区域产业协同发展过程中，不仅要加强大区域的组织协调机制建设，还要充分发挥子区域的比较优势，双管齐下，促进区域产业发展的高效协同。

二、区域文化创意产业协同发展的序参量

一方面序参量是系统内部子系统协同的产物，另一方面序参量一旦形成后又支配着各个子系统。区域文化创意产业协同发展系统的序参量是其内部

[①] 穆一戈：《长三角战略性新兴产业协同发展模式与机制研究》，上海工程技术大学硕士学位论文 2015 年，第 20 页。

各子系统序参量的协同在宏观上总的反映和体现。在初级协同阶段，各子系统独立运动、各行其是，不存在合作关系，不能形成序参量；而当系统接近临界点时，子系统间产生关联，形成协同关系，促使序参量形成，标志着系统进入了一个新的有序态。区域文化创意产业协同发展受许多变量的影响，但文化创意产业的发展轨迹主要是由少数相互作用的几个缓慢增加的变量决定的，这些慢变量是子系统介入协同运动程度的集中体现并主宰系统的整体演化过程。[1]

当今世界文化创意产业迅猛发展，渗透到人们生活的方方面面，但是文化创意产业的发展又极具风险性，不确定因素众多，而且不同区域之间的竞争也日趋激烈，同质化成为阻碍各个区域发展的一个重要障碍，因此如何形成本区域系统的有序结构就成为首要命题。由于区域文化创意产业协同发展的序参量是决定区域文化创意产业内部要素存在状态（即上文提到的系统结构）的关键变量，只有认识并选择正确的序参量，通过明晰和强化序参量的作用，推动区域文化创意产业协同发展到更高的阶段，才能最大限度地发挥协同效应，促进区域发展。

笔者认为区域文化创意产业协同发展的序参量主要包括区域文化创意产业的战略模式和区域文化创意产业结构。

1. 区域文化创意产业的战略模式

区域发展战略是一个国家现代化的空间布局战略，指区域经济开发中重大的、带全局性或决定性的谋划，是区域经济的发展观和全局谋划的有机结合。[2]它依据某一地区生产要素的条件和该地区在全国经济体系中的地位和作用，对地区未来发展的目标、方向和总体思路进行谋划。一个较为完整的区域发展战略，一般包含战略依据、战略方针、战略目标、战略重点，以及战略对策等。各要素之间互为条件、相互作用、不可或缺。

区域文化创意产业协同发展的战略模式是对区域内外部各要素综合考察分析的结果，涵盖了区域文化创意产业的各个方面，包括协同发展的目标、重点、方针和具体的对策等，具有全局性和长远性，同时战略形成之后不会轻易改变，大多成为接下来数年甚至十几年需要遵行的规划。战略的制定和实施要考虑有关文化创意产业发展的市场、政策、资本、企业、人才、技术、文化、创新、信息、教育等多种要素。在这个过程中也要意识到不同区域内要素的独立运动和关联运动发展的程度和水平。例如，澳大利亚昆士兰模式的布里斯班

---

[1] 袁莉：《城市群协同发展机理、实现途径及对策研究——以长株潭城市群为例》，中南大学博士学位论文 2014 年，第 53 页。

[2] 陆大道：《中国区域发展的理论与实践》，科学出版社 2003 年版，第 109 页。

创意产业集聚区，其文化创意产业的发展首先将教育因素放在了第一位，昆士兰科技大学作为智力资源的提供者被放在了合适的位置上。昆士兰科技大学对新信息经济时代的文化创意生产和文化创意消费的作用、新的数字媒体内容等研究投入了极大的关注，并在大学内部产生了一个全球仅有的外向型的创意产业学院。创意产业学院是进驻园区的第一家单位，也是园区不断发展的推动力量。园区设有计算机实验室、创作室、媒体制作室，还设有制作场地和空间。①园区内还有两个国家级研究中心，并与园区内的文化企业开展积极的对接和合作。

2. 区域文化创意产业结构

区域文化创意产业结构是另一重要的序参量。文化创意产业结构首先是文化结构，是一种文化存在结构，然后才是经济结构，是文化生产、文化消费与文化需求等社会文化形态的经济结构；它又是一定社会制度的文化反映，是社会生产关系的文化反映；它既和一定的社会生产力水平相适应，也是一定社会文化生产力所达高度的一种秩序性和关系性的体现，因而是一种社会文化关系结构，是文化经济关系的社会存在形态，反映着文化经济的发展方向和发展总水平，制约着文化发展创新能力的大小。因此，文化创意产业结构是指社会发展到一定阶段所形成的、反映着一定社会文化生产关系的文化再生产过程中文化产业间的相互关系和比例关系。②

文化创意产业结构决定着文化创意产业的发展方式。从宏观上来说，胡惠林教授认为中国文化创意产业结构包括以农耕文明为基础，以手工业为主要生产方式的传统文化产业；以工业文明为基础，以大规模复制为主要生产方式的现代文化产业；以信息文明为基础，以数字技术和互联网为主要生产方式的新兴文化产业。其结构演变过程是从传统文化产业向现代文化产业和新兴文化产业不断推进的过程。③区域文化创意产业的文化结构受经济发展水平的影响，呈现出不同的形态，但是区域内往往是多种形态并存，某一种形态发挥主导作用。在区域文化创意产业的发展过程中要推动文化创意产业结构的不断调整以适应时代和环境的变化，尤其要注重发展新兴文化创意产业。从微观上来说，文化创意产业结构包括文化产品结构、企业组织结构、所有制结构、行业结构、区域结构、就业结构、技术结构等多个方面，文化创意产业结构既是这些要素在宏观层面的反映和体现，又制约和支配着这些要素。

---

① 郑洪涛：《基于区域视角的文化创意产业发展研究》，河南大学博士学位论文2008年，第149-154页。
② 胡惠林：《文化产业学》，高等教育出版社2006年版，第184页。
③ 沈继松、胡惠林：《我国文化产业结构内生动力机制探究》，《学术论坛》2016年第10期，第140页。

第四节　区域文化创意产业协同发展的运行机制

一、区域文化创意产业协同发展的过程机制

20世纪50年代，约瑟夫·熊彼特提出了适应性循环的概念。之后，生态学家们对生态系统的适应性循环做了大量研究，认为大部分自然系统都要经历一个重复的循环过程。甘德森和霍林认为这个循环过程就是适应性循环。[1]区域文化创意产业的协同发展也是一个从低级到高级，从不完善到完善，结构和机制不断完备的过程。在这一过程中，区域文化创意产业系统的演化最初是各个要素独立运动的初级协同阶段，然后进入各个要素关联运动的高级协同阶段。根据适应性循环理论，区域文化创意产业协同发展可以分为快速生长阶段、相对稳定阶段、释放阶段和重组阶段。前两者对应初级协同阶段，后两者对应高级协同阶段。在此基础上，区域文化创意产业系统的协同发展再进入更高一层的新的初级协同阶段，然后是新的高级协同阶段，如此循环往复，不断更新区域文化创意产业协同的结构和状态，文化创意产业的协同也不断进入新的层次和发展阶段。

1. 快速生长阶段

快速生长阶段是区域文化创意产业协同发展初级协同阶段的开始。区域文化创意产业系统内部的各个要素如萌芽般在系统中找寻到自己相对优越的地方迅速生长。这一阶段也是各个要素独立运动最为明显的时期，因为一种要素只着眼于自身的独立发展，所以与其他要素之间常常处于相互竞争和排斥的状态，各项资源的利用和发展也是孤立的、零散的以及无序的。但是这种生长，会让每一个子区域的优势凸显出来，集中表现为某一文化资源在当地形成强势特色，以及文化创意产业聚集在优势区域不断强化，在空间上文化创意产业的布局分布呈现点状。由于优势的凸显，系统内部各个子区域也意识到各自的优劣，开始加强分工协作关系，文化创意产业的各项工作也开始强力推进，系统处于快速生长的状态。

2. 相对稳定阶段

在这个阶段，经验和能量缓慢积累增长，区域文化创意产业得到一定程度

---

[1] 袁莉：《城市群协同发展机理、实现途径及对策研究——以长株潭城市群为例》，中南大学博士学位论文2014年，第52页。

的发展。新的文化产业园区不断建设起来，原有的园区扩大规模并更新换代，从事文化创意产业的人员数量仍在增加，科技和创意两个要素的推动作用开始凸显，整个文化创意产业的生产体系也日益完善，文化产品开始丰富起来，受众对文化产品的接受和认可多了起来。不同子区域的优势仍在集中，与此同时，不同子区域的协同合作越发紧密，文化创意产业布局分布呈现线状。这是区域文化创意产业协同发展初级协同阶段的后期过程，随着协同内部各子区域联系的加强，协同变得越来越有刚性，但是也要看到由于产业链、政策机制、公共服务等没有取得关键性突破，该阶段仍然处于初级协同阶段。

3. 释放阶段

文化创意产业集聚的中心城市的扩散功能在这一阶段居于主导地位。区域文化创意产业的产业链发展较为完备，上、中、下游更为明确的分工使得各个中心城市的协同与联系增多。前一段时间区域文化创意产业协同发展积攒的能量开始释放，文化创意产业成为区域经济增长重要的一环，对就业、居民消费的拉动越来越明显。区域文化创意产业系统内部的调节能力不断增强。但是在这一阶段，超出系统弹性的各项干扰也在增多，使得不断强化的各个要素之间的相互作用被打破，原本紧密连接的指标被释放，成为重组和再生的来源和动力。譬如相关政策的出台和规划的实施，与文化创意产业发展配套的融资服务、版权服务等基础公共服务开始得到重视和发展，这些因素对文化创意产业协同发展的影响和制约增强。

4. 重组阶段

该阶段处在区域文化创意产业协同发展高级协同阶段的后期，系统充满了不确定性和可能性。多种的可能性对文化创意产业协同发展进行着洗牌和重组，系统的动态发展特征愈加明显，如在移动互联网出现之前，纸质出版印刷行业发展较稳定，但是移动互联网的迅猛发展使得移动阅读、电子阅读成为常态，纸质书籍、报纸的销量出现断崖式的下跌。再比如京津冀协同发展战略的出台和实施，三地政府不断协商、洽谈，新的机制和框架开始引入，使得京津冀三地的文化创意产业协同发展迅速步入一个新的高速发展的阶段。

通常情况下，系统的演进变化会沿着快速生长—相对稳定—释放—重组进行循环，但是也不乏系统发展会因其他情况或者干扰的出现而产生不同的转换模式，如系统可能会跳过以上的某个阶段而直接进入下一个阶段。无论是初级协同阶段还是高级协同阶段都是比较理想化的情况，具体到某一区域文化创意产业的协同发展，不同的区域会根据自身现有的条件和相应的外部环境做出适应本区域的策略，这种情况属于区域文化创意产业系统发展的自适应和自探索行为。

协同理论认为从组织的进化形式来看，可以把系统分为两类：他组织和自组织。如果一个系统靠外部指令而形成组织，就是他组织；如果不存在外部指令，系统按照相互默契的某种规则，各尽其责而又协调地自动地形成有序结构，就是自组织。自组织现象无论在自然界还是人类社会中都普遍存在，区域文化创意产业协同发展也符合自组织的机理，尤其是当系统发展较为成熟时更为明显。在区域文化创意产业协同发展的运行过程中，系统的自组织主要表现为自适应和自探索，当内外部环境变化不大时，系统只需进行行为和结构的微调即可适应环境的变化；当内外部环境变化较大时，微调无法适应环境变化，系统需要在要素和结构方面做出重大调整才能适应环境的变化。无论是微调还是重大调整，系统都以适应环境变化为主，很少通过自身力量改变环境。由于外部环境发生变化以及自身具有发展需求，区域协同发展系统为实现向更高层次的发展，就要适应外部环境及自身需求的变化。[①]

为了能够更好地控制协同发展的各个因素和各项条件，就需要不断了解影响区域文化创意产业协同发展的内外部情况的各项信息。信息是反馈机制重要的一环。在协同的过程中需要不断监控信息，并反馈给系统，以期系统能够及时修正和调整。在条件允许的情况下，区域文化创意产业协同发展过程中应建立相应的信息中心，这个中心不仅是与之相关的各项信息的集散地，更是一种筛选和反馈，尤其是对于与协同发展密切相关的信息，将相关信息分析汇总，为区域文化创意产业相关的决策提供有力的论据和支撑。

二、区域文化创意产业协同发展的动力机制

文化创意产业以文化为基础，以创意为核心，以产业为依托，具有经济和精神的双重属性，既要遵循市场经济的普遍规律，又要具备文化创意产业自身发展的独特性和特殊规律。在明确了区域文化创意产业协同发展的过程机制之后还需要分析协同发展的动力机制，只有知晓了各项驱动力，才能协调各种要素，才能在不同的过程阶段为区域文化创意产业的协同发展提供源源不断的动力。

1. 政府引导是先决动力

公共管理学认为，在一个国家的公共管理过程中，由于市场失灵、政府失灵和志愿失灵的存在，仅依靠市场、仅依靠政府或仅依靠社会都是不可取的。市场、政府、社会这三大主体应当协同发展，找到一个最佳的平衡点。其中政

[①] 王雪莹：《基于协同理论的京津冀协同发展机制研究》，首都经济贸易大学硕士学位论文 2016 年，第 8 页。

府应当协调好与市场和社会的关系，既不能缺位，也不能越位。[①]政府是社会管理者，保障文化创意产业的发展在一个有序稳定的环境下进行，制定各项文化创意产业发展政策和文化制度，提供各种公共服务，保护各项文化资源，促进文化创意产业的发展；政府还是调节者，通过经济的、法律的、行政的等各种手段对文化创意产业的发展进行调节，合理配置各项资源。以英国政府发展文化创意产业为例，英国文化创意产业发展的突出特点就是政府多方位的支持与管理。为了突出发展文化创意产业，英国政府成立了专门机构并出台专门的文件，积极拓宽中小企业和个人发展、参与文化创意产业的融资渠道，发展伦敦等核心战略城市带动区域经济发展，加强对外国际文化交流与合作。[②]

由于中国本身特殊的国情，政府的宏观调控和引导成为重要的一环，尤其是在文化创意产业这种涉及国民精神文化生活、意识形态等的重要领域，政府的把控尤为重要。在新闻出版等领域，私有资本根本无法介入，政策对文化创意产业的影响不可小觑。区域文化创意产业的发展涉及各个省与整个区域内个体与共体关系的处理与协调，更加需要政府来处理这种错综复杂的关系，为区域文化创意产业协同发展提供较好的环境，引导其有序发展。因此，在区域文化创意产业协同发展的过程中，政府引导成为首要的动力机制之一。在区域文化创意产业协同发展的初级协同阶段，需要政府强有力的支持和引导，带动文化创意产业协同向更高层次发展。

京津冀区域文化创意产业协同发展虽早有萌芽，协同范围也初现雏形，但都局限在较窄的领域或者具体的项目中，更大范围的协同并没有形成规模，当京津冀协同发展上升为国家战略以后，三地文化创意产业的发展也开始步入"快车道"，有序向前推进。2014年4月9日，京津冀三地文化部门在北京召开加强文化协同发展座谈会，建立了三地文化部门联席会议制度，共同研究三地文化交流与合作的政策机制，挖掘各地文化资源优势，推进有关合作项目的落实，为实现优势互补、合作共赢、长远发展制定了行动计划。2014年8月，京津冀三地文化部门在天津市滨海新区举行了《京津冀三地文化领域协同发展战略框架协议》签约仪式，并围绕公共文化设施建设、演艺领域交流与合作、文化产业协作发展、打造非物质文化遗产活动品牌、培育区域文化市场等多个方面，提出了深化合作的工作方向。2015年3月27日，京津冀三地文化部门主要领导再次在北京举行工作会议，宣布一系列深化演艺领域合作的举措，签署了《京津冀演艺领域深化合作协议》，将京津冀文化协同发展推向更深层次、更

[①] 高金：《京津冀协同发展中政府职能评价研究》，燕山大学硕士学位论文2015年，第15页。
[②] 邹丹琦：《当代英国文化创意产业的发展（1990—2013）》，湖南科技大学硕士学位论文2015年，第26页。

高水平。

2. 市场竞争是基础动力

区域文化创意产业的协同发展离不开市场竞争这一动力。竞争与协同是相互依存和相互矛盾的,通过竞争达到协同,协同又会引发更高一级的新的竞争,二者是对立统一的。一方面,竞争造就了系统远离平衡态的自组织演化条件,区域内外部环境和条件的适应与反应不同,在竞争的作用下,形成资源、技术、资金等在各主体之间的流动,实现资源的有效配置;竞争的存在必定造成各子系统之间更大的差异,导致区域文化(创意)产业不均衡发展的加剧和整体效益的下降。竞争使整个系统趋于非平衡状态。另一方面,竞争推动了协同,竞争推动了系统向有序结构的演化。协同是系统诸多子系统相互协调的、合作的或同步的联合作用的集体行为。[①]

在区域文化创意产业协同发展的初级协同阶段,竞争成为"主旋律",尤其是在京津冀三地发展明显不均衡的情况下,河北的文化创意产业很难与京津竞争,无论是在技术、科研、公共服务、产业园区建设还是在国际化水平等方面都有很大的差距,但是随着北京对天津、河北的不断辐射和影响,河北、天津的优势也被挖掘出来,短板开始补齐,三地的协同变为可能。竞争促进协同,协同反过来又引起新的竞争,不断推动协同向更高的阶段发展,如此循环往复,自组织的功能越来越完善,协同的效益便不断凸显出来。

3. 科技创新是关键动力

科学技术是第一生产力,人类社会的每一次变革都离不开技术的推动。文化创意产业的提出也是源于工业革命的发展使得文化产品被大批量复制和标准化生产。技术和创新不仅能够提高生产效率,更能改变文化创意产业的呈现方式、传播方式、接受方式等。技术与创新是文化创意产业不断前进和发展的原动力和生命力。传统文化创意产业需要依靠技术和创新不断推陈出新,改变现有的存在状态,互联网技术、数字技术、多媒体技术、虚拟现实技术、人工智能等高新技术使得文化创意产业达到了新的高度,全球化使我们可以借鉴世界上任何地方先进的技术和手段来为文化创意产业服务。北京地区技术发达,科研机构众多,天津次之,河北相对处于劣势,三地技术的协同将直接带动天津和河北的发展,不断向高技术水平接近,为京津冀区域整体的协同发展提供源源不断的动力。

文化创意产业离不开创新,而创新又与教育等密切相关,人才是其中的关

[①] 袁莉:《城市群协同发展机理、实现途径及对策研究——以长株潭城市群为例》,中南大学博士学位论文 2014 年,第 54 页。

键要素,思想的碰撞、智慧的火花会给文化创意产业带来不一样的生命力。因此,在区域文化创意产业协同发展的过程中要重视人才要素的重要作用。北京与天津地区高校云集,各类文化企业众多,产业园区发展较好,拥有极强的创新能力,河北在这方面相对较弱,但是拥有极其丰富的文化资源,河北地域辽阔,地处华北平原,太行山脉,张北草原,渤海海边,拥有多种地质地貌,民族众多,资源雄厚,无论是物质文化遗产、非物质文化遗产还是旅游等文化资源都极其丰富,因此三地之间的科技创新协同变得尤为必要。创新驱动就是明确区域内不同主体的科技创新优先领域,整合区域创新资源,形成区域创新公共体,从而实现区域内创新的合理分工和有序协作,形成区域创新发展格局,完善区域创新体系建设。[①]

4. 共同文化是永久推动力

雷蒙德·威廉斯对文化有三个广义上的定义,文化这个词的一种用法就是指"使一种特定的生活方式显得与众不同的符号的创造与使用,无论这种生活方式是属于一个民族的,还是一个时期的,或者是一个群体的,或者是普遍意义上的人类的"。[②]可以看出,文化很重要的一个特征就是某一特定的群体作为一个整体所拥有的思维方式、价值模式等,并且这是人类长期生活和实践积累下来并不断演化的。京津冀三地地缘接近,属于共同的文化圈,正因为拥有共同的文化,其协同发展的障碍就可以降到最低,并且共同的文化也是区域文化创意产业协同发展的永久推动力。习近平总书记曾在京津冀协同发展座谈会上指出,"京津冀地缘相接、人缘相亲,地域一体、文化一脉,历史渊源深厚、交往半径相宜,完全能够相互融合、协同发展",深刻揭示了三地同根同源的文化对其区域协同发展的助推作用。[③]

从历史上看,北京、天津、河北在古代都属于燕赵之地,相连的地域人缘,同习俗的文化认同感,厚重的燕赵文化的品格,深深地熔铸在京津冀三地的文化中。三地文化虽各有特色,但体现着燕赵文化的累积与裂变、传承和发展,是不可分割的文化整体。相同的文化基因,形成了相互交流、相互促进、共同发展的显著特点,彰显出巨大的活力。京津冀文化协同发展是文化血脉的延续,是多元文化荟萃融合的结果,也是实现京津冀文化更大发展的必然选择。[④]文

---

① 王雪莹:《基于协同理论的京津冀协同发展机制研究》,首都经济贸易大学硕士学位论文 2016 年,第 54 页。
② 杨丽欣:《论国外创意产品贸易的发展及对中国的借鉴》,吉林大学硕士学位论文 2008 年,第 1 页。
③ 央视网:《京津冀协同发展成重大国家战略》,2014 年 2 月 28 日,http://news.cntv.cn/2014/02/28/ARTI1393527071859199.shtml。
④ 黄永刚:《充分发挥区位和资源优势推进京津冀文化协同发展》,《天津日报》2015 年 11 月 2 日。

化创意产业本就是以文化为先导的产业,文化在其中扮演的角色不言而喻。在文化创意产业发展的各项实例中我们看到,跨文化的交流和合作存在障碍和损耗,而拥有共同的文化则不存在以上所说的问题,反而是消除摩擦、凝聚人心的重要先决条件,譬如珠三角地区文化创意产业的发展离不开锐意进取、开放多元的岭南文化;长三角地区文化创意产业的发展离不开海纳百川、兼容并蓄的海派文化。

京津冀是中国文化资源丰富、文化底蕴深厚、文化特色鲜明、文化发展最具活力的重要地区之一,是中国先进文化重要的示范引领区域。实现京津冀文化(创意)产业协同发展,不仅要有发达的经济支撑,更要有繁荣的文化引领。要深入挖掘研究三地丰厚的历史文化资源,传承京津冀区域共有的文化基因,引领统一的文化品牌的形成,打造丰富多元而又各具特色的具有京津冀气派的既与传统不可分割又闪耀着鲜明时代精神的京津冀特有的地域文化,为京津冀协同发展提供强大的精神动力和文化支撑。因此,京津冀文化(创意)产业协同发展也必须重视文化的先导和凝聚作用。①

政府、市场、科技创新等主要动力需要协同驱动,在不同的协同发展阶段可能某一种动力会占据上风。在初级协同阶段,政府的先导作用会凸显出来,到高级协同阶段,科技创新的作用将成为更加关键的驱动力。这些驱动力有显性与隐性之分,政府先导和科技创新是显性的驱动力,需要政府强力支持和推行政策,科技和创新需要教育和人才的支撑。相对来说,市场和文化则是较为隐性的驱动力,市场仍然是一只"无形的手",通过市场规律支配着各种资源和要素的布局和分布,追求利益的最大化仍然是市场不变的机制,在协同的过程中,竞争和协同会贯穿全过程发挥作用;文化的驱动作用也不言而喻,是区域文化创意产业协同发展的一个隐性动力,提供稳定的文化支持和精神动力。长远来说,唯有多种动力共同驱动才能形成完备而有序运行的动力机制,才能使得区域文化创意产业协同发展的路径更加清晰,更好地实现既有目标。同时,还应注意到在处理多种动力协同驱动时要协调好各种错综复杂的利益关系,把握各个利益主体的需求和可能采取的行动,找到各个利益主体需求的交集,将摩擦和风险降到最低。

三、区域文化创意产业协同发展的保障机制

区域文化创意产业协同发展的动力机制明确以后,还需要为协同发展提供一定的保障机制,才能保证各项驱动协同发展的动力在一个较好的环境下平稳执行,也才能从初级协同阶段顺利向高级协同阶段过渡,实现区域文化创意产

---

① 黄永刚:《充分发挥区位和资源优势推进京津冀文化协同发展》,《天津日报》2015年11月2日。

业的协同发展不断更新升级并向更高的水平过渡。

1. 权威的政府间协调机制

如前所述，政府以国家强制力为保障，所起到的作用不容忽视。区域协同发展过程往往涉及多个独立的行政区域，不仅如此，还涉及多个层面的政府层级：从宏观来说，有中央和地方政府之分；从中观来说，有各级地方政府之分；从微观来说，有具体的政府各部门之分。即使地缘上再接近，各个子区域政府还是更多地关注自己辖区内文化创意产业的发展壮大，对整体区域内文化创意产业的协同发展缺少具体的发展目标规划，即使是有具体的文化创意产业项目或者小范围内的合作，也都不是长远的、全局式的安排，而且没有协调的安排也容易造成资源的浪费、无序的竞争以及效率的低下。因此，建立区域政府间协调机制十分有必要。

首先，创建权威性的跨区域政府间协调机制，创建一个能够有效协调子区域政府间各种关系的机制，有利于从更宏观、更长远和更全局的角度去看待整个区域的发展，能够遵循整体利益高于局部利益的原则，统筹规划区域内文化（创意）产业的布局和结构，协调子区域在文化（创意）产业合作中的各项冲突，促进子区域文化（创意）产业协同发展过程中的有效互动，也有利于实现各行政区利益的最大化，减少地方保护主义和产业重复建设，有利于维护市场环境的统一，使跨地区性的公共物品能够得到充分供给并对公共事务进行有效的治理，使得子区域能够共享整个区域文化（创意）产业协同发展的利益成果。[①]

其次，建立政府间协调机制，有利于缩小不同区域的差距，避免产生新的矛盾冲突。因为各地区的文化创意产业发展也存在着激烈的竞争，区域间的政府需要建立合作关系，加强区域之间的经济合作，要对区域内的文化创意产业进行合理分工，减少生产要素流动障碍，使各地区之间的资源能够得到有效的整合，各个生产要素达到合理的配置，形成优势互补、协同合作的良好局面。

最后，建立政府间协调机制，有利于对地方政府所辖子区域的财政经费进行统一协调。资金是文化创意产业必不可少的要素，文化创意产业是资金密集型和知识密集型的复合产业，文化产品需要不断地生产，设备需要不断地更新，产业园区需要不断地建设，这些都需要大量的经费投入。同时，文化创意产业的高风险性和高盈利性决定了资本的角逐日趋激烈，尤其是随着文化创意产业的不断发展，居民的文化消费能力不断增强，各个子区域政府对文化创意产业的投资也变得更为频繁。国家曾制定《中央宣传部 中国人民银行 财政部 文化部 广电总局 新闻出版总署 银监会 证监会 保监会关于金融支持文化产业振

---

① 吴凯猛：《京津冀协同发展政府间协调机制研究》，河北师范大学硕士学位论文2016年，第17页。

兴和发展繁荣的指导意见》（2010），文件指出各金融部门要把积极推动文化产业发展作为一项重要战略任务，作为拓展业务范围、培育新的盈利增长点的重要努力方向，大力创新和开发适合文化企业特点的信贷产品，努力改善和提升金融服务水平，促进中国文化产业实现又好又快发展。政府间协调机制的建立可以使区域文化创意产业协同发展过程中所需资金得到保障，确保区域整体文化创意产业协同发展的顺利进行。

2. 产业园区等载体保障

区域文化创意产业协同发展并不是一个务虚的概念，它需要有实实在在的载体来承载。另外，从产业集聚的理论来看，一定区域内产业的高度集中，多是横向相关或者纵向互补的产业系统，文化创意产业也不例外，通常文化创意产业的集聚还应该在共同的文化氛围熏陶下才能形成。文化创意产业集聚可以大大降低成本和风险，能够共享基础设施、服务机构等，方便交流与合作，为创业创新提供良好的氛围，拉动就业，也容易形成一定的文化品牌，增加对消费者的吸引力和提高市场知名度。

在西方，学界对文化产业园区的定义大都围绕着以下三个关键词来探讨：一是建筑场所；二是文化活动；三是综合效益。根据德瑞克·韦恩的定义，文化产业园区指的是一个特定的地理区位，这一特定地理区位的最大特点是最大限度地集中了某一城市的文化设施与娱乐设施，文化产业园区不仅仅是文化生产和文化消费的结合，也是诸如休闲娱乐、工作、居住等多项使用功能的结合。[①]从文化产业园区开发建设的具体模式来看，可将中国的文化产业园区划分为如下三种类型，即资源聚集自发形成模式、依托原有资源提升模式和全新规划建设模式。[②]在区域文化创意产业协同发展的过程中，对于不同的文化产业园区要实施不同的治理和建设。对于资源聚集自发形成模式，要指导此类文化产业园区进行更加有序、合理的建设，而不是盲目扩建、乱建，要充分发挥原有的标志性资源的优势，合理开发和利用，譬如开发原有丰富的手工艺资源，就需要促进区域相关手艺人的集聚和合作，为他们解决切实的问题，推动他们更好地继承传统技艺和文化，不断开发新产品，同时还要帮助他们寻求销售渠道，做好宣传和推广。对于依托原有资源提升模式，在区域协同发展过程中要在原有资源的基础上为其调动各方面的有利条件，注重科技、创新等关键要素，促进文化创意产业结构的升级更新，拓展新的领域，呈现新的样貌和业态，或者打造新的产业链条，提升原有资源的利用率。对于全新规划建设

---

① 樊盛春、王伟年：《文化产业园区理论问题探讨》，《企业经济》2008年第10期，第9-11页。
② 何一飞：《中国文化产业园区建设问题研究》，长安大学硕士学位论文2008年，第23页。

模式，更是需要重新规划，对各种有利条件、不利条件逐条分析，开辟出一块全新的区域来发展文化创意产业，对其进行投资和建设，为文化创意产业新的集聚提供基础和条件，推行各方面的优惠政策，吸引企业入驻，最终形成聚集区。

文化产业园区作为区域文化创意产业协同发展的载体，能够将纵向联系或者横向相关的文化企业及其外围行业等集聚起来，为文化创意产业的规模性发展提供保障。例如，北京琉璃厂经过几百年的历史变迁，从一个小村落发展成为举世闻名的文化街，集中了100多家旧书店、古玩铺和南纸店，其中包括中国书店、北京翰海艺术品拍卖公司等名扬海内外的文化商店及公司，成为北京乃至中国的文化商品集散地，吸引了众多文人雅士。[①]同时，文化产业园区有利于形成示范效应，促进文化创意产业结构的升级，推动区域文化创意产业协同发展规模的不断扩大。

3. 完善的公共服务体系

根据协同学理论，协同发展是指两个或者两个以上的地区、不同个体、不同资源要素之间相互作用，为了完成一个共同的目标相互促进、相互影响，最终达到共同发展的双赢效果。文化创意产业需要其他相关领域的资源或条件的支撑。但是在很多地方与文化创意产业发展相关的公共服务平台还未搭建，也没有得到政府或者企业的重视，这严重制约了区域文化创意产业的协同发展。程正中认为，"文化创意产业公共服务平台可以定义为：以资源共享和产业服务为核心，集聚和整合政府、企业、科研院所及高校的文化创意条件资源，运用信息、网络等现代技术，形成物质与信息服务平台，通过建立共享机制和运营管理组织，为文化创意产业发展提供公共便利、创造公共条件的开放、共享的服务网络、体系或设施。"[②]文化创意产业的公共服务平台主要服务于各类文化企业或者机构，主要提供资金、信息、技术、人才、法律等方面的信息，方便信息交流沟通，推进文化成果的转化或者文化创意产业的可持续发展。公共服务平台的搭建，可以降低单个企业的创新成本和风险，在创意孵化和保护知识产权方面也将发挥巨大的作用。

文化创意产业公共服务平台的建设要立足区域文化创意产业协同发展的要求，通过搭建、整合、优化和完善创意产业生态链各环节的资源和服务，组织新型文化作品开发联盟，为文化创意产业活动提供条件支撑和专业服务，使个人、企业、中介服务机构、行业协会、科研院所、政府在市场和政策制度等

---

① 何一飞：《中国文化产业园区建设问题研究》，长安大学硕士学位论文2008年，第25页。
② 程正中：《文化创意产业公共服务平台研究》，《区域经济评论》2008年第1期，第74-75页。

要素中扮演充分互动的角色，实现成果、人才、资本、产业的有机结合，加速文化的产业化和产业的文化化。[①]文化创意产业公共服务平台要实现文化创意产业运行系统中所涉及的不同层次参与主体的信息沟通，满足各参与主体的需求，实现相关行业的信息沟通和协作，提高对文化创意产业规划和管理的科学性，降低运营成本和创新风险，不断增强区域文化创意产业协同发展的能力。

[①] 周缨：《基于生态链的创意产业公共服务研究》，复旦大学硕士学位论文 2008 年，第 75 页。

第二章　创意之都：北京市文化创意产业发展现状

北京市作为国家政治文化中心、历史文化名城，不仅历史文化资源深厚，文化创意产业综合发展水平在全国也是首屈一指。近几年，北京市文化创意产业更是得到了长足的发展，无论是在文化创意产业经济总量上，还是在发展质量上，都取得了较为明显的进步，属于中国文化创意产业发展的第一梯队。

第一节　文化创意产业成为国民经济的重要支柱产业

北京市一直以来都十分重视文化创意产业的发展，加之北京市自身丰富的历史文化资源、众多的文化企业、充足的文化创新人才，以及优厚的文化创意扶持政策，都为北京市近些年文化创意产业的发展提供了坚实的基础。尤其是在党的十八大、十八届三中全会之后，北京市文化创意产业的发展更是突飞猛进，已经逐渐成长为北京市经济发展的重要支柱产业，从经济指标上来看，主要体现在以下五个方面。

一、文化创意产业增加值快速增长

由图 2-1 可见，2015 年北京市文化创意产业增加值达到了 3179.3 亿元，创

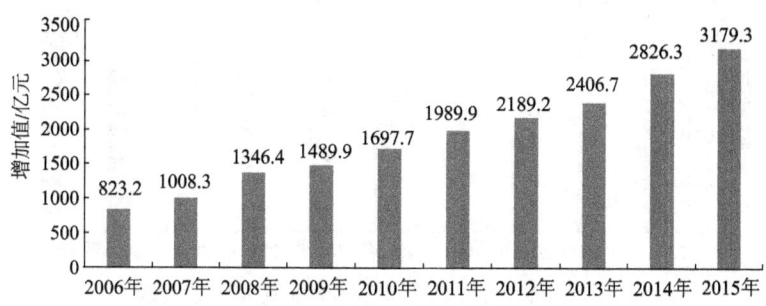

图 2-1　北京市历年文化创意产业增加值

资料来源：《北京统计年鉴（2007—2016）》。

造了新的纪录，相较于 2014 年增幅达 353 亿元，同比增长了 12.49%，仍然以两位数的增长速度保持高速增长，远高于北京地区生产总值 7.8%的增长速度，成为北京市经济增长的新亮点。

二、文化创意产业占 GDP 比重逐年增加

由图 2-2 可见，北京市文化创意产业所占 GDP 比重，从 2006 年的 10.14%，逐步增加到 2015 年的 13.81%，已经成为北京市国民经济的支柱产业之一。

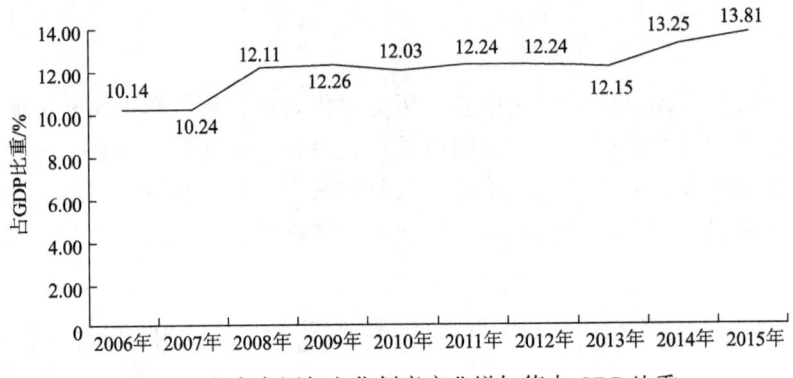

图 2-2　北京市历年文化创意产业增加值占 GDP 比重

资料来源：《北京统计年鉴（2007—2016）》。

三、文化创意产业吸纳就业人数创新高

从图 2-3 可以看出，北京市文化创意产业 2015 年吸纳的就业人数达到了 202.3 万人的新高度，是 2006 年吸纳就业 89.5 万人的 2.26 倍。与此同时，文化创意产业并非仅仅是人数的单纯增加，其在全市吸纳就业总人数的比重也逐年增加，从图 2-4 可以看出，2015 年其在全市吸纳就业总人数的比重更是占到了全市就业总人数的 17.06%，可见其吸纳就业人数的能力在不断增强。

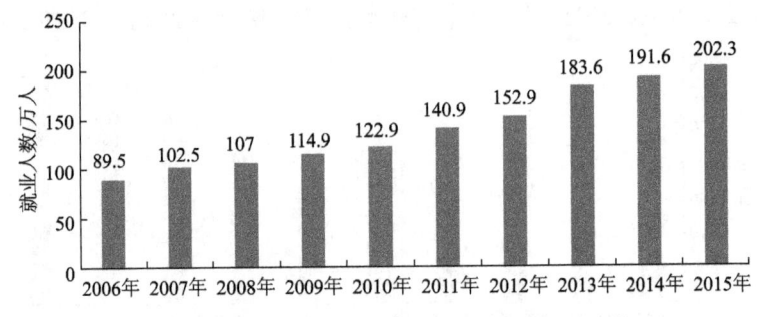

图 2-3　北京市历年文化创意产业吸纳就业人数

资料来源：《北京统计年鉴（2007—2016）》。

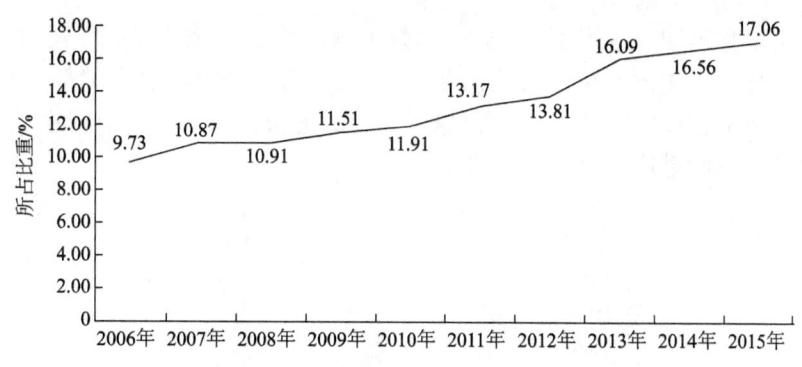

图 2-4　北京市历年文化创意产业吸纳就业人数占全部就业人数比重

资料来源：《北京统计年鉴（2007—2016）》。

四、文化创意产业中优势行业突出

从图 2-5 可以看出，在 2015 年北京市文化创意产业各行业增加值中，软件、网络及计算机服务行业占据了整个文化创意产业增加值的 57.96%，比剩余八大行业的总和还要高，足以看出北京市文化创意产业中软件、网络及计算机服务行业优势突出。另外，软件、网络及计算机服务行业所占比重也在逐年上升，已经从 2006 年的 45.6% 上升了 12.36 个百分点。与之相反，比重排在第二位的新闻出版行业则受到网络媒体、手机媒体等新兴媒体的冲击，由 2006 年的 16.4% 下降至 8.76%。

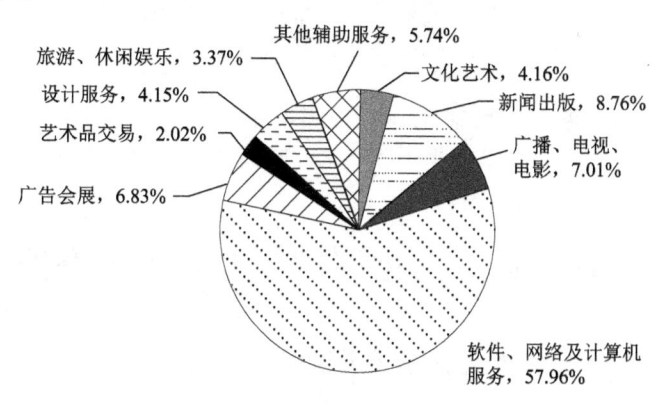

图 2-5　2015 年北京市文化创意产业结构分布图

资料来源：《北京统计年鉴 2016》。

五、文化创意消费成为居民重要支出方向

由图 2-6 和图 2-7 可见，北京市文化娱乐消费支出在 2013—2015 年增长迅速，虽然 2015 年人均文化娱乐消费支出所占比重有所下降，但是人均文化娱乐

消费支出增长迅速，达到了 3635 元，较 2014 年增加了 823 元，增长约 29.3%。北京市文化娱乐支出无论是人均消费金额，还是所占比重，在全国都名列前茅，这为北京市文化创意产业的发展提供了广阔的消费市场，有力地促进了北京市文化创意产业的健康发展。

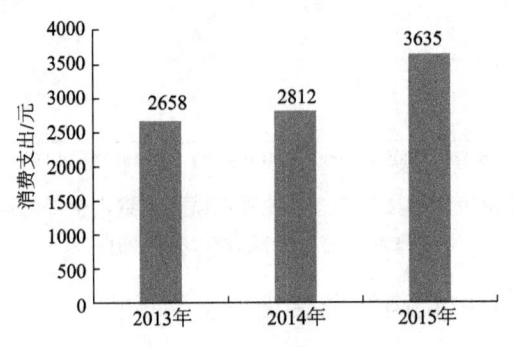

图 2-6　北京市人均文化娱乐消费支出

资料来源：《北京统计年鉴 2016》。

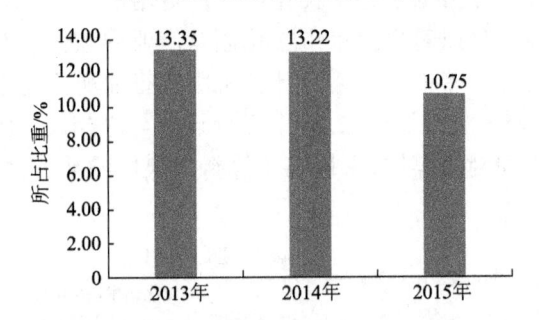

图 2-7　北京市人均文化娱乐消费支出所占比重

资料来源：《北京统计年鉴 2016》。

第二节　政府文化创意产业政策体系完备

一、顶层设计：北京市文化创意产业领导小组

2005 年 12 月，中共北京市委九届十一次全会作出大力发展文化创意产业的战略决策，成立"北京市文化创意产业领导小组"，成为北京市文化创意产业发展的开端。2006 年，北京市委、北京市人民政府（简称北京市政府）正式成立了由市委书记任组长，市长任常务副组长的文化创意产业领导小组，领导小组成员包括北京市发展和改革委员会、北京市财政局、北京市文化局、北京市国家税务局等涉及文化创意产业发展的单位，为北京市文化创意产业的发展

奠定了组织基础。同时，成立北京市文化创意产业促进中心作为领导小组的常设机构，按照市委、市政府的决策，创造性地发挥职能作用，推动文化创意产业又好又快发展。

二、基准性政策：《北京市促进文化创意产业发展的若干政策》

2006年，北京市根据《中共中央、国务院关于深化文化体制改革的若干意见》（2005）精神，制定了《北京市促进文化创意产业发展的若干政策》，从放宽市场准入门槛、支持创意研发、保护知识产权、加大资金支持、拉动市场内需、优化资源配置、实施人才兴业、完善统筹机制八个方面，提出了未来促进北京市文化创意产业发展的35条措施，这也成为近十年来北京市文化创意产业发展的总纲领。另外，该意见中还提出设立文化创意产业专项发展资金（每年5亿元）和文化创意产业集聚区基础设施专项资金（总规模5亿元），为促进文化创意产业发展提供资金支持。同年，为了更好地落实《北京市促进文化创意产业发展的若干政策》，北京市又陆续制定了《北京市文化创意产业发展专项资金管理办法（试行）》（2006）、《北京市文化创意产业投资指导目录》（2006）、《北京市文化创意产业分类标准》（2006）等一系列文化创意产业政策。这些政策的制定，不仅从资金上支持了文化创意产业的发展，专门设立了文化创意产业发展专项资金，还为北京市的文化创意产业制定了分类标准，规定北京市文化创意产业共计九大类，即文化艺术，新闻出版，广播、电视、电影，软件、网络及计算机服务，广告会展服务，艺术品交易，设计服务，旅游休闲娱乐服务，以及其他辅助服务。

在随后的几年时间里，文化创意产业领导小组先后制定了多项惠及文化创意产业发展的政策，包括《北京市文化创意产业创业投资引导基金管理暂行办法》（2006）、《北京市文化创意产业贷款贴息管理办法（试行）》（2008）、《北京市文化创意产业担保资金管理办法（试行）》（2009）、《北京市关于支持网络游戏产业发展的实施办法（试行）》（2009）、《北京市关于支持影视动画产业发展的实施办法（试行）》（2009）、《北京市关于支持中国动漫游戏城发展的实施办法（试行）》（2009）等。这些政策既有贷款贴息、担保资金、投资引导资金等金融领域的政策，着重解决文化企业融资难的问题，也有支持网络游戏产业、动漫游戏城、影视动画产业等针对文化创意产业某一领域的政策，着重扶持重点产业和项目。可以说，文化创意产业领导小组的成立，是北京市文化创意产业顶层设计的重要开端，也凸显出北京市对文化创意产业发展的重视程度。

三、专项资金管理：北京市国有文化资产监督管理办公室

2012 年，为解决文化创意产业发展中各类专项资金的管理和文化企业融资难等问题，北京市专门组建了北京市国有文化资产监督管理办公室（简称市文资办），该办公室属于市政府直属机构，作为国有文化资产监督管理机构，市文资办统筹规划和实施文化改革发展相关工作，负责文化投资、资本运作、国有文化企事业单位资产管理及文化创意产业园区、重大文化项目、重点文化工程的规划立项和组织实施。市文资办的成立，使得北京市文化创意产业发展专项资金的管理更加专业化、系统化。针对北京市文化创意产业发展专项资金的日常管理，2016 年市文资办制定了《北京市文化创意产业发展专项资金企业项目征集评审管理办法（试行）》《北京市文化创意产业发展专项资金项目补助实施细则（试行）》《北京市文化创意产业发展专项资金项目奖励实施细则（试行）》《北京市文化创意产业发展专项资金项目贷款贴息实施细则（试行）》《北京市文化创意产业发展专项资金项目贴租实施细则（试行）》《北京市文化创意产业发展专项资金项目贴保实施细则（试行）》等一系列管理办法，为文化创意产业发展专项资金的使用和管理提供了制度保障，也为文化创意产业更加高效地使用专项资金提供了良好的政策环境。另外，市文资办在成立之初，就与国家开发银行北京分行、中国工商银行北京分行、北京银行等 10 家银行签订了文化金融创新发展合作协议，10 家银行每年共为北京市文化产业发展提供 1000 亿元人民币的授信额度，这为北京市文化创意产业的发展提供了有力的资金支持。

四、制定全国首部省级文化创意产业空间规划

2014 年《北京市文化创意产业功能区建设发展规划（2014—2020 年）》的颁布，具有里程碑意义，是对 2006 年《北京市促进文化创意产业发展的若干政策》的一次有力补充，也是一次新的发展，是首部省级文化创意产业空间规划，在全国尚属首例。该规划对 2014 年至 2020 年北京市文化创意产业集群进行了科学合理的规划，提出了构建"一核、一带、两轴、多中心"的空间格局和"两条主线带动、七大板块支撑"的产业支撑体系的整体空间布局。除了对北京市文化创意产业空间集聚的科学规划外，该规划还有两个亮点：一是强调文化创意产业融合，以文化科技融合主线为主要载体，推动文化创意产业功能区和中关村国家自主创新示范区协调发展，促进文化和科技的融合，以文化金融融合主线为载体，推动功能区和金融街协调发展；二是以功能区建设助力京津冀区域协同，加快推进文化市场一体化进程，破除限制资本、技术、产权、人才、劳动力等要素自由流动和优化配置的体制机制障碍，进一步优化区域产

业布局。

五、文化创意产业"十三五"再布局

2016年，北京市委宣传部、北京市发展和改革委员会制定的《北京市"十三五"时期文化创意产业发展规划》，从全局角度对"十三五"期间北京市文化创意产业发展的布局、方向、任务、措施进行了全局性的阐释，开启了北京市文化创意产业发展的新篇章。根据该规划，到2020年，文化创意产业增加值占全市GDP比重力争达到15%左右，产业支柱地位更加巩固，体系更加完善，布局更趋合理，市场竞争力、创新驱动力、文化影响力显著增强，成为支撑首都经济创新发展、构建"高精尖"经济结构的重要引擎，努力把北京建设成为具有国际影响力的文化创新、运营、交易、体验中心和最具活力的文化创意名城。[①]

第三节 空间布局："一核、一带、两轴、多中心"

2014年，《北京市文化创意产业功能区建设发展规划（2014—2020年）》对北京市文化创意产业的空间布局进行了科学的规划，对"十三五"期间文化创意产业的发展具有指导意义。

一、总体布局

产业空间集聚是文化创意产业等新兴产业发展的趋势之一。美国硅谷高科技聚集区、东京动漫产业聚集区、澳大利亚昆士兰模式产业聚集区等文化创意产业空间集聚取得的成功，使得产业空间集聚成为文化创意产业快速发展的重要捷径。北京市是中国较早开始进行文化创意产业空间集聚布局的城市，早在2006年就规划了第一批10个文化创意产业集聚区，截至2018年，共有四批30个文化创意产业集聚区。北京市文化创意产业集聚区的发展已经初见成效，2013年北京市文化创意产业集聚区规模以上的文化企业创造的收入占全市文化创意产业总收入的11.4%，其利润则达到了全市文化创意产业总利润的24.6%。可见，文化产业空间集聚已经成为拉动北京市文化创意产业发展的重要增长极。

也正是基于文化创意产业对空间产业集聚的需求，北京市计划在市内构建"一核、一带、两轴、多中心"的空间格局和"两条主线带动、七大板块支撑"的产业支撑体系。

[①] 北京市委宣传部、北京市发展和改革委员会：《北京市"十三五"时期文化创意产业发展规划》，2016年7月，http://www.ce.cn/culture/gd/201702/17/t20170217_20300551.shtml。

（1）一核：是以首都功能核心区为空间载体的"中心城文化核"，依托首都历史文化和金融、总部资源，扩大北京文化、中华文明的影响力和辐射力。

（2）一带：是以中关村海淀园和石景山园为核心，向东延伸至朝阳电子城，向南延伸至丰台科技园、大兴国家新媒体产业基地和亦庄经济开发区的"文化科技融合带"，是北京市高新技术产业和科教资源最丰富的集中带，是落实文化科技"双轮驱动"战略的主阵地。

（3）两轴：是长安街及其延长线的东西轴和城市中轴线的南北轴。东西轴线利用创新和创意资源，着重提升"北京创造"中文创产业的数量和质量；南北轴线着重提升"北京服务"中文创产业的生产性服务业功能。

（4）多中心：是以功能区和分片区为中心，辐射带动周边区域发展的文创产业空间增长节点，如天竺文化保税功能区、音乐产业功能区中的中国乐谷片区等。

（5）两条主线带动：把握产业融合发展趋势，以文化科技融合、文化金融融合两大主线贯穿文创功能区建设发展各环节，驱动全市文创产业又好又快发展。重点规划建设文化科技融合示范功能区、动漫网游及数字内容功能区和文化金融融合功能区。

（6）七大板块支撑：结合北京市文创产业发展重点，主要规划了文化艺术、传媒影视、出版发行、设计服务、文化交易、会展活动、文化休闲等七个功能区板块。[1]

二、"一核、一带、两轴、多中心"的地理空间格局

2012年制定的《北京市主体功能区规划》，将北京划分为四大功能分区，即首都功能核心区，包括东城区和西城区，是历史文化遗产分布的核心地，古都历史文化风貌的集中展示区，文化旅游和公共文化服务的集中分布区；城市功能拓展区，包括朝阳区、海淀区、丰台区、石景山区，是首都面向全国和世界的高端服务功能的重要承载区，是首都经济辐射力和控制力的主要支撑区，是中关村国家自主创新示范区的主要集中地；城市发展新区，包括通州区、顺义区、大兴区（北京经济技术开发区）以及昌平和房山区的平原地区，是首都经济发展的新增长极，是首都高技术制造业和战略性新兴产业聚集区；生态涵养发展区，包括门头沟区、平谷区、怀柔区、密云县、延庆县以及昌平区和房山区的山区部分，是首都生态屏障和重要水源保护地（表2-1）。[2]

---

[1] 北京市人民政府：《北京市文化创意产业功能区建设发展规划（2014—2020年）》，2014年6月24日，http://www.chinacity.org.cn/cstj/zxgg/166007.html。

[2] 北京市人民政府：《关于印发北京市主体功能区规划的通知》，《北京市人民政府公报》2012年第17期。

表 2-1 北京市主体功能区规划

功能区域	区县	街道、镇、乡	土地面积（km²）	常住人口（万人）
首都功能核心区	东城区 西城区	32 个街道	92.4	216.2
城市功能拓展区	朝阳区 海淀区 丰台区 石景山区	70 个街道、7 个镇、24 个乡	1275.9	955.4
城市发展新区	通州区 顺义区 大兴区（北京经济技术开发区） 昌平区（平原） 房山区（平原）	24 个街道、56 个镇、1 个乡	3782.9	541.8
生态涵养发展区	门头沟区 平谷区 怀柔区 密云县 延庆县 昌平区（山区） 房山区（山区）	14 个街道、79 个镇、15 个乡（含昌平区的 7 个镇，房山区的 1 个街道、9 个镇和 6 个乡） 昌平区：流村镇、南口镇、长陵镇、十三陵镇、兴寿镇、崔村镇、阳坊镇 房山区：城关街道办事处、青龙湖镇、河北镇、十渡镇、张坊镇、大石窝镇、长沟镇、周口店镇、韩村河镇、阎村镇、佛子庄乡、南窖乡、大安山乡、史家营乡、蒲洼乡、霞云岭乡	11 259.3	247.8
总计	16 个区、县	140 个街道、142 个镇、40 个乡	16 410.5	1961.2

"一核、一带"的空间布局，充分考虑了北京市主体功能区规划的整体要求，其中，"一核"是"中心城文化核"，指的是北京市首都功能核心区，也是城市总体规划中的两轴焦点和金融街高端产业功能区的所在地；"一带"主要集中于城市功能拓展区和城市发展新区，是北京文化科技融合发展形成的独有产业空间布局，文化和科技的大部分产业均集中于城市中心区边缘并形成最具活力的文化、科技发展带。[①]

[①] 北京市人民政府：《北京市文化创意产业功能区建设发展规划（2014—2020 年）》，2014 年 6 月 24 日，http://www.chinacity.org.cn/cstj/zxgg/166007.html。

"两轴、多中心"是根据《北京城市总体规划（2004年—2020年）》提出的北京市城市空间结构，从"两轴两带多中心"基础上发展而来，其中的"两轴"是指沿长安街的东西轴和传统中轴线的南北轴，是顺承北京城市总体规划提出的两轴而形成的文化创意产业发展轴；"多中心"是指在市域范围内建设多个服务全国、面向世界的城市职能中心，提高城市的核心功能和综合竞争力，包括中关村示范区核心区、未来科技城、通州高端商务服务区、怀柔文化科技高端产业新区、亦庄高新技术产业发展中心和石景山综合服务中心等。

如表2-2所示，北京市先后四批发布了30个文化创意产业集聚区，30个文化创意产业集聚区分布在全市16个区（县），其中首都功能核心区4个，城市功能拓展区15个，城市发展新区5个，生态涵养保护区6个。可以看出，城市功能拓展区（朝阳区、海淀区、石景山区、丰台区）占到了全部集聚区的一半，而在各个行政区（县）中，城市功能拓展区中的朝阳区则以8个的绝对优势位列全市第一，远高于第二位的海淀区，足以看出朝阳区文化创意产业的区位优势。

表2-2 北京市文化创意产业集聚区空间分布

批次	集聚区名称	所属区、县	所属首都功能区
第一批	中关村科技园区雍和园	东城区	首都功能核心区
	北京DRC工业设计创意产业基地	西城区	首都功能核心区
	中关村创意产业先导基地	海淀区	城市功能拓展区
	中关村软件园	海淀区	城市功能拓展区
	北京798艺术区	朝阳区	城市功能拓展区
	北京潘家园古玩艺术品交易园区	朝阳区	城市功能拓展区
	北京数字娱乐产业示范基地	石景山区	城市功能拓展区
	国家新媒体产业基地	大兴区	城市发展新区
	宋庄原创艺术与卡通产业集聚区	通州区	城市发展新区
	中国（怀柔）影视基地	怀柔区	生态涵养发展区
第二批	前门传统文化产业集聚区	东城区	首都功能核心区
	琉璃厂历史文化创意产业园区	西城区	首都功能核心区
	清华科技园	海淀区	城市功能拓展区
	北京CBD国际传媒产业集聚区	朝阳区	城市功能拓展区
	惠通时代广场	朝阳区	城市功能拓展区
	北京时尚设计广场	朝阳区	城市功能拓展区
	北京欢乐谷生态文化园	朝阳区	城市功能拓展区

续表

批次	集聚区名称	所属区、县	所属首都功能区
第二批	北京大红门服装服饰创意产业集聚区	丰台区	城市功能拓展区
	顺义国展产业园	顺义区	城市发展新区
	北京出版发行物流中心	通州区	城市发展新区
	北京（房山）历史文化旅游集聚区	房山区	城市发展新区
第三批	北京奥林匹克公园	朝阳区	城市功能拓展区
	中国动漫游戏城	石景山区	城市功能拓展区
第四批	北京音乐创意产业园	朝阳区	城市功能拓展区
	卢沟桥文化创意产业集聚区	丰台区	城市功能拓展区
	十三陵明文化创意产业集聚区	昌平区	生态涵养保护区
	斋堂古村落古道文化旅游产业集聚区	门头沟区	生态涵养保护区
	中国乐谷——首都音乐文化创意产业集聚区	平谷区	生态涵养保护区
	北京古北口国际旅游休闲谷产业集聚区	密云县	生态涵养保护区
	八达岭长城文化旅游产业集聚区	延庆县	生态涵养保护区

从文化创意产业集聚区的空间分布角度分析不难发现，北京市文化创意产业呈现环状分布，这与北京市的"环形-放射状"的城市布局相适应。首都功能核心区，也就是位于二环以内的东城区和西城区，多以老北京文化为主，衍生出了前门、琉璃厂等老北京文化创意产业园，传承北京城市历史文脉和老字号品牌文化；城市功能拓展区，也就是五环以内的城区部分，即朝阳区、海淀区、丰台区、石景山区，既有海淀区聚集的众多高校和科研机构，也有朝阳区CBD商业区，还有丰台区大量的工厂建筑和石景山区的历史人文资源，共同构成了文化创意产业发展的良好生存环境和资源基础，这也使得该区域不仅有新闻出版、广播电影电视等传统文化产业，还集聚了软件网络计算机服务、艺术品交易等新兴文化产业，成为北京市文化创意产业发展最充分、最具活力的区域；五环之外的城市发展新区，则以其土地供应数量、价格方面的优势，成为文化创意产业发展的主要增量空间，先后建成了顺义国展产业园、北京出版发行物流中心、国家新媒体产业基地等一系列集聚区，将成为文化创意产业与现代制造业、物流业相融合的"试验田"，未来将积极承接业态和环节转移，重点发展文化艺术、影视制作、会展服务等产业；生态涵养保护区的文化创意产业则多以文化产业与旅游业的融合为主，充分利用该区域生态环境优势，提升旅游产业的文化内涵。

三、"两条主线带动,七大板块支撑"的产业空间集聚

"两条主线"主要是文化与科技融合主线、文化与金融融合主线,这是未来北京市文化创意产业集聚发展的带动方向,两条主线贯穿于整个文化创意产业的发展过程中,是创新文化创意产业发展方式的重要举措;"七大板块"主要规划了文化艺术、传媒影视、出版发行、设计服务、文化交易、会展活动、文化休闲七个功能区板块,这七大板块是北京市文化创意产业集聚的基础。

1. 文化科技融合产业集聚

文化与科技的融合已经逐渐成为文化创意产业发展的重要趋势。高新技术在互联网思维、先进制造技术的作用下,既可以让传统文化迸发更强的表现力、感染力、传播力,也会使传统文化在科技的帮助下创造新的辉煌。动漫游戏产业、3D打印、VR/AR虚拟现实技术等文化科技融合的产业,已经成为文化创意产业未来的发展方向。对于北京文化创意产业发展而言,文化科技融合功能区已经出现雏形。北京市已经基本形成了以中关村海淀园和石景山园为核心,向东延伸至朝阳电子城,向南延伸至丰台科技园、大兴国家新媒体产业基地和亦庄经济开发区的"文化科技融合带"。在文化科技融合带上,位于海淀区的中关村软件园、清华科技园和位于东城区的中关村科技园区雍和园等一批软件网络计算机服务园区是文化科技融合的基础,为北京市文化科技融合提供了科技支撑。目前,中关村、上地区域已经培育了百度、联想、新浪、金山等一批具有国际竞争力的软硬件制作及网络技术企业,[①]而石景山区的北京数字娱乐产业示范基地、中国动漫游戏城等则是文化科技融合在具体文化创意产业中发展的"成果"。

2. 文化金融融合产业集聚

由于创意产品多以设计、著作、作品等无形资产的形式呈现,而创意产业最核心的资产就是人才,这就决定了文化产业在融资过程中,缺乏可抵押的有形资产。因此,融资难、融资贵等问题一直困扰着文化创意产业的发展。北京市虽然先后设立了文化创意产业专项发展资金(每年5亿元)和文化创意产业集聚区基础设施专项资金(总规模5亿元),但对于众多文化创意企业来说仍远远不够。因此,探索利用社会资本投资文化创意产业是解决文化创意产业融资难问题的破题之举。除了要在政策制度上引导金融机构投资文化创意产业,还要努力建立文化融合功能示范区。应当利用以中关村科技园区雍和园等为代表的国有资本总部密集区域的发展,通过设立文化创意产业发展基金、风险投

---

① 黄斌:《北京文化创意产业空间演化研究》,北京大学博士学位论文2012年,第106页。

资基金等形式，控股或参股组建混合所有制文化创意企业，为文化金融融合发展提供示范效应。

3. 文化艺术产业集聚

北京具有良好的历史文化底蕴，以京剧、胡同文化等为代表的传统文化更是源远流长。另外，北京拥有众多国家级演艺团体和人才，深厚的历史文化资源和雄厚的人才资源，使得北京文化艺术产业在全国范围内屈指可数。目前，北京市已经形成了以卢沟桥文化创意产业集聚区为主的戏曲文化演艺区、以798艺术区为主的现代时尚艺术区、以中国乐谷——首都音乐文化创意产业集聚区为主的音乐产业区等文化艺术产业集聚区。

4. 传媒影视产业集聚

北京拥有众多国家级媒体和世界级媒体的分支机构，在媒体资源、媒体技术、人才等方面具有其他地区无法比拟的优势，这也使得北京在发展传媒影视产业过程中具有先天的优势。北京CBD国际传媒产业集聚区拥有人民日报社、中国中央电视台、美国联合通讯社（简称美联社）、路透社等众多国际知名媒体集团，也有中国传媒大学、中国社会科学院新闻研究所、清华大学美术学院等众多教育机构，还有广告公司、制播企业、投资基金、技术装备等众多上下游企业，已经形成了较为完备的传媒产业链和传媒产业集群。北京市提出将以北京CBD国际传媒产业集群区为支点，着力打造CBD-定福庄国际传媒产业走廊。该走廊集聚了国家广告产业园、国家版权贸易基地、国家音乐文化产业基地、国家动画产业基地等一批国家级文化产业基地，将成为引领北京传媒影视产业发展的龙头。

5. 出版发行产业集聚

2017年，北京市新闻出版营业收入占全国新闻出版营业收入的7.43%，资产总额占全国新闻出版资产总额的10.79%，利润总额占全国新闻出版利润总额的9.31%。[①] 从这些数据足以看出北京出版发行市场在全国占有重要的地位。出版发行产业是北京市传统文化产业，集聚着国内外众多原创作品资源、数字出版资源，并且传统出版与信息技术融合已经初具规模，业态模式逐步由以传统印刷行业为主转型升级为以数字出版、绿色出版为主，未来将把北京打造成为全球出版中心。位于丰台区的北京国家数字出版基地已经逐步成长为集数字出版创意策划、数字内容加工生产、数字出版平台运营等服务于一体的数字出版

---

① 国家新闻出版广电总局：《2017年新闻出版产业分析报告》，2018年7月30日，http://www.cbbr.com.cn/article/123452.html。

产业基地；位于西城区的中国北京出版创意产业园集聚了众多民营出版企业的总部，正逐步成为出版体制改革、优化出版资源配置的改革试验区；北京出版物流发行中心则以展会形式常年举办展示展销活动，为中外团购、批发等大宗客户的采购基地。

6. 设计服务产业集聚

设计服务业，包括工业设计、建筑设计、创意艺术设计、服装设计等内容，涉及领域众多。北京拥有众多一线设计公司和顶级设计院校及设计院，据统计，2009 年北京市的设计单位就多达 2 万余家，从业人员 20 余万人，同时拥有众多国家级设计服务业资源和服务协会，这无疑使北京成为中国设计服务业的中心。[①]北京已经建立了以北京 DRC 工业设计创意产业基地为依托的工业设计、建筑设计产业集聚，DRC 基地周边分布着中国有色金属研究院、中国航空规划设计院、北京煤炭设计院等国家级科研设计单位以及北京师范大学、北京邮电大学、北方交通大学等著名高校，具有雄厚的产、学、研结合潜力和得天独厚的资源优势；以 751D·PARK 北京时尚设计广场为核心的创意艺术设计产业集聚区以时尚设计为主题，以展示、发布、交易为核心，是集产业配套、生活服务功能于一体的创意产业集聚地和时尚互动体验区；以北京大红门服装服饰创意产业集聚区为依托的服装设计产业集聚区以北京 CBC 大厦为核心，构筑综合性服务平台，是集设计、研发、文化创意、办公、展示、发布、交流、培训于一体的综合性多功能集聚区。

7. 文化交易产业集聚

北京拥有众多博物馆资源、国家级文化贸易口岸、原创艺术基地及传统文化艺术品展示交易中心，涵盖高端文化艺术品交易、大众文化艺术品交易、原创文化艺术品交易等领域。北京已经逐步建立美术馆-隆福寺高端艺术品交易区，主要涵盖高端文化艺术品拍卖、展示和鉴赏服务功能，努力打造北京文化交易市场的品牌；建立了以北京潘家园古玩艺术品交易园区和琉璃厂历史文化创意产业园区为主体的传统古玩艺术品、工艺美术品及收藏品交易产业等传统特色文化的交易平台；建立了以宋庄原创艺术与卡通产业集聚区为核心的原创艺术及工艺美术展示和交易中心。

8. 会展活动产业集聚

北京拥有众多国家级和市级会展设施，拥有北京奥运会的众多场馆，拥有完善的公路交通、铁路交通、城市地铁等交通体系，也拥有举办大型会展活动

---

① 黄斌：《北京文化创意产业空间演化研究》，北京大学博士学位论文 2012 年，第 97 页。

的丰富经验和人才储备,这为北京发展成为全球会展中心提供了必要的基础。目前,北京正在重点打造顺义国展产业园,同时推动与老国展、北京展览馆、农业展览馆的联动发展,集聚会展资金、项目、人才等资源,加大酒店、中介、商贸等配套服务建设,努力将北京打造成为全国一流、世界知名的会展服务中心。

9. 文化休闲产业集聚

北京依靠其悠久的历史文化、丰富的自然生态和旅游休闲资源,努力探索传统与现代、文化与旅游、文化与休闲融合发展的路径,积极推进新型文化休闲城市功能区域的建设,引导各类资源合理开发利用。目前,已经初步形成了以北京生态涵养保护区为主体的文化休闲产业集聚区,主要包括北京(房山)历史文化旅游集聚区、卢沟桥文化创意产业集聚区、十三陵明文化创意产业集聚区、斋堂古村落古道文化旅游产业集聚区、北京古北口国际旅游休闲谷产业集聚区、八达岭长城文化旅游产业集聚区等。除了丰富的旅游资源外,还有前门传统文化产业集聚区等对各类老字号品牌进行保护、挖掘与弘扬推广的文化产业基地,以及北京欢乐谷生态文化园、中国乐谷——首都音乐文化创意产业集聚区、北京数字娱乐产业示范基地等主题休闲娱乐区域,满足了人们多层次、多元化的时尚休闲需求。

第四节 北京市文化创意产业发展的突出问题

近年来,依托丰富的历史文化资源、众多的文化创意企业、政府的扶持优惠政策以及充足的人才储备,北京市的文化创意产业进入了高速发展期。但是,在取得成绩的同时,我们也应清醒地看到,北京市的文化创意产业与世界先进文化创意产业发展地区相比,仍然存在一定差距。

一、产业集聚发展水平较低

十余年来,北京市文化创意产业集聚发展特征明显。在政府的大力支持下,自 2006 年以来北京市分四批认定了 30 个市级文化创意产业集聚区,另外还有 90 余个各级别文化创意产业园,实现了 9 大文化创意行业、16 个区县全覆盖的格局。[①]虽然北京市的文化创意产业集聚已经初具规模,但是产业集聚水平仍处于初级阶段,主要体现在:一是产业集聚区内企业耦合性不强。文化创意产

---

① 李柏峰:《北京文化创意产业发展存在的问题及对策建议》,《科技创新与生产力》2013 年第 12 期,第 17 页。

业在地理上的集中，除了共用基础设施和政府优惠政策外，其最终目的是要增强主体间的联系与互动，在区域中产生外部经济和规模经济，降低成本，加强彼此间的相互信任和合作，进而集体学习，实现技术创新。但是现如今北京的大多数文化创意集聚区处于产业集聚的初级阶段，文化创意产业仅实现了地理上的集中，而缺乏彼此间的联系和信任，这就难以实现共同合作、集体学习，也就很难在集聚区内形成耦合性联系，最终难以实现技术创新上的突破。二是产业集聚区发展同质化严重。在全部30个市级文化创意产业园中，涉及旅游休闲娱乐的产业集聚区多达10个，占到了全部产业集聚区的1/3，这其中大多都是以旅游景区为依托，集聚区内也缺乏自身特色，仍以旅游景区商品的售卖为主，不仅造成了重复建设的浪费，也难以真正实现利用文化提升旅游品质的目的。

二、中小文化企业融资困难

早在2006年《北京市促进文化创意产业发展的若干政策》就提出，设立文化创意产业专项发展资金（每年5亿元）和文化创意产业集聚区基础设施专项资金（总规模5亿元），专门用于扶持文化创意企业的发展。在2012年北京市又专门成立了北京市国有文化资产监督管理办公室，重点负责管理文化创意产业专项发展资金，制定了《北京市文化创意产业发展专项资金项目补助实施细则（试行）》等一系列管理政策。

综合判断，虽然北京市政府为缓解文化创意产业融资难问题做出了很多努力，但是现阶段文化创意企业，尤其是中小文化创意企业的融资难问题并没有得到根本上的解决。分析其主要原因，一是政府扶持资金门槛过高。例如，《北京市文化创意产业发展专项资金项目补助实施细则（试行）》中规定，申报项目补助的条件包括："（四）申报项目总投资原则上不低于1000万元；（五）申报单位上一年度纳税额不低于50万元。"这样的条件将很多文化创意企业都挡在了门外。二是中小文化创意企业自身财务制度不健全。中小文化创意企业由于规模小、能力有限且缺乏财务经验，加之普遍存在财务制度不健全的问题，难以达到金融机构贷款标准，造成企业融资困难。三是文化创意企业估价难。文化创意企业最核心的资产一个是人才，另一个就是知识产权，而这些都属于无形资产，难以变现抵押。无形资产的价值受经济、政治形势的影响波动较大，使金融机构难以对其将会面临的风险做出准确评估。[1]四是文化创意产业金融担保体系不完善。现阶段针对文化创意产业的信用评级机构和专项担保公司较少，这也造成了文化创意企业无人担保的尴尬境地。

---

[1] 卫志民：《文化创意产业发展的现状、制约与突破——一项基于北京文化创意产业发展的研究》，《河南大学学报（社会科学版）》2017年第2期，第18页。

三、创意人才结构性失衡

2015年，北京市文化创意产业从业人员达到了历史性的202.3万人，虽然从业人员众多，但是文化创意产业内部从业人员分布不平衡，大多数从业人员从事的是事务性、重复性较强的创意周边制造加工类工作，而真正从事原创性、高端营销、复合型工作的人才极度匮乏。造成这种情况的原因，一是高校培养体制与市场脱轨。中国高等院校培养人才大多以专业性人才为主，更多培养的是设计师、网络工程师等技术性人才，而缺乏内容创意领域和经营管理领域人才的培养，文化创意市场虽然有很多极具创意的想法和方案，但是缺乏营销人才将其"点石成金"。二是北京对人才的吸引力不强。增加创意高端人才的另一个途径就是吸引人才，但是北京严格的户籍制度、污染严重的自然环境、高涨的房价，都在一定程度上削弱了北京对高端创意人才的吸引力，这也成为限制北京文化创意产业发展的重要因素。

四、知识产权保护力度不够

知识产权保护是文化创意产业发展的基础和必要的政策环境，但是北京市对知识产权的保护力度仍显不够。在本书归纳的自2006年以来北京市出台的29项文化创意产业政策中，仅有一项涉及知识产权保护的政策，即北京市知识产权局于2007年12月颁布的《北京市文化创意产业知识产权保护与促进办法》，该办法多以原则性、指导性措施为主，并不具有很强的可操作性。知识产权保护法律法规的缺位，使得原创文化创意产品得不到应有的保护，抄袭、模仿等侵权行为得不到有效遏制，不仅打击了文化创意企业原创的积极性，而且最终伤害的是整个文化创意行业的创造力。

五、文化体制改革相对滞后

北京市的文化体制改革时间较早。早在2003年，北京市就出台了《北京市文化体制改革试点方案》，提出将中国杂技团、北京歌剧舞剧院、中国木偶艺术剧院等一批试点经营性文化单位转企改制，进而激发文化发展活力与创新能力。随后，在2009年，北京市又大力推进国有文化单位集团化改革与联合重组，先后组建了北京歌华文化发展集团、北京日报报业集团、北京演艺集团、北京出版集团等一批大型文化企业集团，推动了国有文化资产的有效整合、优化配置与规模化扩张。到了2012年，北京市继续在创新国有文化资产管理体制方面先行先试、大胆探索，成立了全国首家直属市政府的国有文化资产监督管理办公室，对统筹首都文化资源，推动全市文化改革发展产生了积极而深远的影响。①2018 年,《北京市关于全面深化改革、扩大对外开放重要举措的行动计划》中强调对文化体制改革,重点建立健全文化与科技、金融、信息、旅游等产业融合发展机制和政策体系,推动文化创意产业结构升级、业态创新、链条优化,加快文化创意产业引领区建设。②虽然北京市在文化体制改革、创新方面取得了一定成绩,但是体制机制性问题仍然比较突出,主要表现在:一是文化市场"条块分割"的现象仍较为普遍,传统文化创意行业,如新闻出版、广播电视等行业,市场"条块分割"严重,形成四横四纵的井字结构。四横是指报纸、广播、电视和网络四种主要媒介形式,按照归口管理分属于不同的管理部门;四纵是指按照中央、省、市、县四级,各个媒体隶属于不同级别的地方政府。这样的井字平行结构也将整个文化市场分割为"小而全"的市场,多头管理、交叉管理、管理体制僵化等问题非常突出。二是体制藩篱限制创意人才的成长、流动,现行的文化体制,使得国有文化企业中市场化的治理结构和经营机制尚未完全形成,人才队伍构建的市场化程度不高,在一定程度上阻碍着优秀文化创意人才的成长、选拔和任用。③

---

① 李柏峰:《北京文化创意产业发展存在的问题及对策建议》,《科技创新与生产力》2013 年第 12 期,第 18 页。
② 中共北京市委、北京市人民政府:《北京市关于全面深化改革、扩大对外开放重要举措的行动计划》,2018 年 7 月 31 日, https://baijiahao.baidu.com/s?id=1607484968908377622&wfr=spider&for=pc。
③ 卫志民:《文化创意产业发展的现状、制约与突破——一项基于北京文化创意产业发展的研究》,《河南大学学报(社会科学版)》2017 年第 2 期,第 18 页。

第三章 山海城乡：天津市文化创意产业发展现状

近年来，天津市紧紧抓住文化改革发展的重大历史机遇，十分重视文化创意产业的发展。无论是在发展规划、政策的制定，还是在资金的支持等方面，都在不断加大支持力度。天津市文化创意产业已经逐渐形成了广播影视、新闻出版、动漫游戏、设计服务、咨询策划、文化旅游、体育休闲等重点行业门类的产业体系和山、海、城、乡"四带多点"的空间格局，逐步建设中心城区都市文化产业带、滨海新区开放型海洋文化产业带、北部山区休闲旅游文化产业带和区县民俗文化产业带。

第一节 文化创意产业逐步成长为支柱产业

一般认为，国民经济支柱型产业的标志，是该产业创造的增加值占GDP的比重达到5%以上。天津市2015年全市文化创意产业增加值达到784亿元，比2010年增加480亿元，占全市GDP的比重为4.74%，比2010年提高了1.4个百分点，文化创意产业实现跨越式发展。[①]可以说，文化创意产业在天津市已经接近国民经济支柱型产业，随着天津市文化创意产业以年均20%的速度增长，在短期内天津市文化创意产业增加值占GDP的比重将突破5%，成长为拉动天津市国民经济发展的新的支柱型产业。

一、文化创意产业增加值逐年增加

从图3-1可以看出，在"十五"末期的2005年，天津市文化创意产业增加值仅为80.17亿元，而在"十一五"末期的2010年，就增加了2.77倍，达到了303亿元；到"十二五"末期的2015年，更是增加了8.77倍，达到了784亿元。在十年间，天津市文化创意产业增加值增加了近9倍，增长速度惊人。

[①] 津文：《天津文化产业 实现跨越发展》，2017年5月20日，http://www.sohu.com/a/142066110_488939。

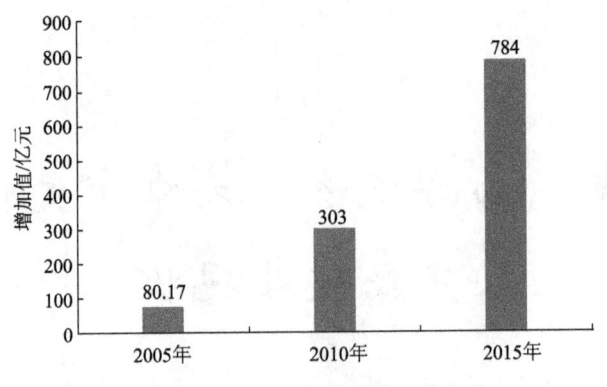

图 3-1　天津市文化创意产业增加值

资料来源：郭鹏、文晓阁：《天津文化产业发展模式探讨》，《长春理工大学学报（社会科学版）》2013 年第 8 期，第 81 页；津文：《天津文化产业　实现跨越发展》，2017 年 5 月 20 日，http://www.sohu.com/a/142066110_488939。

二、文化创意产业增加值占比持续增长

由图 3-2 可见，天津市在"十五"末期，文化创意产业增加值占 GDP 的比重仅为 2.17%，而经过十年的发展，"十二五"末期，天津市文化创意产业增加值占比已经达到了 4.74%，较 2005 年增加了约 2.6 个百分点，所占比重实现了翻倍增长。天津市文化创意产业的成长速度快于其他产业，已经逐渐成长为天津市经济发展的支柱型产业。

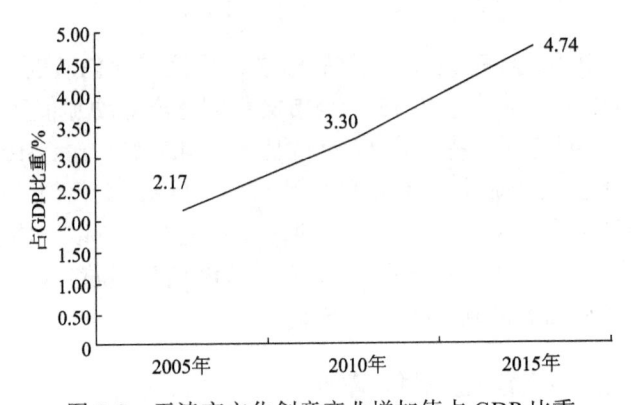

图 3-2　天津市文化创意产业增加值占 GDP 比重

资料来源：郭鹏、文晓阁：《天津文化产业发展模式探讨》，《长春理工大学学报（社会科学版）》2013 年第 8 期，第 81 页；津文：《天津文化产业　实现跨越发展》，2017 年 5 月 20 日，http://www.sohu.com/a/142066110_488939。

三、文化创意产业吸纳就业能力提高

由图 3-3 可见，"十一五"末期的 2010 年，天津市全市规模以上的创意企

业达到 19 000 家，就业人数约 30 万人。[①]而到了"十二五"末期的 2015 年，天津市文化创意产业共吸引投资额达到 1486 亿元，全市共有文化创意企业 2 万余家，就业人数达 40 余万人，发展速度迅猛。[②]可见，在 2010 年至 2015 年，虽然文化创意企业增加数量并不明显，但是文化创意企业吸纳就业人员的能力得到了提升。

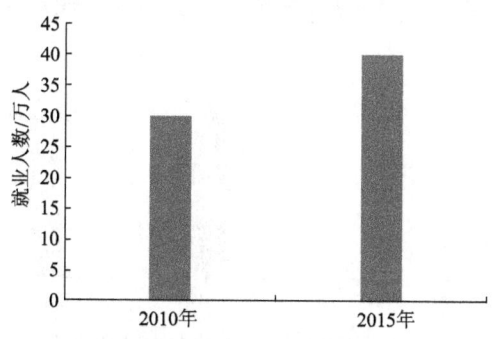

图 3-3　天津市文化创意产业吸纳就业人数
资料来源：作者综合文献整理。

四、文化创意产业主导产业优势明显

由图 3-4 可见，从产业结构上看，2015 年天津市文化创意产业中咨询策划、电信软件、设计服务三大门类增加值占天津市文化创意产业的比重分别达到 33%、30%和 21%，合计达到 84%，成为支撑文化创意产业发展的主导力量。[③]

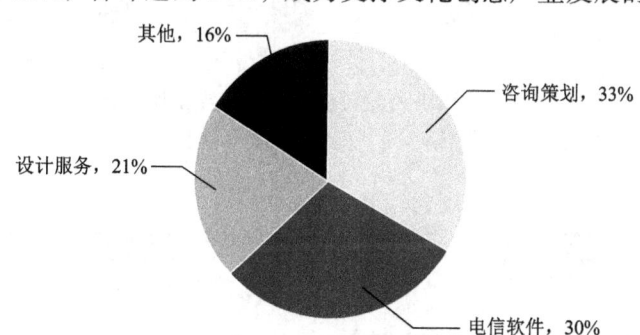

图 3-4　2015 年天津市文化创意产业结构分布图
资料来源：天津市文化创意产业协会专家委员会：《创意城市蓝皮书——天津文化创业产业发展报告》，社会科学文献出版社 2016 年版，第 4 页。

---

① 天津市发展和改革委员会：《关于印发天津市创意产业发展"十二五"规划的通知》，2011 年 8 月 11 日，https://wenku.baidu.com/view/3293982fbd64783e09122b32.html。
② 艾翔：《天津文化创意产业发展对策研究》，《产业经济》2016 年第 8 期，第 126 页。
③ 天津市文化创意产业协会专家委员会：《创意城市蓝皮书——天津文化创业产业发展报告》，社会科学文献出版社 2016 年版，第 4 页。

五、文化创意产业消费市场增长迅速

由图 3-5、图 3-6 可见，2013—2015 年间，文化消费支出呈持续上涨态势，历年增长速度均超过 13%，说明天津市文化消费市场正在不断增大，为文化产业发展提供了良好的市场环境。同时，文化消费所占比重也逐年增加，2015 年支出比重比 2014 年增加了约 0.4 个百分点，说明文化娱乐支出逐渐成为天津市民消费支出的重要方面。

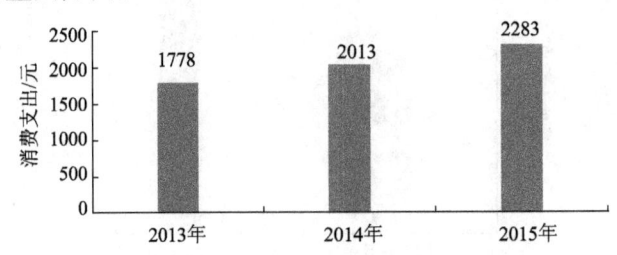

图 3-5　天津市人均文化娱乐消费支出

资料来源：《天津统计年鉴 2016》。

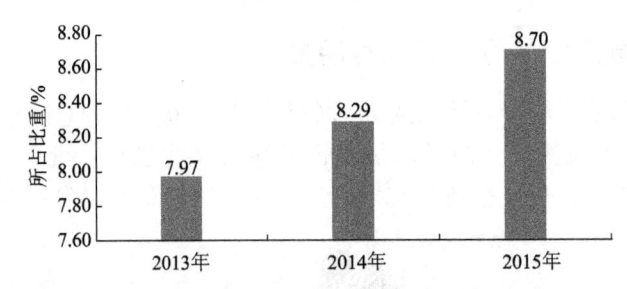

图 3-6　天津市人均文化娱乐消费支出所占比重

资料来源：《天津统计年鉴 2016》。

第二节　政府文化政策日趋完善

一、《天津市文化产业振兴规划》

根据国务院《文化产业振兴规划》（2009）的精神，2010 年，天津市人民政府（简称天津市政府）专门发布了《关于印发天津市文化产业振兴规划和第一批文化产业振兴重点工作计划的通知》，标志着天津市开启了文化创意产业发展的新篇章。

《天津市文化产业振兴规划》（2010）共分九部分，主要包括文化产业的基础和现状、指导思想和基本原则、规划目标、产业布局、滨海新区、中心城区、各区县文化产业发展重点和方向、政策措施、保障条件等。全市文化产业在空间布局上按照山、海、城、乡"四带多点"的框架展开，所谓的"四带"是指开发建设中心城区都市文化产业带、滨海新区开放型海洋文化产业带、北部山区休闲旅游文化产业带、周边区县民俗文化产业带。同时，该规划提出了重点扶持的文化产业：文化创意、广播影视、出版发行、演艺娱乐、文化旅游、数字内容和动漫、文化会展、艺术品交易等八类产业。《天津市第一批文化产业振兴重点工作计划》（2010）推出了健全文化产业领导体制、建设文化创意产业聚集区、做大做强传媒业等50项重点工作。

2011年，天津市政府办公厅印发《关于鼓励和支持我市文化产业发展的实施意见》和《关于促进我市电影产业繁荣发展的实施意见》，从财政、税收、土地、人才、投融资、工商管理、非公有资本进入等方面提出了一系列扶持政策。市委宣传部、市文化广播电视新闻出版局（简称文广新局）、市金融办等相关部门也单独或联合出台了《关于促进天津市文化贸易发展的实施意见》（2013）、《天津市促进文化和科技融合发展的实施意见》（2013）、《关于促进我市文化与金融融合发展的实施意见》（2013）等一批支持文化产业发展的政策文件，为推动文化产业发展创造了良好的政策环境。

二、以市级重点文化项目为抓手

从2010年开始，按照《天津市第一批文化产业振兴重点工作计划》，天津市每年推出一批市级重点文化项目，建立天津市重点文化产业项目库，做好项目整体规划和统筹管理，做到建成一批、储备一批、培育一批，以项目为抓手，通过项目建设带动文化产业持续快速发展。截至2017年，已累计推出了7批共423个项目，总投资达1681亿元。项目分为公共文化服务、文化产业和文化产品创作生产三大类，包括公共文化设施、公共文化服务平台、文化创意街区、媒体融合、互联网信息媒体服务平台、文化娱乐节目、电影电视等具体类别。[1]

三、以惠民政策培育文化市场

为了培育文化消费市场，提高市民的文化生活水平，天津市出台了《支持高端演出、高端展览和公益文化普及活动专项经费管理暂行办法》（2013），市财政局每年专门拨付经费用于补贴高端文化活动的门票收入，政府把资金补贴在百姓的票价上，为高端演出的市场运营探索了新路径。天津市推出了"天

---

[1] 津文：《天津文化产业 实现跨越发展》，2017年5月20日，http://www.sohu.com/a/142066110_488939。

津文化惠民卡",在全市累计发行 13.5 万张,创新"变补贴院团为补贴市民"的惠民形式,百姓花 100 元买卡,财政补贴 400 元,市民持卡买票还可以享受 3—8 折的优惠,市财政局三年累计投入 1.097 亿元,用市场的手段实现惠民,让群众享受低票价、高品质的文艺演出。2017 年,以 11 家国有艺术院团为骨干,吸纳民营演艺企业、演出机构共 49 家,成立了全国首家文化惠民演出联盟——天津市文化惠民演出联盟,"文化惠民卡"的优惠政策不仅限于天津本地国有艺术院团,还将适用于联盟内所有文化企业,扩大文化惠民卡的使用范围,进一步增加有效供给,缓解供需矛盾。此外,天津市还推出了书香卡、电影一卡通、民生-今晚智家卡等文化消费卡,持卡者可享受文化消费折扣以及多种优惠。"天津文化惠民季"活动的持续开展,对加大市场供给、活跃文化市场、满足群众多样化文化需求更是大有助益。

四、制定"文化+"产业融合政策

推进文化创意产业与相关产业融合发展,是培育新的经济增长点、提升文化软实力和产业竞争力、推进经济结构调整和发展方式转变、提高人民生活质量的重大举措。天津市政府相关部门积极探索"文化+"产业融合政策,先后出台了《天津市关于推进文化和旅游融合发展的实施意见》《关于促进天津市文化与金融融合发展的实施意见》等政策,为"文化+"产业的融合发展提供了政策依据。2015 年,根据国务院相关文件精神,天津市发展和改革委员会、天津市委宣传部出台了《天津市推进文化创意和设计服务与相关产业融合发展行动计划(2015—2020 年)》等政策,为未来文化创意产业与相关产业的融合发展指明了发展方向。

(1)2013 年,天津市委宣传部、市金融办出台了《关于促进我市文化与金融融合发展的实施意见》,针对文化企业"轻资产、融资难"的特点,天津市的金融机构专门为文化创意产业开发了多种进入产品和融资的渠道,特别推出了专利权、商标权、著作权和股权质押贷款等符合文化产业特点的金融产品,进一步扩大用无形资产作为质押贷款的范围,同时,开发推广适合文化企业的保险产品,为文化企业融资增信并提升其抗风险能力。另外,金融机构还建立文化产业支行等多种服务机构,专门为文化企业提供专业化服务,提供包括政策咨询、财务法律顾问、债权融资、股权融资在内的"一站式"金融服务。为加快有实力的文化企业上市,金融机构还帮助符合条件的文化企业进行股份制改造,充分发挥多层次资本市场的作用,支持文化企业通过上市挂牌融资。

(2)2013 年,天津市委宣传部出台了《天津市促进文化和科技融合发展的实施意见》，总结了本市推进文化和科技融合的进展情况，对存在的问题和困难进行了深入分析，提出了相关措施和办法。

（3）2014年，天津市委宣传部制定的《天津市关于推进文化和旅游融合发展的实施意见》指出，天津将加快推进重点文化旅游项目建设，举办特色文化旅游活动，挖掘旅游产品文化内涵，加强文化旅游资源整合，培育特色旅游演艺产品，开发天津特色旅游纪念品，推动文化与旅游融合，建设天津方特欢乐世界、天津欢乐谷、天津极地海洋世界、欢乐海魔方、天山海世界·米立方、凯旋王国等主题公园，提升改造航母·瓦瑞尔军事体验中心、北塘古镇双垒炮台营等文化旅游景点。

（4）2015年，天津市发展和改革委员会、天津市委宣传部制定了《天津市推进文化创意和设计服务与相关产业融合发展行动计划（2015—2020年）》，以产业集聚区和重点项目建设为抓手，加强与制造业、科技、旅游、金融等相关产业的融合发展，着力提升文化创意和设计服务的整体质量水平及核心竞争力。到2020年，创意产业增加值占全市生产总值比重力争达到8%，与相关产业融合发展程度进一步提升，努力将天津建成优秀文化创意成果的转化应用中心、优质文化创意资源的汇聚中心、独具特色的文化强市和北方创意之都。

第三节　搭建文化创意产业财政金融平台

一、设立文化创意产业发展专项资金

2010年，天津市出台了《天津市文化产业振兴规划》，其中专门提到"设立天津市文化产业发展专项资金，支持文化企业发展"。2014年，此产业发展专项资金规模已达到每年1亿元，通过组织项目申报、专家评审，利用项目补助、贷款贴息等方式，对涉及推动文化科技创新、培育骨干文化企业等方面的128个文化产业项目给予了支持。随后，滨海新区、和平区、河西区、津南区等地也分别设立区级文化产业发展专项资金，全市文化产业发展专项资金总额达7亿元。[①]2016年，天津市又专门出台了《天津市文化产业发展专项资金项目管理暂行办法》，明确将国家级和市级文化产业园区及示范基地建设、文化内容创意生产等列入资金支持方向。资金支持的力度也非常大，好项目的扶持

[①] 谢思泉、康军、王琳等：《天津文化创意产业发展报告（2015~2016）》，社会科学文献出版社2016年版，第11页。

资金可以达到上亿元。而在搭建服务平台、加强企业交流方面,主要是"走出去"和"引进来"相结合。例如,2016年举办了天津市和平区京津冀文化项目推介会,建立京津冀重大文化项目资源库,北京方面组织多家企业赴天津考察,为加强合作奠定了坚实基础。

随后,天津市委宣传部先后与国家开发银行天津分行、中国银行天津分行、中国民生银行天津分行、浦发银行天津分行、北京银行天津分行、浙商银行天津分行等 11 家金融机构分别签署了《支持天津市文化产业发展合作备忘录》(2010)。至此,金融机构支持天津文化产业发展的授信额度达到 260 亿元,文化企业贷款额累计 130 亿元。

二、以国有投融资服务为主体

天津市政府积极探索文化投融资模式,利用国有文化企业资金帮助中小文化企业解决融资难问题,创新中小文化企业融资模式。2010 年,由今晚传媒集团、广电集团、天津出版传媒集团、北方报业印务股份有限公司等共同出资组建了天津北方文化产业投资集团。该集团成立后,积极为中小文化企业搭建融资平台,成立了天津文化产业小额贷款公司,为天津市文化企业、文化项目提供投融资支持。随后,又相继成立了天津文化产权交易所、天津文化产业股权投资基金、天津文化产业担保公司等平台,着力运用市场化手段解决文化企业融资难问题。

另外,全市还筹集财政资金 60 亿元,建立中小微企业贷款风险补偿机制,鼓励和引导金融机构向有融资需求的中小微企业发放贷款;筹集财政资金 200 亿元,专项用于支持科技型中小企业发展。[1]

三、开发适合文化企业的金融产品

针对文化创意企业缺乏有形抵押物的特点,天津市金融部门积极推广专利权、商标权、股权和应收账款抵押贷款(简称"四项贷款")等符合文化创意企业融资特点的金融产品。截至 2013 年年末,全市共实现四项贷款 1651 亿元,全年新增 912 亿元,同比增长 124%。市金融部门还积极拓宽企业直接融资渠道,推动符合条件的文化创意企业到新三板、天津股权交易所(简称天交所)等场外交易市场挂牌。截至 2014 年 5 月末,天津市文化创意企业在新三板挂牌 1 家,在天交所挂牌 3 家,在天津滨海柜台交易市场挂牌 1 家。[2]

---

[1] 津文:《天津文化产业 实现跨越发展》,2017 年 5 月 20 日,http://www.sohu.com/a/142066110_488939。
[2] 刘影:《市文化广播影视局副局长徐恒秋做客天津政务网》,2014 年 9 月 16 日,http://ms.enorth.com.cn/system/2014/09/15/012145870.shtml。

四、滨海新区创新投融资模式

滨海新区专门出台了《滨海新区金融支持文化产业振兴与发展繁荣的实施意见》（2010）等系列指导性文件，建立健全有利于金融支持文化产业发展的配套机制，解决文化创意企业融资难题。滨海新区还创建了投融资平台，推动海泰担保投资公司进入新区文化产业领域，并制定"一企一策"的文化金融工作思路，推出多项举措。同时，天津滨海新区国际知识产权交易所投入运营，为文化创意产业发展提供评估、交易、投资、融资等支持。

第四节　空间布局："一带、双心、多组团"

2011年8月，天津市发展和改革委员会发布了《天津市创意产业发展"十二五"规划》，提出将天津打造成为优秀创意成果的转化应用中心、优质创意资源的汇聚中心、独具特色的文化强市和北方创意之都，逐渐形成"一带、双心、多组团"的创意产业发展格局。

一、天津市文化创意产业空间布局

1. 布局：一带、双心、多组团

在创意产业布局方面，"十二五"期间，天津市提出打造"一带"，即海河沿岸创意产业带；构筑"双心"，即滨海新区、中心城区创意产业中心区；组建"多组团"，即两翼齐飞提升周边区县创意产业发展水平。形成"一带、双心、多组团"的创意产业发展格局。同时，建设能容纳100—150家企业的创意产业园区50个，培育和引进具有自主知识产权、年收入超10亿元的龙头企业10家。

2. 海河沿岸创意产业带：上中下游都有亮点

天津市提出，在海河上游，重点建设西沽公园、意库创意产业集聚区、潞河风情园、大悲院商贸旅游区、意奥风情区、天津美术馆艺术品展示与交易区、老城厢民俗文化旅游区、"老城津韵"民俗旅游商贸区、津湾广场、和平路-滨江道中心商业区、陈塘科技园等创意集聚区，发展创意旅游、文化展演、时尚休闲、特色商业、艺术品展示与交易等业态。到"十二五"末，基本形成融合传统与现代、民俗与异域多种元素，集现代商业与文化旅游功能为一体的创意产业链。

根据《天津市创意产业发展"十二五"规划》，天津市要在海河中游聚集和建设一批国家级科研院所和研发机构、海外高水平研发机构或分支机构，大力引进国家重点实验室、工程实验室和企业工程中心等研发机构，形成科教资源聚集、领军人才密集、专家教授云集的科教新区，打造天津南部的人才高地和创新基地。重点建设中滨城、生物谷等项目，建立大学科技园、企业孵化器、专利权转让、生产力促进中心、公共研发和服务平台等一系列政府支持引导、产学研一体化的新型混合组织，建成区域性研发转化服务中心。依托北京邮电大学科技园、国家软件平台、恒生电子科技园等资源，重点发展以物联网、云计算、人工智能、新型电子元器件和集成电路为主导的电子信息产业，加速高科技成果的产业化。结合宝成北石林园、天嘉湖风景区、葛沽文化风情集聚区、小站练兵观光园、天山海世界·米立方等文化旅游设施建设，加强城乡湿地和南部生态区的保护，充分挖掘海河文化、小站近代军事文化、葛沽民俗文化，重点发展教育培训、研发设计、会展旅游等业态。

在海河下游，重点开发海河外滩、解放路、月亮岛、洋货市场等区域，发展观光体验、特色商业、咨询策划、时尚消费、休闲娱乐等业态。到"十二五"末，基本形成海河下游以高端咨询策划与时尚创意体验为特色的都市创意产业集聚中心。

3. 中心城区：建成全国重要文化创意会展中心

根据《天津市创意产业发展"十二五"规划》，天津市要重点建设友谊路-梅江会展创意集聚区：加快建设美术馆、图书馆、大剧院、博物馆、青少年活动中心及大型商业中心。

建设鞍山西道研发设计创意聚集区：重点发展软件设计、计算机服务、网络信息、数字媒体、动漫游戏、职业培训等业态，打造全市研发设计核心区。

建设南京路-长江道文化传媒聚集区：重点发展新闻出版、广告策划、新媒体、中介服务业，打造以新闻媒体、广告策划为主题的文化传媒集群。

建设水上-奥城体育休闲创意集聚区：重点建设水上不夜城、奥城商业广场等设施。

建设小白楼咨询策划创意集聚区：重点发展为企业服务的市场调查、投资咨询、财务管理、会展策划等行业，打造以咨询策划为主题的商务服务创意集群。

4. 滨海新区：建成北方创意产业领航区

根据《天津市创意产业发展"十二五"规划》，天津市要大力发展以高新技术为支撑的设计服务、软件与信息服务、游戏动漫、咨询策划类创意产业，将滨海新区建设成为天津乃至北方地区创意产业发展的示范区和领航区，其中包括中新生态城动漫集聚区、空港软件与信息服务集聚区、滨海高新区和开发区软件及服务外包集聚区、滨海研发设计集聚区和滨海创意休闲旅游区。滨海新区还提出加快滨海旅游区建设，引进主题公园、休闲总部、游艇总会等一批创意体验项目。

5. 其他区县：两翼齐飞

根据《天津市创意产业发展"十二五"规划》，天津市其他区县的创意产业，将形成天津市创意产业的南北两翼。"东丽-宁河-武清-宝坻-蓟县"组成的北翼包括东丽湖文化休闲娱乐组团、七里海生态观光组团、中国艺术家聚集区、京津新城文化休闲组团、蓟北山野风情体验组团、盘龙谷文化创意组团。"西青-津南-静海"组成的南翼包括杨柳青民俗文化组团、天嘉湖生态商务休闲旅游组团、"葛沽-小站"民俗风情组团、团泊生态休闲组团。

二、文化创意产业集群初步显现

为了推动和规范文化创意产业园区的发展，如表3-1所示，天津市委、市政府通过前期发动、区县推荐、资格审核、实地考察、专家打分、媒体公示等环节，依照综合评价的分值，截至2017年，共命名了7批42个市级示范园区。[①]具体如下：

2009年第一批市级创意产业园区共5个，包括意库创意产业园、凌奥创意产业园、辰赫创意产业园、6号院创意产业园、北新文化传媒集团有限公司。

2010年第二批市级创意产业园区共4个，包括天津滨海高新区创意产业园、天津泰达国际创业中心、C92创意集聚区、智慧山科技文化创意产业基地。

2011年第三批市级创意产业园区共8个，包括陈塘科技商务区创意产业园、天感科技园、创意桥园产业园、绿领产业园、1895天大建筑创意大厦、天津鑫茂青年大学生创意创业孵化器、天津武清开发区总部基地、天津生态城动漫城。

2013年第四批市级创意产业园共5个，包括天津青年创业园、陈塘科技创意园、西沽文化创意产业园、巷肆创意产业园、东丽区妇女手工编织发展中心。

2014年第五批市级创意产业园共5个，包括天津市和平区创新大厦、天津水滴IRENA体育文化创意产业园、天津101汽车文化广场、天津空港经济区创新创业中心、天津市宁河县手工艺创意产业园。

2015年第六批市级创意产业园共10个，包括棉三创意产业园、中北高科技产业园、中关村（天津）双街创意产业园、天津天明创意产业园、天津C18·世界之窗科技创意产业园、中国民航科技产业化基地、华苑创意产业园、泰达服

---

① 谢思泉、康军、王琳等：《天津文化创意产业发展报告（2015~2016）》，社会科学文献出版社2016年版，第12页。

务外包园、天津东方环球影城科技文化创意产业基地、天津微电影产业园。

2016年第七批市级创意产业园共5个,包括滨海新区中心商务区文化创业大厦、中韩文化创意产业园、天津市通达教育产业园、意庄艺术区、460国际设计园区。

表3-1 天津市市级文化示范园区一览表

所在区域	园区名称	批次
和平区（2个）	6号院创意产业园	第一批
	天津市和平区创新大厦	第五批
河西区（4个）	陈塘科技商务区创意产业园	第三批
	天感科技园	第三批
	陈塘科技创意园	第四批
	460国际设计园区	第七批
南开区（4个）	C92创意集聚区	第二批
	1895天大建筑创意大厦	第三批
	天津水滴IRENA体育文化创意产业园	第五批
	天津C18·世界之窗科技创意产业园	第六批
河东区（3个）	创意桥园产业园	第三批
	棉三创意产业园	第六批
	天津市通达教育产业园	第七批
河北区（5个）	辰赫创意产业园	第一批
	北新文化传媒集团有限公司	第一批
	绿领产业园	第三批
	巷肆创意产业园	第四批
	天津天明创意产业园	第六批
红桥区（3个）	意库创意产业园	第一批
	天津青年创业园	第四批
	西沽文化创意产业园	第四批
滨海新区（10个）	天津滨海高新区创意产业园	第二批
	天津泰达国际创业中心	第二批
	智慧山科技文化创意产业基地	第二批
	天津鑫茂青年大学生创意创业孵化器	第三批

续表

所在区域	园区名称	批次
滨海新区（10个）	天津生态城动漫城	第三批
	天津空港经济区创新创业中心	第五批
	中国民航科技产业化基地	第六批
	华苑创意产业园	第六批
	泰达服务外包园	第六批
	滨海新区中心商务区文化创业大厦	第七批
东丽区（2个）	东丽区妇女手工编织发展中心	第四批
	天津微电影产业园	第六批
西青区（4个）	凌奥创意产业园	第一批
	天津101汽车文化广场	第五批
	中北高科技产业园	第六批
	天津东方环球影城科技文化创意产业园	第六批
津南区（2个）	中韩文化创意产业园	第七批
	意庄艺术区	第七批
北辰区（1个）	中关村（天津）双街创意产业园	第六批
武清区（1个）	天津武清开发区总部基地	第三批
宁河区（1个）	天津市宁河县手工艺创意产业园	第五批

资料来源：天津市创意产业协会。

1. 中心城区产业集聚

从表3-1可以看出，和平区、河西区、南开区、河东区、河北区、红桥区6个中心城区的市级示范园区共计21个，占到了全部园区的一半，而其中最具有代表性的是以"创意河北"为定位的河北区。河北区按照"建设新园区、提升老园区、改造旧园区"的总体思路，借助老工业遗存的历史风貌和独有的文化优势，与新兴文化创意产业相融合，在文创产业的总体规划上注重多点布局，错位发展，先后打造了巷肆创意产业园、1946创意产业园、华津3526创意产业园、红星·18创意产业园等多家产业集成与专业特色兼备的文化创意园区，成为业态革新、产业更替的时代缩影。从税收贡献上看，河北区已经占据园区经济半壁江山，展露出强劲的发展势头。

2. 滨海新区产业集聚

天津市滨海新区拥有10个市级文化示范园区，居各区县之首，约占全部示范园区数量的 1/4。滨海新区文化创意产业能够在天津市处于领先地位，得益于滨海新区始终将"建设国家级滨海新区文化产业示范园区"作为本区发展的总体要求来执行。目前，滨海新区已建成了天津滨海高新区创意产业园、天津泰达国际创业中心、智慧山科技文化创意产业基地等大型的文化创意产业聚集的平台，加速了文化创意产业链的形成，逐渐形成了文化创意产业的集聚区。另外，随着国家动漫产业综合示范园、国家数字出版基地、国家海洋博物馆等 9 个国家级园区先后落户新区，天津神界漫画有限公司、天津猛犸科技有限公司、兆讯传媒广告股份有限公司和天津福丰达动漫游戏制作有限公司 4 家企业获得国家文化产业示范基地称号,滨海新区文化创意产业迎来了发展的新机遇。

第五节　天津市文化创意产业发展的突出问题

经过"十二五"期间的发展，天津市文化创意产业取得了不俗的成绩，文化创意产业政策环境不断优化，整体实力显著增强，产业体系更加健全。2015年，天津市文化创意产业增加值约为 784 元，占 GDP 的比重为 4.74%[1]，接近支柱型产业标准，可以说天津市文化创意产业在"十二五"期间实现了跨越式发展。虽然取得了不俗的成绩，但是天津市文化创意产业仍然存在一定的不足和缺憾。

一、产业规模亟待进一步扩大

2015 年，天津市文化创意产业的增加值约为 255 亿元，占 GDP 的比重为 4.74%，说明文化创意产业虽然发展速度很快，但由于基数小，在国民经济总量中所占比重还比较低。根据国民经济的标准，某一个产业只有在国民经济总量中占比达 5%以上才能称为支柱型产业，可见天津市文化创意产业仍然不属于支柱型产业。纵观其他发达省市，上海市早在 2009 年其文化创意产业的增加值比重就已达 5.6%[2]，而北京市 2015 年其文化创意产业的占比高达 13.81%[3]，已经成长为仅次于金融业的第二大支柱型产业。虽然各地统计口径不太一致，但总的来看，天津市文化创意产业的发展与北京、上海等发达地区相比，还存在很大差距。

---

[1] 津文：《天津文化产业 实现跨越发展》，2017 年 5 月 20 日，http://www.sohu.com/a/142066110_488939。
[2] 杨群、姜小玲：《上海文化产业增加值占全市 GDP5.63%》，2018 年 2 月 12 日，https://cloud.tencent.com/info/65bb03e56c94f9d69aee7a90b4dea075.html。
[3] 北京市国有文化资产监督管理办公室：《北京文化创意产业发展白皮书（2016）》，2016 年 11 月 22 日，http://www.ce.cn/culture/gd/201611/22/t20161122_18008974.shtml。

二、配套扶持政策仍需完善

据本书对天津市 2009 年以来 18 项文化创意产业政策的统计来看，天津市的政策既有全局性的，如《天津市文化产业振兴规划》《天津市文化产业发展"十二五"规划》（2011）等政策，也有针对某一个具体产业的指导意见，如《关于促进我市电影产业繁荣发展的实施意见》等，为天津市文化创意产业的发展提供了良好的政策环境。但是，在相应配套政策制定和落实的过程中，仍然存在一些问题。

一是政策缺乏可操作性。纵观北京市的文化政策，多以实施办法、实施细则等为主，具有很强的可操作性。而天津市仅有《天津市文化产业示范园区认定管理办法（试行）》（2011）、《支持高端演出、高端展览和公益文化普及活动专项经费管理暂行办法》（2013）、《天津市文化产业发展专项资金项目管理暂行办法》等文件是针对某个事项制定的具体办法。天津市制定的大多数政策更偏重于原则性、指导性，以实施意见、规划、计划等公文格式出现，内容也多以原则性、指导性论述为主，具体措施不明确，导致此类政策的可操作性不强。

二是政策落实宣传不够。2014 年，南开大学会同天津市工商局开展了对《天津市委、市政府关于进一步加快民营经济发展的意见》落实情况的问卷调查，在全市范围内共计发放问卷 10 850 份，回收有效问卷 9783 份，几乎涵盖了天津市所有的行业。在对于该政策"宣传是否到位"的问题中，有 53.4%的企业表示有所耳闻，但并不清楚其中的内容，更有 6.7%的企业表示不知道。而在评价该政策"能否促进民营经济发展"的问题中，文化、体育和娱乐业中只有 7%的企业认为作用很大。[1]由此项调查可见，天津市在部分政策的宣传落实过程中，仍然存在政策宣传不够、政策落实不力的问题。

三、居民人均文化消费偏低

据国家统计局相关统计数据显示，在北京、上海、天津、重庆四个直辖市中，2016 年，天津市居民"文化娱乐消费支出"达到了人均 2283 元，高于重庆市，低于北京市、上海市，仅为上海市和北京市人均支出的 61.4%和 62.8%，远低于北京市、上海市的文化消费水平。天津市的人均消费虽然高于重庆市，但是居民"文化娱乐消费支出"所占比例仅为 8.7%，低于重庆市的 10.1%，与上海市、北京市的差距则更加明显。通过对图 3-7 和图 3-8 的分析可见，虽然

---

[1] 谢思泉、康军、王琳等：《天津文化创意产业发展报告（2015~2016）》，社会科学文献出版社 2016 年版，第 66-67 页。

近些年天津市居民文化娱乐服务消费支出有了较为明显的增长,但是人均消费水平与其他直辖市相比仍处于较低水平,这从侧面反映出天津市文化产品、文化服务的数量和质量还不能完全满足人民群众日益增长的精神文化需求,城乡之间文化发展还不平衡,基层文化建设仍然薄弱。[①]

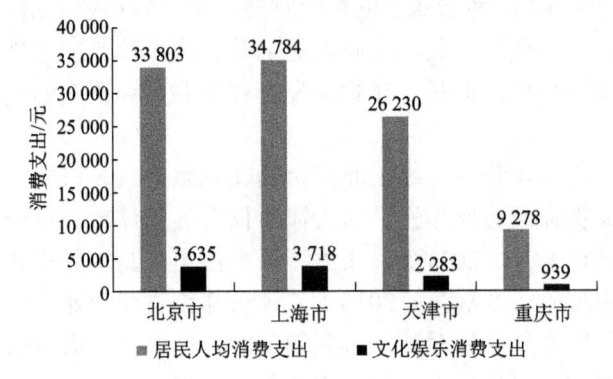

图 3-7 北京市、上海市、天津市、重庆市居民消费支出情况

资料来源:《北京统计年鉴 2016》《上海经济年鉴 2016》《天津统计年鉴 2016》《重庆经济年鉴 2016》。

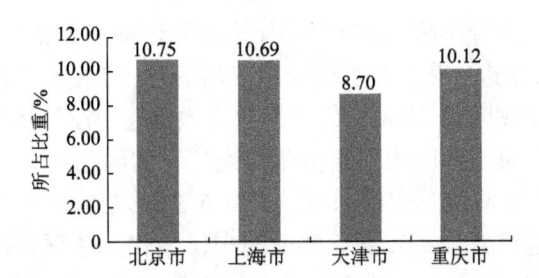

图 3-8 北京市、上海市、天津市、重庆市居民文化娱乐消费支出所占比重

资料来源:《北京统计年鉴 2016》《上海经济年鉴 2016》《天津统计年鉴 2016》《重庆经济年鉴 2016》。

四、文化产业园区集聚不强

截至 2017 年,天津市已经授牌共 7 批 42 个市级文化示范园,遍布市内 13 个县区,形成了文化创意产业园初步集聚的趋势。为了带动文化创意产业集聚,天津市先后与国家工商行政管理总局等多部委签署战略合作协议,通过部市合作,争取文化大项目、好项目落户天津,形成了国家级文化产业项目集群。特别是滨海新区"一区多园"产业总体布局趋于完善,滨海新区国家级文化和科

---

① 孙诗雨、高峰、雷鸣:《天津文化产业发展现状及问题研究》,《商场现代化》2013 年第 30 期,第 184 页。

技融合示范基地、国家动漫产业综合示范园、中国天津 3D 影视创意园区、国家影视网络动漫实验园、国家数字出版基地、中国旅游产业园、滨海国家级广告产业实验园、国家海洋博物馆 8 个国家级园区和基地不断壮大。但是，与北京、上海等先进地区相比，天津文化创意产业仍处于起步阶段，仍然有一定的差距：一是缺乏知名文化创意产业园区。与享誉世界的北京 798 艺术区、中关村软件园等知名文化创意产业园相比，天津市虽然已经出现了三大发展典型，即地处红桥的"意库创意产业园"、和平区台儿庄路的"6 号院"和"天津创意产业生产力促进中心"，但无论是在知名度，还是集聚规模上都仍然存在一定差距。知名文化创意产业园区的带动作用，是加速文化创意产业集聚的重要力量，因此天津市要努力打造属于自己的文化创意产业园品牌。

二是产业集聚不够明显。虽然在滨海新区形成了国家级的文化创意产业园区的集聚，但是这毕竟属于国家级文化创意产业园区，天津本地的文化创意产业园并没有真正实现集聚，更多的是单打独斗。既没有产业园区内文化创意企业间明显的产业集聚，也没有形成产业园区间的集聚，产业园区内企业总体实力不强，规模企业不多，亿元以上规模的企业不足，大部分是拥有几十人的小公司，尚未形成带动产业迅速发展的龙头企业和产业集群效应。因此，天津市要统一规划，借助国家级文化创意产业园区的集聚效应，以此为契机，规划文化创意产业园错位发展，加强产业园区间的集聚联合，在全市形成特色鲜明、集聚程度高的文化创意产业园区新形势。

五、文化创意产业管理不够清晰

天津市委虽然成立了天津市文化体制改革工作领导小组办公室，但是在文化创意产业政策制定上，主要由天津市委宣传部、天津市发展和改革委员会分别制定。天津市委宣传部负责文化产业管理，而天津市发展和改革委员会负责创意产业管理，经常会出现两个机构对同一个文化项目授牌，分别下达统计指令的情况，也使得在统计相关数据时出现重复计算、重复申报的情况。文化创意产业的多头管理，使文化企业无所适从，疲于应对，不仅增加内耗、效率低下，还使得责任划分不明、职权交叉。文化产业管理不够清晰，具体体现在以下两个方面。

一是政策制定重叠。在"十二五"期间对文化创意产业的规划中，同在 2011 年 8 月，天津市委宣传部、天津市发展和改革委员会分别制定了文化产业和创意产业的"十二五"规划。

天津市委宣传部制定的《天津市文化产业发展"十二五"规划》，重点包括广播影视、新闻出版、演艺娱乐等传统产业；数字内容与动漫、文化创意园区、文化主题公园等战略性新兴产业；文化会展、艺术品交易、文化旅游、文化用品制造等相关产业。

天津市发展和改革委员会发布的《天津市创意产业发展"十二五"规划》，创意行业包括研发设计（工程设计、建筑规划设计、工业设计、软件设计）、文化传媒（出版发行、广播影视及音像制作交易、文化展演）、咨询策划（工程咨询、专业咨询、商务策划）、时尚创意（文化旅游、休闲与时尚体验、工艺美术）、动漫游戏。

横向比较不难发现，这两份规划中都涉及了出版发行、文化会展、工艺美术、文化旅游、动漫游戏等行业，尽管规划内容各异，但是涉及的行业却重叠覆盖，使得部分行业无所适从。

二是文化数据统计混乱。正是由于文化管理体制未能理顺，天津市至今没有对于文化创意产业行业标准的界定，也没有官方机构提供的有效统计数据。天津市各部门在报告、总结、规划中统计的数据，存在各成体系、出入较大、口径不一等问题，使得天津市文化创意产业的数据较为混乱。精确的统计数据能够帮助我们准确把握经济发展脉搏，因此天津市想要真正摸清文化创意产业的真实发展情况，还需要下工夫补齐文化创意统计数据这一课。

第四章　燕赵古风：河北省文化创意产业发展现状

河北省是历史文化大省，文化资源丰富，同时拥有红色太行、壮美长城、诚义燕赵、神韵京畿、弄潮渤海和皇家文化"六大文化脉系"及东方人类从这里走来、中华文明从这里走来、新中国从这里走来"三张名片"，这些文化脉系和文化名片共同构建了河北最负盛名的人文形象。近年来，河北省紧抓文化产业发展的历史机遇期和黄金发展期，深入开展文化产业提速工程，强力推进文化产业"三个十"建设，一批文化产业特色县、文化产业聚集区、重大文化产业项目如雨后春笋般涌现并强劲、健康发展，有效提升了全省文化产业的规模化、集约化和专业化水平。河北文化产业发展的列车正朝着全国"第一方阵"的目标高歌猛进。[①]

第一节　文化创意产业发展前景可观

中国人民大学和原文化部文化产业司发布的"中国省市文化产业发展指数（2014）"显示，河北省文化产业发展"综合指数"得分75.2，居全国第八位，首次挤进全国前十名。《河北经济年鉴》历年统计数据显示，河北省的文化产业从2010年开始至2014年，连续五年增长较快，2014年河北省文化产业增加值是2010年的近三倍，可见，近年来河北省文化产业发展成绩不俗。

如图4-1所示，2014年河北省文化产业增加值达到1120亿元，再创河北省文化产业增加值的最高值，[②]相较于2013年的950亿元，增长了17.89%。[③]"十二五"期间的2011年、2012年、2013年、2014年四年，每年增速分别达到了

[①] 崔立秋：《朝着"第一方阵"目标高歌猛进》，《河北日报》2012年6月18日。
[②] 李红强、李爱平、周福芹：《基于产业链视角的京津冀文化创意产业协同发展研究》，《邢台职业技术学院学报》2017年第2期，第70页。
[③] 张晶：《2013年河北省文化产业增加值950亿元》，《河北日报》2014年6月29日。

33.83%、35.50%、30.32%、17.89%，每年增速比河北省 GDP 每年增速高出 10 个百分点。①

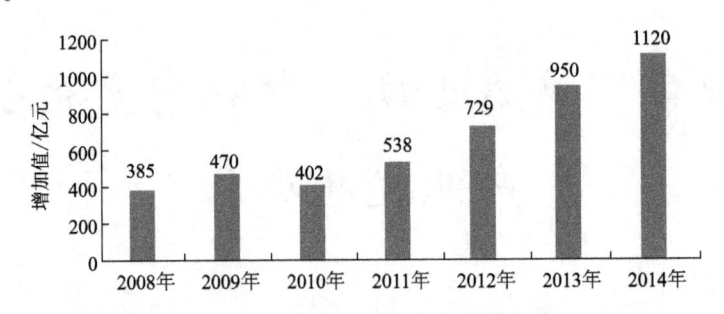

图 4-1 河北省历年文化产业增加值

资料来源：《河北经济年鉴（2009—2015）》。

如图 4-2 所示，2014 年河北省文化产业增加值占 GDP 的比重达到 3.81%，较 2013 年有所增加，文化产业增长势头明显。2014 年河北省登记文化及相关产业的单位达 12.6 万个，同比增加 10.4%；吸纳就业人员达到 47.1 万人，同比增加 8.9%，文化产业已经成为河北经济发展的重要动力。②虽然河北省文化产业增加值占 GDP 比重不断增加，但是与同为京津冀区域内的北京市文化产业占比 17.06%（2015 年）的数据相比，仍存在较大差距。北京市的文化产业已经成为仅次于其金融业的第二大支柱型产业，河北省仍需要一定的时间加以追赶。

图 4-2 河北省历年文化产业增加值占 GDP 比重

资料来源：《河北经济年鉴（2009—2015）》。

如图 4-3 所示，通观 2015 年河北省文化产业发展的相关数据不难发现，河北省传统文化制造产业增加值（包括"工艺美术品生产""文化用品的生产""文化产品生产的辅助生产"）所占比重较高，约占全省文化产业增加值的 50%；

---

① 数据来源：根据《河北经济年鉴（2009—2015）》及相关文献整理。
② 叶朗：《中国文化产业年度发展报告》，北京大学出版社 2014 年版，第 41-56 页。

新兴产业增加值(包括"文化创意和设计服务""文化信息传输服务""文化休闲娱乐服务")占比较小,约 30%;主导产业增加值(包括"新闻出版发行服务""广播电视电影服务""文化艺术服务")贡献率偏低,约 15%;文化专用设备的生产发展滞后,占比约 5%。①

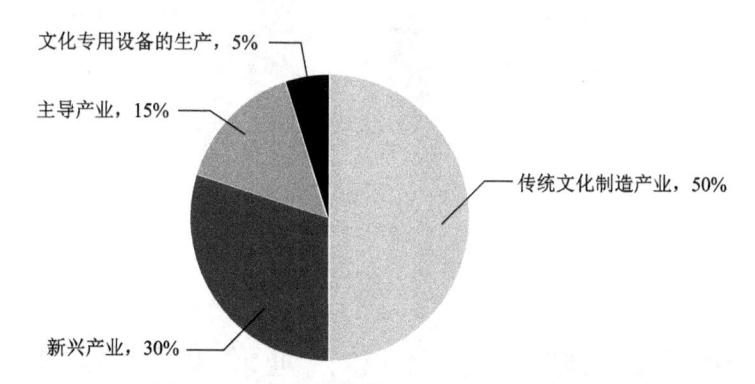

图 4-3　2015 年河北省文化产业结构分布图

资料来源:河北省委办公厅、省政府办公厅:《关于推动全省文化产业加快发展的若干意见》,《河北日报》2016 年 9 月 20 日。

如图 4-4、图 4-5 所示,河北省文化产业 2015 年人均文化娱乐消费支出达到 1355 元,是 2010 年的 2.09 倍,可见,近几年河北省人均文化娱乐消费支出增长迅速,在短短六年时间里就增加了一倍,而人均文化娱乐消费支出占总支出的比重也从 9.15% 增长到了 10.13%。

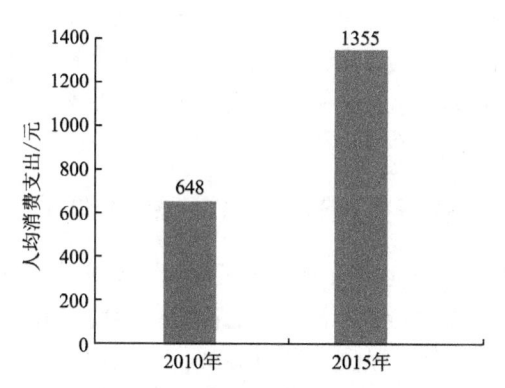

图 4-4　河北省人均文化娱乐消费支出

资料来源:《河北经济年鉴 2016》。

---

① 河北省委办公厅、省政府办公厅:《关于推动全省文化产业加快发展的若干意见》,《河北日报》2016 年 9 月 20 日。

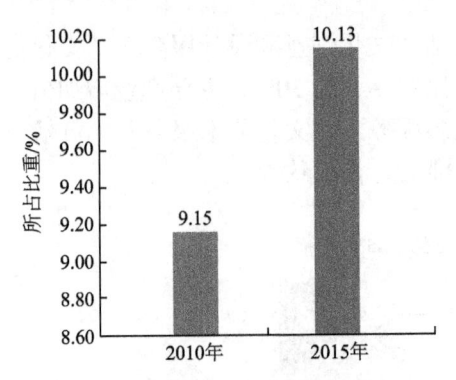

图 4-5　河北省人均文化娱乐消费支出所占比重
资料来源:《河北经济年鉴 2016》。

第二节　政府文化创意产业政策不断完善

长期以来,河北省委、河北省人民政府(简称河北省政府)高度重视文化建设,提出了建设文化大省的奋斗目标,先后出台了《河北省建设文化大省规划纲要(2005—2010 年)》(2005)、《河北省关于加快文化事业和文化产业发展的若干政策》(2005)、《关于非公有资本进入文化产业的实施意见》(2005)等一系列文件。2006 年,河北省第七次党代会首次将文化产业确定为影响河北省未来发展的战略支撑产业。随后,《河北省文化产业振兴规划(2010—2015 年)》(2010)、《河北省文化产业发展"十二五"规划》(2011)等战略规划文件相继颁布,相关优惠政策也颁布实施。[①]河北省文化创意产业发展进入了快速发展时期,各级政府文化创意产业优惠扶持政策不断出台,为河北省文化创意产业发展营造了良好的政策环境。

一、《河北省文化产业振兴规划(2010—2015 年)》

2010 年 3 月 8 日,河北省政府颁布了《河北省文化产业振兴规划(2010—2015 年)》,这是自 2006 年河北省第七次党代会将文化产业确定为战略支撑产业之后,河北省第一个由省政府发布的文化产业规划,具有战略性意义。该规划明确提出,今后五年河北省将重点发展出版印装发行业、文化旅游业、现代传媒业等八大行业,大力开展城镇文化魅力提升、科技兴业、产业聚集等八

[①] 胡微、刘舜、刘翠君:《河北省文化创意产业园区发展问题与对策研究》,《北华航天工业学院学报》2013 年第 3 期,第 34 页。

项工程。①同时，规划了河北出版传媒集团出版产业创新工程项目、西柏坡红色旅游产业集群、山海关古城保护开发项目等 30 个重大项目。

除此之外，河北省委、省政府出台了一系列促进河北文化产业发展的重要政策，这些政策多以指导性文件为主，为河北省文化产业发展指明了发展方向，其中主要包括：2009 年河北省政府发布的《关于促进文化产业发展的实施意见》，2016 年 4 月河北省委出台的《关于繁荣发展社会主义文艺的实施意见》，2016 年 9 月河北省委办公厅、省政府办公厅印发的《关于推动全省文化产业加快发展的若干意见》等文件。这些文件从文化产业园区建设、用地政策、文化引导专项资金、人才培养引进等方面对河北省文化产业发展提出了具体意见。

二、从"十二五"规划到"十三五"规划

从 2011 年的《河北省文化产业发展"十二五"规划》，到 2016 年的《河北省文化产业发展"十三五"规划》，可以看出河北省文化产业政策与时俱进、不断趋于完善的过程。从重点发展行业的对比来看，"十二五"规划中重点发展的是演艺业、文化节庆会展业、动漫游戏业、新闻出版业、现代传媒业、文化娱乐业、文化旅游业、艺术创意设计业、体育健身业及文化用品制售业十大重点行业；"十三五"规划中则将创意设计业、动漫游戏业、网络文化业、文化旅游业、演艺娱乐业、工艺美术业、出版印装业、广播影视业、节庆会展业、文化装备制造业及创意农林业 11 个行业作为重点发展方向。从重点行业的变化可见，河北省的文化产业规划既贴近河北省发展实际，对新闻出版、广播影视、文化艺术服务等主导产业壮大其实力，对工艺美术、演艺娱乐、文化装备制造业等传统行业则加大提升力度，又能够与时俱进，充分把握当下文化产业发展的新动态、新方向，将创意设计业、动漫游戏业、网络文化业等新兴产业作为未来河北省文化产业快速发展的新增长极，充分运用互联网思维补齐文化产业"短板"。

从空间布局来看，"十二五"规划中，河北省提出的文化产业发展总体布局是"四带一区"，即环首都文化产业带、沿海文化产业带、太行山文化产业带、塞上草原民族风情文化产业带以及冀中南文化产业聚集区。而到了"十三五"规划中，总体布局则演化为"两区四带"的空间布局，以京津冀协同发展为龙头，以京津冀文化产业协同发展区、冀中南文化产业转型引领区为主体，以沿海文化产业带、太行山文化产业带、长城文化产业带、大运河文化产业带为支撑。从前后两个产业空间的布局对比来看，河北省"十三五"规划将京津

---

① 武晓丽、王晓云、刘瑞芳：《河北省文化创意产业集群发展对策研究》，《产业与科技论坛》2011 年第 3 期，第 84 页。

冀协同发展作为布局的基本准则，意在精准对接京津地区的文化生产和消费需求，改善供给效率和质量，打造河北文化产业差异化发展优势，充分利用皇家、长城、运河、燕山等京津冀共有的文化和地理元素，联合打造文化产业带和文化品牌。

另外，"十三五"规划还从土地政策、税收优惠、融资方式、专项奖励等方面对文化产业进行了政策扶持的规定。例如，在土地政策上提出文化产业的土地储备为5%以上、不低于工业用地最低出让价标准的70%；税收优惠政策可以惠及动漫企业、文化外贸企业、文化科技企业、转企改制企业；融资方式增加为银行贷款、资本市场、文化产业股权投资基金、文化产业发展引导资金；专项奖励范围扩展为国家级文化产业示范园区、国家级文化产业示范基地等。

三、文化产业"三个十"建设工程

河北省确定河北省文化体制改革和发展工作领导小组作为河北省委成立的实现全省文化产业振兴的顶层设计机构。为了在全省树立文化产业发展的标杆、模范，河北省专门实施了文化产业"三个十"建设工程，即每年持续推出十个文化产业强县（市、区）、打造十个大型文化产业集聚区、培育十个重点文化产业项目。2012—2016年，河北省文化体制改革和发展工作领导小组依据《河北省文化产业"十强县"评选奖励办法》《河北省文化产业"三个十"评选规则》《河北省文化产业园区认定管理办法》等文件的要求，连续对这一工程评选了五年。通过文化产业"三个十"的评选，进一步激发了全省各地发展文化产业的热情，有效促进了重点文化产业项目的实施，提升了河北省文化产业的规模化、集约化和专业化水平，具体建设工程名单见表4-1。

表4-1　河北省文化产业"三个十"建设工程名单

年份	名单
2012	河北省文化产业"十强县（市、区）"（10个） 曲阳县、北戴河区、蔚县、武强县、新乐市、霸州市、迁安市、平乡县、永年县、平泉县 河北省"十大文化产业聚集区"（10个） "21世纪避暑山庄"文化旅游产业集聚区、曲阳雕塑文化产业园、山海关长城文化产业园区、开滦集团中国矿业文化旅游开发产业园、丰南唐津运河文化产业园、石家庄国家动漫产业发展基地创业孵化园、河北出版传媒集团数字印刷产业园、吴桥杂技大世界文化产业基地、张北县中都草原文化产业集聚区、宁晋393工笔画艺术集聚区 河北省"十大文化产业项目"（10个） 河北出版传媒集团北戴河文化创意基地、燕赵都市报全媒体升级项目、河北电视台三佳购物项目、石家庄动漫大厦、廊坊梦廊坊文化产业园、武强县周窝音乐小镇、廊坊国华影视基地、承德展演基地、临漳邺城遗址产业园、河北乐海（肃宁）乐器制造基地

续表

年份	名单
2013	河北省文化产业"十强县（市、区）"（10个） 藁城市、双滦区、张北县、山海关区、迁西县、三河市、易县、吴桥县、饶阳县、沙河市 河北省"十大文化产业集聚区"（10个） 迁安滦河文化旅游产业区、中国武强国际乐器产业基地、石家庄市高新技术开发区国家软件开发产业园、南戴河国际娱乐中心文化旅游休闲园区、涿鹿中华三祖文化产业园、滦南县北河水城文化产业集聚区、内丘县扁鹊文化产业集聚区、曲周童车文化产业集聚区、黄骅文化产业集聚区、磁县历史文化产业园区 河北省"十大文化产业项目"（10个） 石家庄东方文化创意产业基地、正定华武文化产业园、中捷世博欢乐园、滦州古城文化旅游产业园、邯郸市文化产业发展基地、高碑店鑫宏源印刷包装产业园、秦皇岛歌华营地、丰宁大汗行宫、崇礼县文化旅游新区、廊坊壹佰文化综合体
2014	河北省文化产业"十强县（市、区）"（10个） 丰南区、涞水县、抚宁县、肃宁县、丰宁县、涉县、井陉县、涿鹿县、滦县、内丘县 河北省"十大文化产业集聚区"（10个） 河北大学科技文化产业园、饶阳民族乐器产业园、大城县红木文化产业集聚区、蔚县剪纸文化产业集聚区、河北传媒学院文化创意产业基地、昌黎"碣阳酒乡"葡萄酒文化产业园、邯郸市峰峰矿区磁州窑文化产业集聚区、沙河市玻璃文化创意和玻璃艺术刻绘集聚区、河北中古（青县）红木雕刻文化产业园、遵化红木文化产业园区 河北省"十大文化产业项目"（10个） 中国·承德鼎盛文化创意产业基地、唐山陶瓷文化创意中心、沧州新华文化广场项目、承德避暑山庄碧峰山民俗文化产业园、北戴河新区金沙湾沙雕文化体验基地、保定中国香城香文化产业园区、廊坊九天创意农业产业园、邢台市中国汉城国际文化产业园、怀安艺术石雕文化产业园、衡水阎里·婚冠里项目
2015	河北省文化产业"十强县（市、区）"（10个） 正定县、蔚县、北戴河区、迁安市、滦县、三河市、曲阳县、武邑县、黄骅市、临漳县 河北省"十大文化产业集聚区"（10个） 石家庄国家动漫产业发展基地创业孵化园、承德二十一世纪避暑山庄文化旅游产业集聚区、张北中都草原文化产业集聚区、昌黎碣阳酒乡葡萄酒文化产业园、唐山陶瓷文化产业园、廊坊大城县红木文化产业集聚区、中国·涞水京作红木文化创意产业园、平乡县童车文化产业园区、武强乐器文化产业集聚区、邯郸峰峰矿区磁州窑文化产业集聚区 河北省"十大文化产业项目"（10个） 石家庄霞光大剧院、承德丰宁影视城、涿鹿中华文明源·三祖文化博物馆、秦皇岛北戴河中俄文化艺术产业园、遵化旺年鸿红木文化博物馆、保定易县狼牙山欢乐世界文化旅游产业园、沧州冀春文化艺术大厦项目、邢台沙河艺术玻璃国际会展中心、邯郸永年佛山文化产业园、定州河北文博园（古城恢复）
2016	河北省文化产业"十强县（市、区）"（10个） 曲阳县、新乐市、平乡县、山海关区、张北县、平泉县、遵化市、曲周县、香河县、景县 河北省"十大文化产业项目"（10个） 平山县河北红崖谷休闲度假景区、围场大清猎文化产业园、崇礼太舞四季文化旅游度假区、秦皇岛市亿维动漫产业基地、迁安市思文科德金属印刷包装基地、大厂影视创意产业园、冀州高端数码相纸生产基地、邯郸中华成语文化博览园、吴桥古籍印刷产业基地、南和县农业嘉年华

四、金融扶持政策初显成效

河北省政府部门一直以来都十分重视文化产业的"融资难"问题,针对文化产业,特别是中小文化企业的"融资难"问题,河北省先后出台了多项金融扶持政策,包括《河北省人民政府关于加快金融改革发展的实施意见》(2014)、《河北省人民政府关于推进文化创意和设计服务与相关产业融合发展的实施意见》(2014)等,另外在《关于推动全省文化产业加快发展的若干意见》《河北省文化产业"十三五"规划》(2016)等政策性文件中,也对金融行业服务文化产业发展做了政策性规定。

1. 金融服务政策健全

《河北省人民政府关于加快金融改革发展的实施意见》规定,"加快要素交易平台建设。规范发展各类要素交易市场,支持产权、股权、林权、金融资产和环境能源等交易市场做大做强,推动组建土地、农村产权、知识产权和旅游资源等交易平台,构建传统产业、电商和金融三位一体的要素市场体系",就是要将知识产权作为要素,加快组建河北省知识产权交易平台,这有利于文化企业以知识产权作为交易要素进行融资。

《河北省人民政府关于推进文化创意和设计服务与相关产业融合发展的实施意见》要求建立并完善文化创意和设计服务企业无形资产评估体系,重点从三个方面来完善:一是鼓励金融机构创新金融产品和服务,增加适合文化企业的融资品种,对无形资产和收益权进行抵(质)押权登记公示;二是引进文化产业保险机构,利用文化产业保险来分担文化产业的融资风险;三是设立文化产业融合发展投资资金。

《河北省文化产业"十三五"规划》则对未来河北省文化产业金融体系进行了概述,提出"深化文化金融合作,发挥财政政策、金融政策、产业政策的协同效应,引导金融资源向文化领域配置;构建文化扶持资金+贷款担保+风险投资+财税返还+房屋补贴的扶持政策体系,创新扶持引导方式,提高资金使用效率和效益"[①]。

2. 省级文化产业引导股权投资基金建立

2016年5月30日,河北省成立了首支省级文化产业引导股权投资基金——河北汇洋文化产业股权投资基金。该基金总规模为10亿元,由河北出版传媒集团受托发起设立,由中央文化产业发展专项资金、河北省省级文化产业发展引

---

① 河北省文化厅:《河北省文化产业发展"十三五"规划》,2016年6月27日,http://www.hebwh.gov.cn/common/content.jsp?articleId=4028815d59012743015915509845803ce。

导资金、河北出版传媒集团公司、中国民生银行和河北北洋君惠股权投资基金管理公司共同出资。[①]设立河北文化产业引导股权投资基金,推动全省文化资源整合和产业结构调整,支持骨干文化企业跨地域、跨行业发展,是河北省加快文化产业转型升级、优化调整的一项重大举措。

3. 政府与金融机构广泛合作

2013年以来,河北省文化厅先后与中国工商银行河北分行、中国建设银行河北分行、中国人保财险河北省分公司等金融机构签订了全面战略合作协议,通过文化部门与金融机构建立全面战略合作关系,共同推动全省文化产业快速发展。根据相关协议内容,中国建设银行将其特有的"文化悦民"综合服务方案向河北文化企业的文化演出、影视制作、文化旅游、文化会展和动漫动画5个重点领域进行推广,通过搭建文化企业项目对接、共谋发展的平台,拓宽文化企业尤其是中小微企业融资渠道,解决文化产业发展的资金瓶颈问题;河北省文化厅与中国人保财险河北省分公司以加快培育和完善文化产业保险市场、有效分散文化产业的项目运作风险为目标,围绕河北文化产业发展目标和发展重点,以有效的金融保险服务手段推动文化产业发展成为支柱产业。此次合作范围涵盖演艺业、娱乐业、文化旅游业、艺术品业、工艺美术业等11个大类。[②]

五、专项资金扶持文化创意产业

除了金融扶持外,河北省政府还利用财政资金对文化创意产业进行扶持,先后制定了《河北省文化产业振兴奖励资金管理办法》(2011)、《河北省舞台艺术精品工程专项资金管理办法(试行)》(2011)、《河北省文艺精品扶持奖励专项资金使用管理办法(试行)》(2014)、《河北省文化人才专项资金管理暂行办法》(2014)、《河北省省级文化产业发展引导资金使用管理办法》(2015)、《关于加快构建现代公共文化服务体系的实施意见》(2015)等政策,并对专项资金的申请、使用、管理和监督进行了相应的规定。

1.《河北省文化产业振兴奖励资金管理办法》

根据该办法,河北省专门设立了文化产业精品项目奖,用于奖励上年度社会效益和经济效益突出的文化产业精品项目的所属单位,最高奖金为500万元。另外,还设立了设区市文化产业振兴奖,用于奖励上年度文化产业发展社会效益和经济效益突出的设区市政府,最高奖金为2000万元。

[①] 张晶:《我省首支省级文化产业引导股权投资基金揭牌》,《河北日报》2016年6月3日。
[②] 齐晓艳、马运飞:《金融支持文化产业 河北再有举措》,《中国文化报》2013年6月3日。

2.《河北省舞台艺术精品工程专项资金管理办法（试行）》

该专项资金主要支持入选省级舞台艺术精品工程的剧目进行创作生产、宣传推介、展演和深加工。

3.《河北省文艺精品扶持奖励专项资金使用管理办法（试行）》

该办法明确了河北省对于文艺精品项目的扶持标准：根据作品的题材厚度、资金投入、预期影响力等指标，扶持资金的额度分为重点扶持、一般性扶持和引导性扶持三个层次。重点扶持项目每件扶持资金为200万元至500万元；一般性扶持项目每件扶持资金为50万元至200万元，引导性扶持项目每件扶持资金不超过50万元。

4.《河北省文化人才专项资金管理暂行办法》

该办法规定，河北省级财政厅设立河北省文化人才专项资金，用于实施燕赵文化英才工程等。对于入选的燕赵文化英才，在2年培养期内，对其承担的国家重大课题、重点项目、重要演出，以及开展创作研究、培训进修、考察交流、出版专著等发放一定专项补助津贴。

5.《河北省省级文化产业发展引导资金使用管理办法》

该办法规定，引导资金主要用于支持全省文化产业发展项目，包括"文化产业特色县，重点文化产业园区和重大文化产业项目"等11个使用范围。引导资金采取补贴、贴息、奖励等方式支持文化产业项目，并积极探索设立文化产业投资基金，以股权（债权）投资等方式支持。

6.《关于加快构建现代公共文化服务体系的实施意见》

2015年，河北省委办公厅、省政府办公厅印发了《关于加快构建现代公共文化服务体系的实施意见》，明确要求加大公共文化设施建设力度。当年，河北省省级对下转移支付安排文化建设发展专项资金达7.1亿元，文化事业投入力度进一步加大。

第三节　河北省文化创意产业集聚

文化产业园（基地）是文化创意产业集聚最为主要的载体形式，河北省目前已经初步形成了以国家级文化产业试验园区（1家）、国家级文化产业示范基地（12家）、省级文化产业示范园区（30家）、省级文化产业示范基地（147

家）为主体的文化创意产业集聚格局。

一、河北省文化创意产业集聚概况

（一）国家级文化产业试验园区（1家）

国家级文化产业试验园区是根据原文化部《国家级文化产业示范园区管理办法（试行）》（2010）、《国家文化产业示范基地管理办法》（2014）的文件要求，经由各省、自治区、直辖市文化部门推荐申报，经严格初审、专家评审，并经原文化部部务会审议通过产生的。

河北省现有1家：中国曲阳雕塑文化产业园区。

（二）国家级文化产业示范基地（12家）

为培育扶持、发展壮大一批产业集聚效应明显、特色鲜明的文化产业园区，充分发挥集聚效应和孵化功能，对全国文化创意产业的发展发挥引领和示范作用，进一步提高中国文化创意产业的整体发展水平，原文化部按照《国家级文化产业示范园区管理办法（试行）》的规定遴选产生全国性文化产业示范基地。

河北省现有12家：河北省吴桥杂技文化经营集团公司、河北易水砚有限责任公司、曲阳宏州大理石厂工艺品有限公司、衡水习三内画艺术有限公司、河北金音乐器制造有限公司、大厂评剧歌舞团演艺有限责任公司、张家口市蔚县圆通文化创意有限责任公司、金大陆展览装饰有限公司、承德鼎盛文化产业投资有限公司、河北野三坡神悦文化传播有限公司、河北乐海乐器有限公司、河北省曲阳县荣杰雕刻石材有限公司。

（三）省级文化产业示范园区（30家）

根据原文化部关于省级文化产业示范园区管理的有关要求及《河北省文化产业园区命名管理办法》（2009）的相关规定，经河北省委宣传部同意，经由省文化厅层层申报和评选，2014年认定了中国蔚县剪纸文化产业园区等30家园区为首批河北省文化产业示范园区。园区项目涉及范围较广，既有文化艺术、传统工艺美术、广告会展、文化旅游等传统文化产业，也有动漫游戏、文化科技服务等新兴文化业态，还有瓷器、红木、雕塑等跨界融合文化产业项目。[①]

30家省级文化产业示范园区包括：中国蔚县剪纸文化产业园区、中国曲阳雕塑文化产业园、河北美术学院东方文化创意产业基地、中国武强国际乐器文

---

① 杨国勇：《河北认定30家省级文化产业示范园区》，《中国文化报》2014年8月14日。

化产业园、滦南县北河水城文化产业园区、承德避暑山庄碧峰门文化产业园区、内丘县邢白瓷文化产业园区、河北（青县）中古红木文化产业园、山海关长城文化产业园区、吴桥县杂技文化产业园区（吴桥杂技大世界文化产业基地）、石家庄国家动漫产业发展基地创业孵化园、大城县红木文化产业园、开滦国家矿山公园文化产业园区（开滦集团中国矿业文化旅游开发产业园）、河北大学科技文化产业园、张家口市涿鹿县中华三祖文化园区、迁安市滦河文化旅游产业区、南戴河文化产业园区（南戴河国际娱乐中心文化旅游休闲园区）、邯郸广府生态文化园区、平乡童车文化产业园区、北戴河区怪楼文化艺术产业园区、"21世纪避暑山庄"文化旅游产业集聚区、丰南唐津运河文化产业园、河北出版传媒集团数字印刷产业园、张北县中都草原文化产业集聚区、宁晋393工笔画艺术集聚区、石家庄高新技术开发区国家软件开发产业园、内丘县扁鹊文化产业集聚区、曲周童车文化产业集聚区、黄骅文化产业集聚区、磁县历史文化产业园区。

（四）省级文化产业示范基地（147家）

根据《河北省文化产业示范基地评选命名管理办法》（2009）相关要求，经各市文化广播电视新闻出版局和省级有关单位推荐上报，经由省文化厅组织专家评审组对候选单位进行集中评审，并报省文化厅党组批准最终确定产生省级文化产业示范基地。自2008年至今，分别于2008年、2010年、2012年、2014年、2017年分五批评选出了147家省级文化产业示范基地（具体名单见附录四）。

如图4-6、图4-7所示，从河北省各市文化产业园区分布数量来看，石家庄市独占鳌头，各级别文化产业园区占到了24家，占总数的12.6%，这体现出省会作为全省政治文化中心的独特优势。紧随其后的是保定市，达到了23家，虽然在总量上比石家庄少，但是在发展质量上，保定市拥有全省唯一的国家级文化产业试验园区，并且该市国家级文化产业示范基地也多达4家，占全省总数的1/3，足以看出保定市文化产业发展特色十足，保定市在历史上长期作为直隶首府，拥有曲阳石雕、野三坡、易水砚等自然人文资源，在河北省文化产业发展格局中占据着重要的位置。排在第三位的衡水市也拥有20家各级别文化产业园区，不仅有习三内画、武强年画、武邑硬木雕刻等传统文化作为支撑，近些年饶阳县通过引进龙头乐器制作企业，对接京津市场需求，已经逐渐发展为"民族乐器之乡"。石家庄、保定和衡水文化产业的发展处于河北省内第一梯队，在整个河北省起到了带动和示范作用。

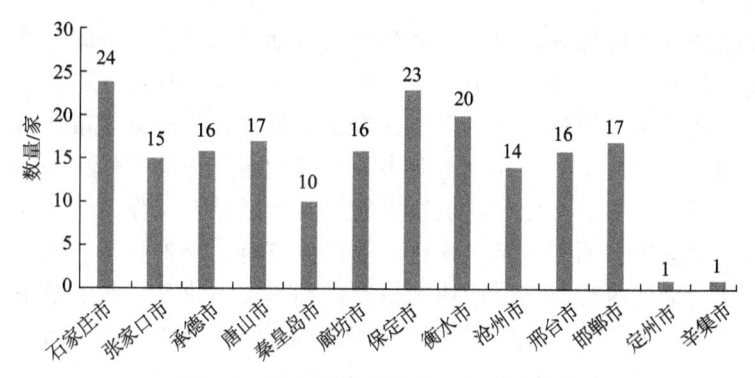

图 4-6　河北省各市文化产业园区分布

资料来源：根据河北省文化产业协会相关数据整理，http://www.hbwhcyxh.com/。

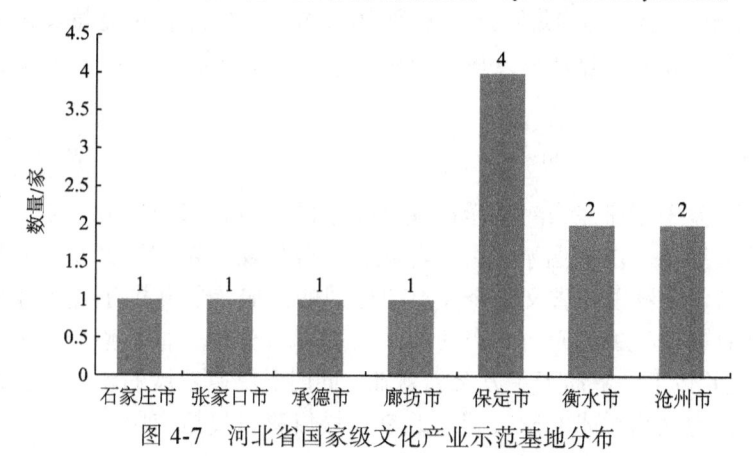

图 4-7　河北省国家级文化产业示范基地分布

资料来源：根据河北省文化产业协会相关数据整理，http://www.hbwhcyxh.com/。

二、河北省文化创意集聚区空间格局

通过对各级别文化产业园的整体分布和发展情况的综合分析可以看出，河北省已经逐渐形成以石家庄、保定、衡水为代表的，特色明显、初具规模的文化产业集聚区。

（一）石家庄市动漫文化产业集聚区

石家庄市的文化产业集聚区由 1 家国家级文化产业示范基地、4 家省级文化产业示范园区和 19 家省级文化产业示范基地组成。石家庄市的文化产业集聚主要发展的是动漫产业，其动漫产业的集聚发展具有如下特点。

1. 政策扶持到位

从 2006 年起，石家庄市人民政府（简称石家庄市政府）先后成立了动漫协会、动漫产业发展领导小组及其办公室,调动多部门多单位联合推动,形成了推动动漫产业发展的强大合力,并先后出台了《关于扶持我市动漫产业发展的意见》、《关于加快动漫产业发展的实施意见》、《石家庄市扶持动漫产业发展若干规定(试行)》(2016)等多项扶持动漫产业的文件。[①]2016年更是出台了《关于推动省会文化产业加快发展的若干意见》,强调全市在土地、金融、财政、贴息等方面都应给予文化产业极大支持,还加强了对文化产业的信贷支持,鼓励金融机构对文化产业项目提供利率优惠贷款。除了政策支持外,石家庄市还拿出了"真金白银"来解决文化产业资金短缺的困境。自2011年起,石家庄市设立总额2000万元的动漫产业发展资金,当年支持动漫项目11个;2012年又在此基础上增加了1000万元的文化产业发展引导资金,当年支持动漫项目14个、文化产业项目15个;到2017年,石家庄市更是将文艺精品专项资金200万元并入文化产业发展引导资金,资金总额增至3200万元,支持项目多达49个。[②]

2. 龙头企业带动作用

正是得益于石家庄市对动漫产业多年来的扶持,截至2017年,石家庄市已经有精英动漫、白鹿温泉、百年巧匠、众美传媒、东方视野5家文化企业在新三板上市,数量占全省文化企业上市公司的三成。全市共有重点动漫企业41家,全年总产值1.2亿元,生产动画作品达1万分钟,估算整个动漫产业年产值达10亿元以上,带动了1万余人就业。同时,快速发展的动漫产业也吸引了北京完美动力网络技术有限公司、北京轻松鼠科技发展有限公司等企业纷纷落户该市。[③]

3. 产业集聚初具规模

2017年8月4日,石家庄市国际动漫博览会如期而至,至此石家庄市已经成功举办十二届国际动漫博览会。该博览会成为集动漫演艺、动漫交易、动漫赛事、原创推介等内容在内的国内知名动漫品牌。在火爆的"动博会"背后,是石家庄市动漫产业集聚效应凸显的真实体现。早在2008年,石家庄市政府针对本市动漫企业规模小、资金少、硬件差、布局分散等问题,采取了"小园区、集群化"的战略,以较少投资、较短时间先后在全市建成了石家庄信息工程学院国家动漫产业发展基地创业孵化园、石家庄职业技术学院动漫制作中心、河

---

① 李健、周曦:《石家庄市文化创意产业园区发展对策研究》,《湖北民族学院学报(哲学社会科学版)》2014年第2期,第72页。
② 张晓娟:《构筑产业新格局 引领文化新发展》,《石家庄日报》2017年8月7日。
③ 同②。

北美术学院动漫制作中心等 8 个功能各异的分支园区。另外，石家庄文化创意产业园中石家庄动漫大厦暨中国动漫衍生产品集散交易中心、中国动漫实训与考级中心已建成开业。[1]动漫园区建有公共技术平台，政府每年都要安排专项经费投入运营的公共技术平台，让入园的动漫企业真正享受到实惠。同时，园区还引进了大型动漫制作高端设备，入园动漫企业可以免费使用，大大降低了动漫企业的制作成本。[2]

（二）保定市雕刻文化产业集聚区

保定市形成了以雕刻产业为核心的雕刻文化产业集聚区。保定市曲阳县拥有"中国雕刻之乡"的美誉，雕刻产业已经成为该县的支柱型产业，该县文化产业增加值达 25.9 亿元，占全县 GDP 的 36.8%，吸纳就业人数达 11 万人，雕刻产业辐射 10 个乡镇、60 多个村和 2300 余家企业，年创产值 60 亿元，产品远销 100 多个国家和地区。[3]曲阳县雕刻文化产业集聚区的形成，既有先天的历史优势，也离不开当地政府的大力支持，早在 2011 年，该县就聘请中国传媒大学文化研究院课题组制定了《河北省曲阳县雕塑文化产业振兴规划（2011—2020）》，该规划将石雕、木雕等十大门类"打捆"统称"雕塑"，并对雕刻产业实行园区管理与新区行政管理一体制。[4]也正是这份规划，使得曲阳县拥有了全省唯一的国家级文化产业试验园区——曲阳雕塑文化产业园区。该园区位于曲阳县城南部，占地 20 平方千米，计划总投资 57 亿元，共分三期建设，已投入资金 10 亿多元，入驻企业达 398 家，具有一定规模的雕塑骨干企业达 30 余家。预计到 2020 年，聚集重点企业达到 1000 家以上，雕塑业产值达到 255 亿元，将建成世界最大的创意研发、作品制造、会展交易、产业信息和人才培育中心。[5]曲阳雕塑文化产业园已经形成了一条集雕刻设计、生产、会展、交易为一体的完整雕刻产业链，可以说曲阳雕刻产业已经摆脱了集聚发展的初级阶段，逐步向产业集群方向发展，园区内企业通过耦合性联系，在竞争中合作，相互学习，营造出了良好的创新环境，不断提升园区内企业的创新能力，实现了集群的规模经济、范围经济和知识经济。

---

[1] 马庆恒：《石家庄市文化创意产业发展现状及对策分析》，《中共石家庄市委党校学报》2013 年第 5 期，第 46-48 页。
[2]《石家庄动漫产业 四大板块构筑产业特色之路》，《石家庄日报》2012 年 9 月 4 日。
[3] 杨晓宁：《保定市曲阳县召开文化产业发展"诸葛会"》，2014 年 12 月 24 日，http://report.hebei.com.cn/system/2014/12/24/014607174.shtml。
[4] 吕子豪、王东标、郭英昆：《河北曲阳雕塑文化产业园纳入国家级文化产业试验园区》，2011 年 2 月 28 日，http://www.chinanews.com/df/2011/02-28/2873636.shtml。
[5] 同②。

另外，曲阳县十分重视产学研一体化发展，在曲阳县坐落着全国唯一一所以石雕为骨干专业的艺术学校——曲阳雕刻学校，建校20多年来，该校共培养了近3000名毕业生，其中65%的毕业生创办了雕塑企业或雕塑工作室。全县90%以上的雕塑企业，其模型设计制作均出自该校毕业生之手。除了提升自身人才储备，曲阳县还注重引进人才，注入新鲜血液，与中央美术学院等16所高等院校建立了校企合作关系。

（三）衡水市乐器制作产业集聚区

衡水市深入实施"一县一品"和"龙头带动"工程，从资金、土地、政策等方面大力扶持实力强、前景好的文化公司，现在已经形成了以武强县"国际乐器"和饶阳县"民族乐器"为主的乐器制作产业集聚区。

（1）武强县委、武强县人民政府（简称武强县政府）在现有乐器产业的基础上，设计武强目标，即建设全国最大的乐器产品生产基地、国际一流的乐器物流配送基地，精心绘制了《武强县乐器产业发展规划》，吸引一批有成长潜力的优秀企业来园区完善孵化，并从资金、用地等多方面对入住企业加以扶持。如今的武强，在乐器的研发、设计、生产、加工、维护和修理方面已经形成了一条龙的产业体系，全县共有乐器制造和配套加工注册企业51家，从业人员5500多人，2013年行业销售收入达7.5亿元，上缴税金6500多万元。产品有长笛、萨克斯、黑管、提琴、铜管、吉他六大系列，100多个品种，400多种规格，产品90%以上出口，畅销欧美等30多个国家和地区。2010年武强县被命名为"中国管弦乐器产业基地"。[①]武强县是河北省第一批"河北省文化产业十强县"，不仅如此，武强县还有周窝音乐小镇项目，于2012年被评为"河北省十大文化产业项目"，武强乐器文化产业集聚区2015年被评为"河北省十大文化产业集聚区"，可以说武强县实现了河北省文化产业"三个十"建设工程的"大满贯"。

周窝音乐小镇项目：位于河北省衡水市武强县周窝镇的河北金音乐器集团，是国家级文化产业示范基地，建厂20多年来坚持每年拿出不低于总收入30%的资金投入产品研发，已成为国内制定西管乐器生产行业标准的企业，"金音"品牌被评为"中国著名品牌"。2017年，金音乐器集团已成为拥有8家子公司、2400多名员工的大型乐器产业的龙头，相关配套加工企业51家，产品85%以上出口，行业年产值超10亿元。金音乐器集团的发展壮大，吸引了德国GEWA乐器公司、美国CECILIO乐器公司等国际乐器巨头入驻衡水，形成了

---

① 魏建玲：《武强国际乐器文化产业园再谱新华章》，《国际商报》2014年3月6日。

集研发、生产、零配件、物流、销售于一体的乐器全产业链条。依托乐器产业打造的周窝音乐小镇，成功举办了多届中国吉他文化节和麦田艺术节，每年吸引60余万人次参观，增加收入1500多万元。①

中国武强国际乐器文化产业园于2011年6月开工建设，规划占地4500亩（1亩≈666.7平方米），是2011年河北省第一批重点建设项目，并被纳入《河北省文化产业振兴规划》和衡水市重大文化产业带动项目。为使基地健康有序发展，2011年，武强县聘请中国人民大学世纪谨勤咨询公司制定《河北武强经济开发区产业发展规划》和《中国武强国际乐器文化产业园发展规划（2011—2020）》，并获得河北省政府批准。②经过几年来的不断建设发展，基地已建面积达720亩，入驻乐器研发、制造和配套加工、物流配送等类型企业20余家。2013年，已有十几家国际大品牌企业入驻，如德国GEWA乐器公司，投资15.6亿元，一期项目已建成投产；美国CECILIO乐器公司，投资达1.2亿美元，主体建设已完工；德国隆尼施钢琴项目，占地600亩，投资24亿元。基地完成固定资产7.8亿元，完成产值3.2亿元，实现利税5600多万元，全部建成投产后，将成为中国最大、世界一流的乐器产业集聚区。③

（2）饶阳县2013年被评为"河北省文化产业十强县"。2014年，饶阳民族乐器产业园被评为"河北省十大文化产业集聚区"，饶阳县以"民族乐器之乡"而全国闻名。饶阳县以成乐民族乐器有限公司等龙头企业为依托，引导扶持农户进行乐器制作、配件加工和销售，由企业为其提供技术指导。2016年，全县民族乐器行业共有企业摊点110多个，年创收超亿元。饶阳县民族乐器文化产业园是集民族乐器研发、制作、销售、展览于一体的大型文化产业聚集区，总投资22亿元，占地600多亩，规划建设民族乐器文化展示中心、民族乐器研发中心、工业园区、物流园区等大型项目，同时建有音乐公园、博物馆、演奏厅、休闲养生专区等项目，形成以民族乐器产业为核心，集乐器展销、创新研发、休闲旅游、商贸物流、金融商务于一体的复合产业体系。④另外，饶阳县还注重人才培养。2016年璐德国际艺术学校被引入饶阳，对青少年开展了大量的文化、培训、演出、教育方面的活动，承载了发现人才、培养人才、包装人才、输送人才、使用人才的重要任务，是打造饶阳国际音乐产业基地产业链的重要一环。

---

① 雷汉发、陈幸祉：《河北衡水：文化产业成增长新动力》，《经济日报》2017年4月7日。
② 于大海、孟卫力：《武强乐器文化产业集聚区被评为"河北省十大文化产业集聚区"》，《衡水晚报》2015年12月18日。
③ 孙明磊、刘恺兵：《武强县在省文化产业"三个十"评选中全部入选》，《衡水日报》2013年9月18日。
④ 张婷婷：《"三园一馆"成为饶阳文化产业的靓丽名片》，2013年4月10日，http://www.hsrb.com.cn/a/news/hengshuixinwen/2013/0410/65468.html。

除了文化产业地理空间上的集聚外，河北省在国有文化产业集团的文化体制改革中也独具特色。全省出现了一批规模较大的文化企业集团和文化娱乐设施，成为河北省文化产业发展的主体和重要载体，为文化产业快速发展打下了良好的基础。河北省有 130 多家投资规模或经营收入达上千万元的企业和企业集团，形成了以河北出版传媒集团、河北日报报业集团、河北旅游集团、河北长城传媒有限公司、河北行知传媒文化有限公司等有一定规模和实力的文化企业集团以及一批由博物馆、图书馆、文化馆、影剧院和休闲娱乐场所等构成的文化设施体系。[①] 2016 年 11 月，河北日报报业集团旗下的现代文化企业——河北华糖云商营销传播股份有限公司获批在新三板挂牌，实现了河北省国有控股文化企业在新三板挂牌零的突破。

第四节　空间布局："两区四带"

《河北省文化产业发展"十三五"规划》对河北省文化产业发展的空间布局进行了科学合理的发展规划。根据各地资源基础、产业特色、地理区位、交通条件，结合河北省"三区一基地"的功能定位，以京津冀协同发展为龙头，以京津冀文化产业协同发展区、冀中南文化产业转型引领区为主体，以沿海文化产业带、太行山文化产业带、长城文化产业带、大运河文化产业带为支撑，构建"两区四带"的文化产业发展格局。

一、京津冀文化产业协同发展区

该区域的建设意在发挥张家口、承德、廊坊、保定等地与京津地域相连的优势，整合带动秦皇岛、唐山、沧州资源，坚持"高端对接、协同提升"的原则，大力加强京津冀的合作，以市场化手段促进文化资源优化配置，把握环首都区域畿辅文化特点，培育"美丽河北·神韵京畿"系列文化品牌，重点发展生态文化旅游业、冰雪文化产业、高科技体验休闲产业、商务会展业、传媒娱乐业等，精准对接京津文化生产和文化需求，打造京津冀文化产业协同发展区。在京津冀文化产业协同发展区，河北省拟重点打造四个产业集群。

1. 京张文化产业集群

该集群拟借助 2022 年冬奥会的契机，突出冰雪文化特色，改变传统经济

[①] 李月敏、李卫东：《河北省文化创意产业发展现状及对策研究》，《开发研究》2013 年第 3 期，第 63 页。

发展模式，建设京张体育文化旅游带、文化贸易带，塑造张家口国际历史文化城市新形象，支持张家口市申报省级和国家级历史文化名城。

以奥运文化为核心加强资源整合提升，加快推进明长城的维修、保护和展示，加强张家口堡的保护与开发，规划建设奥运核心产业园区。叫响冰雪文化产业品牌，打造国际文化休闲基地、冰雪运动赛事基地、体育培训基地，把冰雪文化与鸡鸣驿邮驿文化、大境门商道文化、长城文化、坝上草原文化、蔚县民俗文化相结合，集中展示地域特色文化资源。

加大对泥河湾遗址群的保护和开发力度，推动泥河湾文化纳入中华文化传承工程，推动泥河湾东方人类探源工程列入国家重大科技支撑项目。以黄帝城、中华三祖堂、中华合符坛等景观为核心，加快建设以寻根祭祖、文化体验为主题的中华三祖文化园区，大手笔策划"华夏祭祖大典"大型寻根祭祖活动，打造全球知名的文化旅游目的地。加强与俄罗斯、蒙古的历史文化交流，重振张库大道文化贸易带。

2. 京承文化产业集群

承德地区以草原文化、生态文化、皇家文化、民族文化、融合文化为精髓，大力发展文化旅游、演艺娱乐、商务休闲、文化创意等文化融合产业。

利用金山岭长城、丰宁京北第一草原、木兰围场、磬锤峰国家森林公园等自然景观和避暑山庄、周围寺庙等人文景观，依托承德民俗文化、民族文化等丰富内涵，发挥草原生态休闲功能，加强与高科技产业的融合，发展特色民族旅游、文化休闲度假、特色温泉养生度假、影视拍摄、数字创意等产业，逐步形成融合旅游观光、休闲健身、民俗体验、高端体验等多种功能的民族风情文化产业带。

3. 京津廊文化产业集群

廊坊各地利用高新技术产业、家居购物、会议会展、高尔夫休闲等特色明显的现代休闲娱乐产业资源，集制造、商务、休闲、娱乐、购物、健身、科技创新于一体，开创现代新型商务休闲文化产业。

针对京津大型企事业单位的商务需求，谋划建设大型科技文化体验园区，开发一批现代科技文化体验、现代商务休闲、影视制作等产业项目。香河、三河、大厂等县市加强与北京平谷、天津武清等区县合作，联合打造京东文化休闲旅游区。广阳、安次、霸州、固安等地精准对接京津人才、科技、金融资源，推进印装企业设备的升级换代，积极发展国际先进印刷技术，培育一批大型印务包装集团，加快建设河北·廊坊国家印装产业园。

4. 京保文化产业集群

挖掘保定诚义文化、直隶文化、书院文化、红色文化、民间艺术等特色文化资源，加强历史文化、地方文化、生态文化与旅游的深度融合，优化业态布局，着力培育壮大特色优势产业，推动文化创意孵化、文化科技融合、演艺娱乐、新闻出版、广播影视、网络动漫、数字文化与文化休闲旅游业联动发展。加快涿州影视基地文化生态产业园的建设，开发以京津影视剧组、专业人士为重点客户的影视休闲拍摄项目。

结合保定市京西百渡休闲度假区的建设，打造文化小镇、实景演出、民俗体验等文化项目。发挥保定市区位和交通优势，建设北方工艺美术品展览展示和交易中心。加快推进中国·保定数字文物文化产业园等重大项目建设。

二、冀中南文化产业转型引领区

根据《河北省文化产业发展"十三五"规划》，石家庄、保定、衡水、邯郸、邢台等地以民俗文化、红色文化、湖淀文化、成语文化、太极文化、宗教文化等特色文化为精髓，按照"做大增量、转型升级、提质增效"原则，培育"美丽河北·创意燕赵"系列文化品牌，重点发展文化装备制造、民俗文化旅游、出版印装发行、广播影视、演艺娱乐、动漫游戏、广告会展、民间工艺品制作加工等产业，培育一批特色文化产业集群。

支持省会文化产业加快发展，探索在省会成立创意产业孵化园，依托南北交通大动脉，北引京津、南接邢邯，延伸产业链条，发挥辐射带动引领效应。深化文化产业供给侧结构性改革，加快优势要素向主导产业、骨干企业集中。改造提升文化装备制造、工艺美术产品加工制作等传统文化产业，建设大型文化产品交易市场，夯实文化产业集聚根基，发挥辐射拓展作用。

支持石家庄、保定吸纳京津高新技术、资本和人才等先进要素，大力发展数字印刷产业。加快推进戏剧、杂技等艺术院团及演出场所资源深度整合，打造一批文娱演艺龙头企业，努力形成多样化、规模化的文娱演艺产业体系。

充分发挥五地文化产品生产和销售基础雄厚的优势，加快推进瓷器、雕塑、内画、年画等民间特色工艺品以及乐器、旅游纪念品、演艺器材、影视道具等文化产品的生产，提高产品附加值。大力开发红色文化、历史文化、宗教文化等特色文化旅游市场，推动历史文化遗存景观游、湿地公园文化游、文化特色小镇游、农林观光休闲游等融合性旅游项目的发展。

三、沿海文化产业带

根据《河北省文化产业发展"十三五"规划》，河北省要发挥秦皇岛、唐山、沧州临渤海的优势，以海洋文化、杂技文化、武术文化、工业文化等特色文化为精髓，按照"时尚开放、打造经典"原则，加强三地文化资源的整合力度，培育"美丽河北·弄潮渤海"系列文化品牌。重点发展海洋旅游休闲度假、杂技、武术、创意设计、道具生产、广告会展等产业，彰显河北省沿渤海地区文化产业带的特色，增强渤海文化的影响力。

创新发展涉海旅游、演出、娱乐等传统文化产业，加快发展动漫、游戏等新兴产业，推动海洋文化与科技、旅游、农业等相关产业的融合，打造一批特色海洋民俗村、海洋文化创意园，支持曹妃甸区建设国家海洋民俗文化之乡。提升秦皇岛市、黄骅市滨海国际会展中心的地位，建设国际知名的海洋度假休闲中心。推动唐山传统企业依托老厂房、老仓库等工业遗存场地培育特色文化创意产业基地。

四、太行山文化产业带

根据《河北省文化产业发展"十三五"规划》，河北省沿太行山县（市、区）以生态保护为前提，以经济崛起为核心，坚持"绿水青山"与"金山银山"有机统一，按照"点线相连、融合共赢"原则，整体设计、系统规划文化产业集聚区，走规模化、集群化发展之路，探索生态环境保护与区域脱贫协同发展的双赢机制，培育"美丽河北·五彩太行"系列文化品牌。

重点发展革命历史文化产业，做大做强红色旅游产业，创新发展民俗文化产业，融合发展生态文化产业，提升发展影视文化产业。积极利用太行山高速建设机遇，谋划建设一批沿线特色文化景点和文化小镇，大力发展乡村文化旅游。推动河北省太行山一带与山西省、河南省有关地方联合开发太行山文化产业资源。

五、长城文化产业带

根据《河北省文化产业发展"十三五"规划》，河北省要发挥其长城资源丰厚的比较优势，依托长城内外的遗址遗迹、关隘城堡、传统村落、山水风光等有形风物、历史故事和民俗风情等无形资源，大力发展长城文化产业，提升长城旅游文化内涵，开发长城文化创意产品，举办长城文化节，广泛开发长城影视、动漫、摄影、写生、演艺、竞技等主题文化项目，打造"美丽河北·壮美长城"系列文化品牌。

秦皇岛市以山海关古城为中心，打造"天下第一关"长城文化产业聚集区。承德市以金山岭长城为中心，打造"最美长城"之美誉。唐山市依托遵化、迁安、迁西等地的长城资源，打造唐山北部长城文化产业带。张家口市以"长城内外是故乡"为文化纽带，打造"大好河山·长城印象"系列文化品牌。保定市整合利用涞水、涞源、易县、唐县、阜平等地的长城资源，加强与美丽乡村建设的深度融合发展，积极探索与北京、天津共同打造长城文化产业品牌的机制与载体。

六、大运河文化产业带

根据《河北省文化产业发展"十三五"规划》，大运河河北段流域的廊坊、沧州、衡水、邢台和邯郸市要加强运河文化的研究梳理，加强文物古迹、运河遗迹和非物质文化遗产的发掘保护，在保护大运河的真实性、完整性的同时，因地制宜发展文化旅游、文化创意、影视动漫、养生健身、节庆会展、民俗体验等特色文化产业，培育"美丽河北·运河风韵"系列文化品牌，让古老的运河重现生机，实现其历史文化价值。

沧州市围绕打造大运河文化创意产业聚集区，规划建设运河特色文化街区、运河文化景观带、运河风情体验区，开发运河文化产品。廊坊市依托京杭大运河香河段和香河第一城，开发建设世界级运河文化城。支持沧州东光县、衡水景县利用大运河世界文化遗产点，发展运河文化旅游。联合京津有关地市，共同规划推进京津冀大运河旅游观光带建设。[①]

第五节　河北省文化创意产业发展的突出问题

一、河北省文化创意产业规模仍然较小

河北省拥有悠久的历史文化资源，曲阳石雕、武强年画、蔚县剪纸、吴桥杂技等历史文化资源享誉全国，然而河北省文化创意产业起步较晚，整体发展规模仍然较小，甚至落后于全国平均水平，更无法与北京、上海等文化产业发达的地区相比。

首先，文化创意产业增加值不高。如图4-8所示，北京市文化创意产业增加值为3179.3亿元，上海市为1632.68亿元，山东省为2481亿元，河北省为960.36亿元。虽然近些年河北省文化创意产业增加值以平均每年20%以上的速度增长，但河北省的文化创意产业增加值不高，不仅低于北京、上海等文化产业发达地区，也远低于邻省山东，仅为山东省的38.7%。河北省文化创意产业仍有较大的上升空间。

---

① 河北省文化厅：《河北省文化产业发展"十三五"规划》，2016年6月27日，http://www.hebwh.gov.cn/common/content.jsp?articleId=4028815d590127430159150984 5803ce。

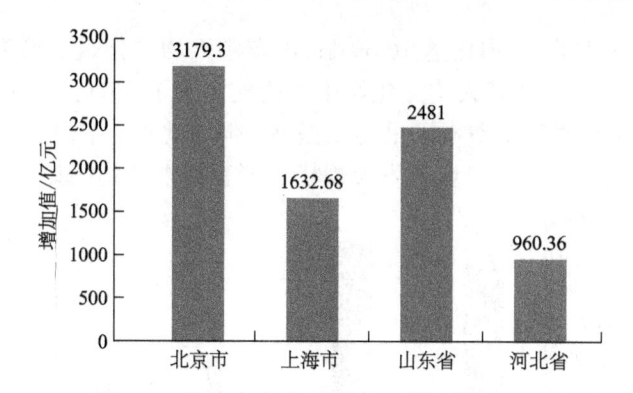

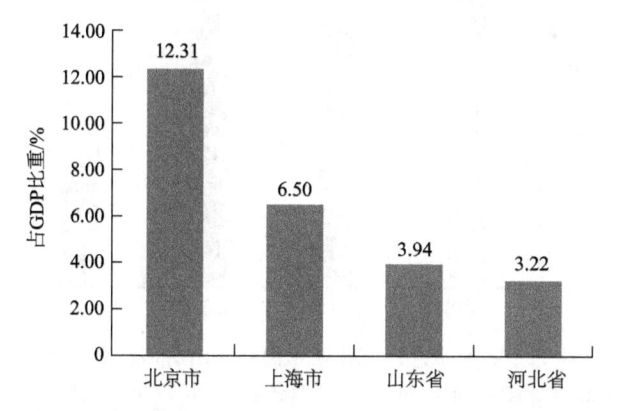

第四章 燕赵古风：河北省文化创意产业发展现状 | 89

图 4-8 各省市文化创意产业增加值对比图

资料来源：《北京统计年鉴 2016》《山东统计年鉴 2016》《上海统计年鉴 2016》《河北经济年鉴 2016》。

其次，文化创意产业所占比重不够。由图 4-9 可见，北京市文化创意产业增加值占 GDP 比重为 12.31%，上海市占 GDP 比重为 6.50%，山东省占 GDP 比重为 3.94%，河北省占 GDP 比重仅为 3.22%。河北省文化创意产业增加值占 GDP 比重，不仅低于北京、上海、山东等地区，与全国平均水平也存在一定的差距。[1]

图 4-9 各省市文化创意产业增加值占 GDP 比重对比图

资料来源：《北京统计年鉴 2016》《山东统计年鉴 2016》《上海统计年鉴 2016》《河北经济年鉴 2016》。

最后，文化创意产业消费市场不大。文化消费支出直接关系着当地文化产业发展的空间和规模。由图 4-10、图 4-11 可见，2015 年北京市人均文化娱乐消费支出为 3635 元，占全部消费支出的比例高达 10.75%；上海市人均文化娱

---

[1] 王如忠：《上海文化创意产业发展的战略思路与对策研究》，《上海经济研究》2007 年第 10 期，第 76 页。

乐消费支出为 3718 元，占比达 10.69%；山东省人均文化娱乐消费支出为 1557 元，占比 10.68%；河北省人均文化娱乐消费支出为 1355 元，占比 10.18%。近些年，河北省文化娱乐消费水平虽逐步提高，但与北京、上海、山东等地相比，总体水平仍然较低，文化产业的发展规模受消费需求制约明显。

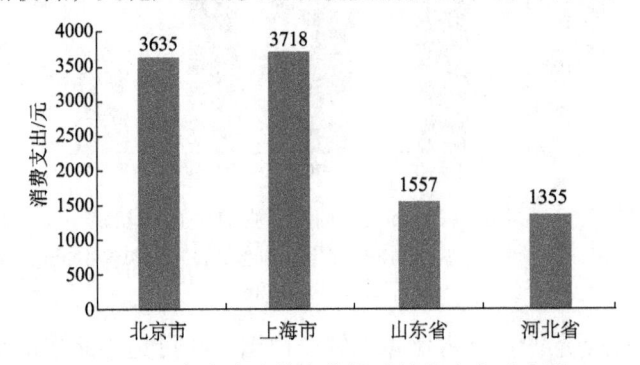

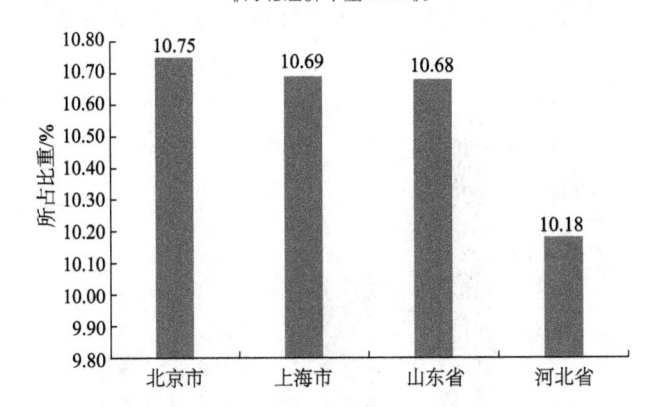

图 4-10　各省市人均文化娱乐消费支出对比图

资料来源：《北京统计年鉴 2016》《山东统计年鉴 2016》《上海统计年鉴 2016》《河北经济年鉴 2016》。

图 4-11　各省市人均文化娱乐消费支出所占比重对比图

资料来源：《北京统计年鉴 2016》《山东统计年鉴 2016》《上海统计年鉴 2016》《河北经济年鉴 2016》。

二、河北省文化创意产业发展人才匮乏

文化创意产业的核心竞争力是人才的竞争，拥有人才特别是高端人才，将直接影响一个文化企业的未来发展前景。因此，拥有人才的数量和质量也就决定了一个地区文化产业发展的前景，拥有了高端、专业的文化人才就相当于占据了本行业发展的制高点。2012 年，北京市文化创意产业从业人数占本市城镇就业人口的比重为 6.25%，广东省的比重为 3.62%，而河北省的比重仅为 2.65%，

低于北京市约 3.6 个百分点，低于广东约 1 个百分点。[①] 与北京、上海、广东等文化创意产业发达地区相比，河北省无论是在文化产业从业人数，还是高端人才所占比重上，都与发达地区存在一定差距，特别是原创人才、文化营销人才等高端人才更是匮乏。[②] 文化创意产业人才的不足直接影响着河北省文化创意产业的发展。

另外，河北省自身的文化人才培养体系也相对滞后，河北省内高校所培养的文化创意人才专业口径偏窄，主要集中于以音乐、舞蹈、戏剧为主的演艺方向和以绘画、广告、工业设计、建筑设计为主的艺术设计方向，而文化产业人才除了文化专业人才外，更需要懂得文化产业市场运营规律和文化特性的复合型人才，这就需要河北省内高校转变专业和课程设置，通过开设二学位、与相关专业互选学分等方式，培养既具备某一文艺特长，又懂得经营管理的复合型人才。另外，河北省还可以以京津冀一体化为契机，实施文化创意人才引进战略，构建创意人才培养体系。

三、河北省文化创意产业结构不合理

从上述河北省文化创意产业结构情况可见，河北省存在传统行业偏重、核心主业不强、新兴产业乏力，产业结构不够合理的问题。河北省传统文化制造产业增加值（包括"工艺美术品生产""文化用品的生产""文化产品生产的辅助生产"）约占全省文化产业增加值的 50%；新兴产业增加值（包括"文化创意和设计服务""文化信息传输服务""文化休闲娱乐服务"）占比约 30%；主导产业增加值（包括"新闻出版发行服务""广播电视电影服务""文化艺术服务"）贡献率偏低，约为 15%；文化专用设备的生产发展滞后，占比约 5%。[③]

究其原因，河北省历史文化资源丰富，曲阳的雕刻产业、武强的音乐、年画产业，吴桥的杂技产业、衡水的内画产业等支撑着河北省文化产业发展的基础，而这些传统文化产业多以传统文化制造产业为主，撑起了河北省文化创意产业的半壁江山。近些年，由于以河北出版传媒集团、河北日报报业集团、河北广电集团等为主体的国有文化产业集团受到网络媒体、手机媒体、数字阅读等新媒体冲击，传统媒体行业整体经营受到较大挑战，传统媒体行业下行压力增加，造成以"新闻出版发行服务""广播电视电影服务"为主的主导产业贡献率持续走低，而"文化创意和设计服务""文化信息传输服务""文化休闲

[①] 田乐：《河北省文化创意产业发展研究》，河北师范大学硕士学位论文 2015 年，第 16-19 页。
[②] 范春燕：《解读当代西方发达国家的文化政策——西方学者对文化政策的研究及其启示》，《国外社会科学》2013 年第 3 期，第 32-38 页。
[③] 河北省委办公厅、省政府办公厅：《关于推动全省文化产业加快发展的若干意见》，《河北日报》2016 年 9 月 20 日。

娱乐服务"等新兴产业增加值增长势头不够。其主要原因：一是文化人才匮乏，正是上文提到的复合型文化人才、高端文化人才的匮乏，才使得河北难以抓住"互联网+"的热潮迅速发展一批适合当地文化特色的新兴文化企业；二是文化与其他产业融合力度不够，新兴文化产业大多与物联网、云计算、大数据、智能科技、3D 打印等新技术融合，通过文化产业与高科技深入融合，孕育出全新的文化产业形态；三是仍需推动文化产业的"大众创业、万众创新"，通过鼓励和扶持更多人才创业、创新，才能使传统文化产业迸发新的生命力，为新兴文化产业发展注入新鲜血液。

四、河北省文化创意产业发展分布失衡

文化产业园区是文化产业集聚的主要载体，通过上文归纳，河北省文化创意产业发展在空间分布上有失均衡，具体表现在：冀中南地区（石家庄、保定、衡水、邯郸、邢台）文化产业发展较快，冀中南五市拥有各级别文化产业园 102 家（含定州、辛集），占总数的 53.7%；而环京津地区（唐山、秦皇岛、沧州、承德、张家口、廊坊）文化产业发展相对较弱，拥有各级别文化产业园 88 家，占总数的 46.3%。可见，河北省文化产业主要集聚在冀中南地区，石家庄、保定、衡水已经初步形成了独具特色的文化产业集群，成为拉动河北文化产业发展的三驾马车。

除了空间布局的不均衡外，河北省文化创意产业城乡发展也不均衡。不仅在文化企业营业收入、吸纳就业人员数量上城乡差距较大，在文化消费水平上城乡差距也很明显。2012 年河北省城市经营机构的从业数量达到 2.75 万人，为县级从业人员数量的近 1.5 倍；资产总额共计 506 743.9 万元，约为县级资产总额的 2.5 倍；全年营业收入总额共计 244 370.1 万元，约为县级营业收入总额的 2.4 倍；2015 年城市文化娱乐消费支出为 1870.83 元，而农村消费支出为 870.43 元，仅为城镇居民消费支出的 47.31%，由此足见河北省文化创意产业城乡发展的不平衡程度。[①]

五、河北省文化创意产业本地特色不够

文化创意产业的发展离不开文化资源。河北省拥有悠久的历史文化和丰富的自然文化，具有发展文化创意产业得天独厚的优势。在全省各地都遍布着早期人类的遗址，张家口涿鹿是中国历史上第一座都城，邯郸则是战国时赵国的都城，赵武灵王时修建的"丛台"现在仍然存在于邯郸市中，蔺相如为与廉颇

[①] 陈要立：《文化创意产业促进区域产业结构高级化的机理研究》，《湖北社会科学》2011 年第 7 期，第 24-26 页。

修好，给廉颇让路的"回车巷"保留至今。但是，河北省文化创意产业的发展仍处于起步阶段，丰富的文化资源尚未得到有效的利用，而且燕赵文化特色品牌也没有推广出来，造成了资源的浪费。此外，对优秀文化仍然缺乏更深层次的挖掘，这也使得河北省的优秀文化无法与现实社会相结合，以致燕赵文化特色不能够在全国范围内得到体现。例如，在旅游业开发上，河北很多古老的历史文化资源并没有得到有效的保护与开发。邯郸既是千年赵国国都，拥有丰富的古城文化，又有丰富的成语文化，完璧归赵、胡服骑射、一言九鼎、邯郸学步等成语都来源于邯郸，邯郸市应当充分开发成语文化、古城文化、燕赵文化、战国文化，与旅游业相结合，大力推动文化产业与旅游业的融合，用历史文化来增添河北旅游的魅力，同时旅游业的大力发展也能反哺文化产业，有助于推动河北省文化产业和经济的发展。[①]不过，邯郸市已经着手推动成语文化的发展，邯郸中华成语文化博览园项目已被列为省发展和改革委员会2016年重点发展项目，与深圳华强集团合作，总投资约30亿元，运用激光多媒体、立体特效、微缩实景、真人秀等表现手法推广汉语成语文化。

[①] 毕西娟：《河北省文化产业发展的SWOT分析及对策》，《河北联合大学学报（社会科学版）》2013年第4期，第43页。

第五章 京津冀文化创意产业协同发展的嬗变

第一节 时间轴：京津冀区域文化创意产业协同发展历程

京津冀区域间的合作最早可以追溯到 1981 年，华北地区经济技术协作区的成立是京津冀区域合作的开端。虽然京津冀区域间的合作实践较早，但是直到 20 年后，京津冀一体化的概念才由两院院士、清华大学教授吴良镛提出，并逐渐取代了一直以来的"环渤海经济圈""首都经济圈"等概念。本书通过综合分析京津冀区域间的合作实践和理论探索，将其划分为四个历史发展阶段。

一、京津冀合作初期摸索阶段（1981 年至 1991 年）

京津冀区域间的合作起步较早，早在 1981 年，京、津、冀、晋、蒙 5 省（市、自治区）就在呼和浩特成立了全国第一个横向经济技术协作组织——华北地区经济技术协作区，可以说在全国区域经济合作方面京津冀合作走在了前列。1982 年，国家计划委员会下达了"京津唐地区国土规划纲要研究课题"和"关于开展京津唐地区国土规划纲要前期工作的通知"（〔82〕建发土字 135 号文和 140 号文），正式启动京津唐地区国土规划纲要课题研究工作。这一课题中的京津唐范围包括北京、天津、唐山、秦皇岛和廊坊。这项针对京津唐地区国土开发整治的综合研究和专题研究，基本摸清了京津唐地区国土开发整治的情况，提出了京津唐地区发展战略定位和方向、工业和城镇建设的总体布局以及沿海港口、京津高速公路、高速铁路客运专线等基础设施的建设框架。同样是在 1982 年，京津冀学术研讨会在石家庄召开，主要研究的议题是京津冀水资源问题。[1]

到了 1985 年，时任中国科学院地理所副所长的李文彦首次提出了"大渤

---

[1] 杨开忠：《京津冀协同发展的探索历程与战略选择》，《北京联合大学学报（人文社会科学版）》2015 年第 4 期，第 28 页。

海地区"的概念，1986年"环渤海经济圈"的概念应运而生。

1986年，时任天津市市长的李瑞环倡导环渤海地区15个城市共同发起成立环渤海地区市长联席会，成为京津冀间合作走向正规的起点。同年，最早的关于京津冀地区合作的学术论文诞生，学者许树立在《河北学刊》发表《试论京津冀地区横向经济联合的发展》。随后在1988年，北京与河北环京地区的保定、廊坊、唐山、秦皇岛、张家口、承德等六市组建环京经济技术协作区，建立了市长专员联席会制度，设立了日常工作机构。

在20世纪80年代，改革开放刚刚开始，各地的经济发展都处于恢复、起步阶段，各地为了促进当地经济发展采取"抱团取暖"的手段，解决地区间的物资调剂，指导企业开展横向经济联合，这也是最初京津冀区域内各地自发建立区域合作组织的动因。但是，这一时期的京津冀区域间的合作大多没有突出京津冀的概念，而是以华北地区、环渤海地区内的各省市为依托，合作范围较广，参与省市较多，这也导致这一时期合作层次较低、合作黏度不够。

二、京津冀合作停滞发展阶段（1992年至2003年）

1992年以后，由于国家层面缺乏统一规划，加之各地经济间存在同质竞争，各地政府、企业为了各自的地方利益，逐步削弱了彼此间的区域协作。企业之间、地区政府之间无序竞争的局面日益突出，重复建设愈演愈烈，京津冀区域与长三角的差距也逐渐加大，这一阶段的京津冀合作陷入停滞阶段。从这一时期三地对于区域经济发展概念的提出上，就能够看出三地对于区域发展的理念存在差异。

1996年，北京市科学技术委员会制定的《北京市经济发展战略研究报告》中正式提出"首都经济圈"的概念，这个"首都经济圈"以京津为核心，包括河北的唐山、秦皇岛、承德、张家口、保定、廊坊、沧州七市，使得北京市突破了"大工业"思想的限制，明确北京经济的本质是知识经济，跳出了自家"一亩三分地"，在一定程度上树立了开放合作的"区域观"。但是，在"首都经济圈"的概念上，河北省倾向于使用"积极参与首都经济圈发展规划和实施意见的制定""建设环首都经济圈""建设环首都绿色经济圈"等组合概念；天津市则几乎不用"首都经济圈"，而是以天津的北方经济中心为依据，倾向于"环渤海经济圈"的概念。由此可见，这一阶段三地在京津冀区域发展理念上存在分歧，在一定程度上阻碍了这一时期京津冀区域的合作发展。

这一时期，虽然政府间的合作处于停滞阶段，但是理论界对于京津冀区域的研究取得了一定的成绩。2000年，杨开忠主持完成了北京市哲学社会科学重大项目"北京与周边地区关系研究"，出版专著《持续首都——北京新世纪发展战略》，首次对"首都圈"进行了系统的科学界定，提出了建设具有国际竞争力的京津双核心首都圈的战略。2001年，两院院士、清华大学教授吴良镛主持的"京津冀北城乡空间发展规划研究"提出了"京津冀一体化"发展的构想，将京津冀区域一体化看作推动环渤海区域一体化发展的重要内容。随后，"京津冀经济一体化""京津冀经济圈""京津冀都市圈""首都经济圈"等概念和相关课题的研究迅速成为学界热点。[①]2002年，吴良镛主持完成国家自然科学基金项目，出版《京津冀地区城乡空间发展战略规划》，主张通过"建设世界城市，带动京津冀北（大北京地区）的繁荣和健康发展"。另外，1991年至1995年，由京津冀城市科学研究会发起的京津冀城市发展协调研讨会，连续成功举办了5次研讨，从区域整体角度研究各自城市的发展，并于1994年8月，向国务院提交了《建议组织编制京津冀区域建设法治规划》的报告，国务院批准由国家计划委员会会同建设部、各地区组织编制。[②]

三、京津冀合作活跃推动阶段（2004年至2012年）

在经历了20世纪90年代的沉寂之后，随着全球经济一体化和区域经济一体化浪潮的到来，京津冀区域合作也迎来了新的发展。如表5-1所示，京津冀三地文化产业协同发展产生了一系列成果。

表5-1 京津冀三地文化产业协同发展成果一览表（2004—2012年）

时间	参与地区	合作成果	主要内容
2008年11月26日至28日	河北、天津	《关于加快经济与社会发展合作备忘录》	重点加强12个方面的合作（携手打造沿海经济隆起带、加快产业转移和对接、联合建设现代化综合交通运输体系以及加强水资源和生态环境保护、金融、科技和人才、农业、旅游、劳务、口岸通关、教育、卫生事业）
2008年12月2日至4日	河北、北京	《关于进一步深化经济社会发展合作的会谈纪要》	拟在区域交通基础设施建设、水资源和生态环境保护合作、农业、旅游、教育、金融商贸、劳务市场、电力开发、建筑市场、共同推进张承地区发展等10个方面加强合作
2010年7月15日	北京、河北	《北京市-河北省合作框架协议》	北京市党政代表团到河北省学习考察
2010年10月	河北、北京	《关于加快河北省环首都经济圈产业发展的实施意见》	提出了在规划体系等6个方面启动与北京的"对接工程"
2011年12月	河北、北京、天津	《京津冀三地文化产业协同发展战略合作备忘录》	标志着京津冀文化产业协作机制的建立，为提升三地文化产业质量和水平奠定了基础

---

① 程恩富、王新建：《京津冀协同发展：演进、现状与对策》，《管理学刊》2015年第1期，第2页。
② 王宇光、王立、张长等：《京津冀协同发展研究的回顾与前瞻》，《城市》2015年第8期，第12页。

2004年2月12日，京津冀区域经济发展战略研讨会在廊坊圆满召开，由国家发展和改革委员会地区经济司联合北京市、天津市、河北省暨秦皇岛市、承德市、张家口市、保定市、廊坊市、沧州市、唐山市等九省市发展和改革委员会有关负责人共同签订了《廊坊共识》，正式确定"京津冀一体化"发展思路，强调产业布局的整体协调，统筹区域一体化的各项合作。

自2008年开始，京津冀三地的高层互访频繁，在短短两年间三方高层就进行了多次互访。在这一时期的互访中，河北的积极性最高，每次都是由河北主动对北京、天津进行访问，而后北京、天津再对河北进行回访，这也体现出河北主动与北京、天津进行产业对接，带动本省产业升级的迫切愿望。

2010年11月，北京、河北分别披露了加速建设"首都圈"的具体规划，"环首都经济圈"（又称"首都圈"）正式从概念设想阶段进入规划实施阶段，之后又把"环首都经济圈"概念修正为"环首都绿色经济圈"。

2011年12月，在河北省文化厅牵头举办的京津冀文化产业协同发展研究论坛上，京津冀三地文化部门签署了具有开拓性意义的《京津冀三地文化产业协同发展战略合作备忘录》，此次签署的备忘录是京津冀三地政府在文化产业协同发展上的一次有益尝试，也标志着京津冀文化产业协同发展机制的初步建立。

随着政府间合作的重新升温，学术界对于京津冀的研究也掀起了热潮，自2006年起，京津冀三省市的社会科学界联合会（简称社科联）持续举办京津冀协同发展论坛。该论坛是由河北省社科联发起、北京市和天津市社科联共同支持的大型论坛。该论坛的主要宗旨是为京津冀学者间的交流搭建一个平台，更好地为京津冀区域合作提供智力支持。[①]2012年3月，首部京津冀蓝皮书《京津冀区域一体化发展报告（2012）》发布。蓝皮书探讨了京津冀三地区域一体化发展的热点事件，展望了2012年京津冀三地空间结构、人口、资源等的发展趋势，并指出京津冀区域一体化已迈入实质性操作阶段。[②]

四、京津冀合作全面实施阶段（2013年至2018年）

2013年5月，习近平总书记先后到天津、河北调研，强调要推动京津冀协同发展。同年8月，习近平总书记在北戴河主持研究河北发展问题时，要求河北推动京津冀协同发展，这在实质上明确了"首都圈"的规划范围包括河北。

2014年2月26日，习近平总书记在北京主持召开座谈会并发表重要讲话

---

① 魏进平、刘鑫洋、魏娜：《京津冀协同发展的历程回顾、现实困境与突破路径》，《河北工业大学学报（社会科学版）》2014年第2期，第2页。

② 程恩富、王新建：《京津冀协同发展：演进、现状与对策》，《管理学刊》2015年第1期，第2页。

（以下简称"2·26讲话"），明确了实现京津冀协同发展是重大国家战略，提出京津冀协同发展的基本要求，明确北京是全国政治中心、文化中心、国际交往中心和科技创新中心，要坚持和强化首都核心功能，调整疏解非首都核心功能。[①]

为充分贯彻落实习近平总书记"2·26讲话"的精神，历经一年多的时间，京津冀协同发展领导小组办公室会同党中央、国务院30多个部门、三省市和京津冀协同发展专家咨询委员会，多次深入实际调查研究，科学论证京津冀区域的功能定位，在充分听取专家咨询委员会和各方意见的基础上，就功能定位达成了广泛共识；组织专门班子，集中开展规划纲要编制工作。经反复研究和修改完善，并先后7轮征求各方面意见，形成了《京津冀协同发展规划纲要》意见稿。2015年4月30日，中央政治局会议审议通过《京津冀协同发展规划纲要》，明确了有序疏解北京非首都功能是京津冀协同发展战略的核心，明确了京津冀协同发展战略纲要。京津冀整体定位是"以首都为核心的世界级城市群、区域整体协同发展改革引领区、全国创新驱动经济增长新引擎、生态修复环境改善示范区"。[②]

随着《京津冀协同发展规划纲要》的颁布实施，京津冀协同发展上升为国家级战略，由此拉开了京津冀协同发展的新篇章。如果说《京津冀协同发展规划纲要》是京津冀协同发展的总纲，那么《京津冀三地文化领域协同发展战略框架协议》就是京津冀在文化领域协同发展的总体纲领。随着京津冀文化领域协同发展的深入，如表5-2所示，以《京津冀三地文化领域协同发展战略框架协议》为开端，京津冀不断拓宽文化领域的合作，在不同文化行业、不同合作内容上都取得了良好的开局，取得了一定的合作成果。

表5-2　京津冀三地文化产业协同发展成果一览表（2013—2017年）

时间	牵头部门	合作成果	主要内容
2014年8月	北京市文化局、天津市文化广播影视局、河北省文化厅	《京津冀三地文化领域协同发展战略框架协议》	京津冀三地应在优势互补、共建共享、统一开放的原则下，推动三地文化发展实现同城化谋划、联动式合作、协同化发展
2014年9月	北京市、天津市、河北省新闻出版广电部门	《京津冀新闻出版广播影视协同创新战略框架协议》	三地将建立协同创新合作机制，通过政策扶持、产业规划和重大项目对接等方式，提升京津冀新闻出版广播影视业的市场竞争力

---

① 《习近平在听取京津冀协同发展专题汇报时强调优势互补互利共赢扎实推进　努力实现京津冀一体化发展》，2014年2月27日，http://news.cntv.cn/2014/02/27/VIDE1393499720111105.shtml。

② 《京津冀协同发展领导小组办公室负责人就京津冀协同发展有关问题答记者问》，《人民日报》2015年8月24日。

续表

时间	牵头部门	合作成果	主要内容
2015年3月	北京市文化局、天津市文化广播影视局、河北省文化厅	《京津冀演艺领域深化合作协议》	该协议指出，未来三年京津冀三地将从五个方面协同发展演艺事业，共同打造一个采购平台；共同培养一个演艺品牌；共同创作一部艺术作品；共同搭建一个资讯推广平台；共同组建一个资源统筹平台
2015年4月	京津冀三地的66家文化创意产业园区	《京津冀文创园区协同发展备忘录》	三地要搭建合作平台，优化跨区域合作环境；促进资源共享，加强三地互补性对接；培育中小企业，筑牢文创园区产业基础；创新合作模式，加速跨界文创产业共赢；实现园区结对，打造文创品牌形象
2015年3月	北京文化活动艺术中心（北京市群艺馆）、天津市群艺馆和河北省群艺馆	《京津冀三省（市）群众艺术馆（中心）协同发展合作协议》	京津冀三地群艺馆将建立馆长联席会议制度，建立公共文化资源交流机制，搭建资源共享平台，建立品牌活动联动机制，建立群众文化人才交流机制
2015年6月	首都文化产业协会、天津市文化产业协会、河北省文化产业协会	《京津冀三地文化产业协会框架合作协议》	通过信息共享、活动交流、项目合作、咨询服务、人才培养等形式，为三地文化企业搭建合作交流发展平台，助力京津冀文化产业繁荣发展
2016年3月	北京市文物局、天津市文化市场行政执法总队、河北省文物局	《京津冀文物执法协作体框架协议》	根据协议，三地将打造文物执法全方位战略协作关系，共同探索执法工作资源共享的途径
2016年5月	北京市文化局、天津市文化广播影视局、河北省文化厅	《京津冀三地文化人才交流与合作框架协议》	以促进和支撑京津冀文化协同发展，发挥人才交流与合作的智力引擎和基本保障作用
2016年9月	北京市国有文化资产监督管理办公室、天津市文化体制改革和发展工作领导小组办公室、河北省文化体制改革和发展工作领导小组办公室	京津冀文化产业园区（企业）联盟	旨在联合京津冀三地的各个文化产业园区（企业），共享园区的成功发展经验，推动三地地区之间、园区之间的合作，构建京津冀文创产业协同发展体系，优化区域文创发展格局
2016年11月	设计北京与首都图书馆、天津博物馆、河北博物院	《京津冀文化文物单位文化创意产品开发战略合作协议》	利用北京在设计服务方面的领先优势，整合创意设计、生产制作、营销推广资源，在知识产权保护体系下，服务三地文化文物单位

1. 京津冀文化领域合作的新开端

2014年8月28日，北京市文化局、天津市文化广播影视局、河北省文化厅三方在天津签署了《京津冀三地文化领域协同发展战略框架协议》。该协议指出，京津冀三地应在优势互补、共建共享、统一开放的原则下，推动三地文化发展实现同城化谋划、联动式合作、协同化发展。该协议之所以被称为京津冀文化领域合作的新开端，原因其一是该协议是在"2·26讲话"后，党中央明确了实现京津冀协同发展是重大国家战略，这是在京津冀发展的新历史时期三地文化部门签署的首份合作协议；其二是其签署单位是京津冀文化领域的主管部门，直接掌握着三地文化领域未来的发展方向；其三是此项协议的内容具有指导性、系统性、战略性，较为全面地规定了京津冀未来文化领域合作的基本纲领。该协议指出了未来京津冀合作的六大方面。

一是加强顶层设计，统筹规划区域文化发展布局。推动建立三省市文化部门联席会议制度，在文化部门的指导下，与"十三五"文化发展规划的前期研究和制定工作相结合，共同开展专题调研，系统研究三地文化协同发展整体规划，对接专项合作规划和实施方案，共同出台推进京津冀文化协同发展的规划和政策。二是推进现代公共文化服务体系建设。建立公共文化设施建设交流机制，共同探索公共文化服务体系投入、建设、运行、管理的新办法和新机制，构建辐射毗邻地区的公共文化服务体系，提升京津冀三地公共文化设施水平。三是推进演艺文化交流与合作。建立舞台艺术精品剧目交流演出机制，加强艺术院团交流与合作，鼓励和推动三地艺术院团共同打造具有地域特色的舞台艺术精品，整合艺术创作力量，挖掘区域特色文化资源，加强艺术创作交流与合作。四是加强文化产业协作发展。加强三地文化产业的交流与合作，对接产业规划，明确各自文化产业的发展定位及特色，错位发展，优势互补，形成区域间产业合理分布和上下游联动机制。五是加快优秀传统文化的保护与利用。联合开展非物质文化遗产保护的理论研究，重点针对在三地具有深厚基础的河北梆子、评剧、泥人张彩塑、相声、京剧、京韵大鼓、冀中笙管乐等非物质文化遗产项目，拓宽交流渠道，促进活态传承。六是培育统一开放的区域文化市场。探索建立知识产权共同评估体系、文化市场综合管理和执法联防协作机制，进一步净化区域文化市场，促进区域文化市场的健康发展。运用现代信息技术手段推动三地文化生产要素市场联网，鼓励组建跨区域经营的现代文化企业，支持打造一批文化自有品牌，提升地区文化品牌影响力。[①]

[①] 李慧：《〈京津冀三地文化领域协同发展战略框架协议〉要点一览》，《光明日报》2015年9月17日。

2. 京津冀各类文化行业间的合作

《京津冀三地文化领域协同发展战略框架协议》为京津冀文化领域的合作开启了一个高速发展的新时代，不同领域的文化主管部门，也根据自身行业特点，纷纷制定了各类文化行业的京津冀三地合作协议。

2014年9月1日，北京市、天津市、河北省新闻出版广电部门共同签署《京津冀新闻出版广播影视协同创新战略框架协议》，三地新闻出版广播影视业将建立协同创新合作机制，通过政策扶持、产业规划和重大项目对接等方式，共同推进行业资源整合、产业转型升级，共同构建统一开放、监管有效的市场体系，提升京津冀新闻出版广播影视业的发展质量和市场竞争力。[①]

2015年3月，北京市文化局、天津市文化广播影视局、河北省文化厅签署《京津冀演艺领域深化合作协议》，提出三地未来将从五个方面推进演艺领域的合作：第一，共同打造一个采购平台。在京津冀三地分别主办的各类展演活动中，相互采购演艺剧目，积极吸纳另外两地优秀舞台艺术精品；实施公益演出项目相互采购计划，2015年相互采购剧目将达10台以上。第二，共同培育一个演艺品牌。京津冀轮流举办"京津冀精品剧目展演"活动，集中展示三地优秀剧目。第三，共同创作一部艺术作品。京津冀文化部门将联手向国家艺术基金申请共同委约创作一部以长城为主题的交响音乐作品，尝试统筹三地资源、深化院团合作，共同打造品牌演出剧目。第四，共同搭建一个资讯推广平台。建立京津冀演艺资讯统一发布平台，通过媒体宣传、演艺项目推介会等方式推广三地优秀剧目。三地定期举办推介会，将优秀剧目整体打包推出；另外两地在本地举办演出活动时，由本地提供一定的免费媒体宣传支持。第五，共同组建一个资源统筹平台。组建京津冀演艺联盟，实现京津冀演艺资源的统筹协调。建设京津冀演艺网络平台，实现剧本推介、演出营销、人才交流等线上线下双向资源统筹。[②]

2015年4月，北京文化艺术活动中心、天津市群众艺术馆和河北省群众艺术馆共同签署了《京津冀三省（市）群众艺术馆（中心）协同发展合作协议》。根据协议，京津冀三地群众艺术馆将建立馆长联席会议制度，统筹规划区域群众文化发展布局，积极引导三地各级群众艺术馆、文化馆互相缔结友好关系，推动群众文化合作向基层扩展。建立公共文化资源交流机制，搭建资源共享平台，组织京津冀三地公共文化志愿者、优秀社区文艺团队、地市（区、县）文化馆演出队伍等演出力量，积极参与三地举办的惠民文艺演出和展览活动，互

[①] 林苗苗：《京津冀签署新闻出版广播影视协同创新战略框架协议》，2014年9月1日，http://finance.ifeng.com/a/20140901/13040090_0.shtml。

[②] 李澄：《京津冀深化演艺领域合作》，《北京晨报》2015年3月28日。

相借鉴，互相学习。建立品牌活动联动机制，联合打造三地群众文化、非物质文化遗产文化活动品牌。建立群众文化人才交流机制，实现京津冀三地文化人才共享，联合开展群众文化、非物质文化遗产文化理论研究，联合举办理论讨论会和论文评奖活动等。①

2016 年 3 月 28 日，北京市文物局、天津市文化市场行政执法总队、河北省文物局在京签署《京津冀文物执法协作体框架协议》。根据协议，三地将打造文物执法全方位战略协作关系，共同探索执法工作资源共享的途径。开展三地交界文物保护单位及其他文物遗存的联合巡视检查和执法监督，协助查处文物违法案件；调动三地专家资源，共同培养专业人才，选派专业人员赴具有比较优势的地区委托培养；打造三地文物执法工作宣传平台，实现互联互通等。在保障机制上，三地将建立片区联席会议制度，每年定期就合作发展中的重点事项进行磋商，统一部署落实，共同研究制定下一年度专项协作计划和实施方案。②

2016 年 11 月，首都图书馆、天津博物馆、河北博物院共同签署《京津冀文化文物单位文化创意产品开发战略合作协议》，将利用北京在设计服务方面的领先优势，整合创意设计、生产制作、营销推广资源，在知识产权保护体系下，服务三地文化文物单位，深入挖掘文博单位馆藏文化资源，通过市场化、专业化手段开发文化创意产品。③

3. 京津冀文化创意产业园区的合作

文化创意产业园区是京津冀区域内文化产业发展的主要载体，既集聚着众多的中小文化产业，也是实现京津冀区域文化产业分工、打造区域文化产业价值链的重要组成部分。因此，只有加强京津冀文化创意产业园区间的合作，在形式上、内容上、制度上、组织上形成合作体系，才能将京津冀三地文化创意产业园区"拧成一股绳"，真正实现三地文化产业协同发展。

京津冀文化创意产业园区的合作经历了从自发"抱团取暖"，到政府主导合作的历程。早在 2015 年 4 月 29 日，来自京津冀三地的 66 家文化创意产业园区就共同发起并签署了《京津冀文创园区协同发展备忘录》，表明京津冀文化协同逐步开始由政府部门引导走向文化企业的积极参与。三地将搭建合作平台，优化跨区域合作环境；促进资源共享，加强三地互补性对接；培育中小企业，筑牢文创园区产业基础；创新合作模式，加速跨界文创产业共赢；实现园区结

---

① 杨国勇：《京津冀三地群艺馆联动合作》，《中国文化报》2015 年 3 月 2 日。
② 李雪：《保护文物，不靠交情靠机制》，《中国文化报》2016 年 4 月 8 日。
③ 杨学聪：《京津冀文化合作联动日益紧密　签署一系列文化合作协议》，《经济日报》2016 年 11 月 2 日。

对，打造三地文创品牌形象。①2015 年 6 月 16 日，首都文化产业协会、天津市文化产业协会、河北省文化产业协会签署《京津冀三地文化产业协会框架合作协议》，通过信息共享、活动交流、项目合作、咨询服务、人才培养等形式，为三地文化企业搭建合作交流发展平台，助力京津冀文化产业繁荣发展。②

随后，相关文化主管部门开始主导三地文化创意产业园区的合作。2016 年 9 月 2 日，北京市国有文化资产监督管理办公室、天津市文化体制改革和发展工作领导小组办公室、河北省文化体制改革和发展工作领导小组办公室共同指导成立了"京津冀文化产业园区（企业）联盟"，标志着京津冀地区首个以建立完善的产业生态为目的的非营利性协同发展组织正式成立。联盟成立旨在联合京津冀三地的各个文化产业园区（企业），以平等互利、优势互补、资源共享、合作共赢为原则，共享园区的成功发展经验，推动三地地区之间、园区之间的合作，不断开拓文创园区、企业、项目间的合作渠道，构建京津冀文创产业协同发展体系，优化区域文创发展格局。联盟联合京津冀三地的文化产业园区，将通过开展行业培训、宣传推广、调查研究、高峰论坛、实地参访、政策宣讲等活动，为园区提供资源对接、项目推介、信息咨询、招商引资等专业服务，实现信息共享与合作共赢。③

4. 打通京津冀文化人才交流通道

众所周知，文化创意产业的核心是创新，而创新的核心在于人才，因此某个地区文化创意产业发展的好坏主要在于是否能够留住人才。为了给京津冀区域内文化人才自由流动提供必要的制度保障，促进京津冀人才的相互交流，创新三地文化人才培养模式，2016 年 6 月，北京市文化局、天津市文化广播影视局、河北省文化厅签署了《京津冀三地文化人才交流与合作框架协议》。该协议指出，鼓励和支持各业务领域老艺术家、文化名家面向三地收徒授艺，努力为青年文艺人才"拜师学艺"创造条件；在人才培训提升方面，三地年度人才培训计划相互开放和对接，共享师资、促进交流，充分利用三地艺术职业院校学科优势和剧院（场馆）剧目优势，筹划建设各有侧重的人才培养和实训基地，分类培养剧目创排、群文辅导、艺术表演、美术创作、非物质文化遗产保护等文艺人才；在创新人才培养模式上，三地更深入创新人才的联合培养模式，积

---

① 刘长海：《京津冀 66 家文创园区发起并签署协同发展备忘录》，2015 年 5 月 5 日，http://news.163.com/15/0505/07/AOR84RVH00014SEH.html。
② 成琪：《京津冀三地文化产业协会签署框架合作协议》，2015 年 6 月 16 日，http://news.163.com/15/0616/13/AS83GH2F00014JB5.html。
③ 尹力：《京津冀文化产业园区联盟成立 推动区域文创产业合作对接》，2016 年 9 月 2 日，http://news.163.com/16/0902/22/C007J15R00014JB6.html。

极组织三地人员共同参与著述创作、课题研究、学术研讨、国际交流、剧目联合创排等项目,并联合建立剧目创作评论、非物质文化遗产保护、图书情报研究等方面的专家人才资源库。另外,该协议还计划借助戏剧节、美术展等平台展示人才成果,对人才交流与合作的优秀项目、优秀人才、优秀成果,三地可通过联合组织汇报展演、成果展览进行集中检验展示。①

第二节　空间轴:京津冀区域文化创意产业协同发展布局

一、京津冀文化创意产业协同发展概况

1. 京津冀三地经济发展阶段

产业结构是衡量经济发展阶段的重要指标。本书将借助学者赛尔奎因、霍利斯·钱纳里的工业结构标准模式,对京津冀三地经济发展阶段进行初步界定。1975年,钱纳里出版著作《发展的型式,1950—1970》(合著),他对101个国家的1950年至1970年间的统计资料进行分析,构造了著名的"世界发展模型",并由该模型推导出工业化结构转换模式。1989年,他又与赛尔奎因共同推出了工业结构标准模式,见表5-3。

表5-3　赛尔奎因、钱纳里的工业结构标准模式(1989年)

发展阶段	人均GDP(美元)	第一产业(%)	第二产业(%)	第三产业(%)
农业社会	300	39.4	28.2	32.4
工业化初期	500	31.7	33.4	34.9
工业化中期	1000	22.8	39.2	37.8
工业化后期	2000	15.4	43.4	41.2
现代社会	4000	9.7	45.6	44.7

学者陈佳贵、黄群慧、钟宏武等选择人均GDP及一、二、三产业产值比等基本指标,同时参照钱纳里等的划分方法,将工业化过程大体分为工业化初期、工业化中期和工业化后期,再结合相关理论研究和国际经验确定了工业化不同阶段的标准值,见表5-4。本书将依据工业不同阶段标准值,对京津冀区域内各地的产业发展阶段进行判断。

---

① 卢扬、徐芝蕙:《京津冀签订三地文化人才合作框架协议》,2016年6月7日,http://www.bbtnews.com.cn/2016/0606/150633.shtml。

表 5-4　工业不同阶段标准值[①]

基本指标 （2004年）	前工业化阶段	工业化实现阶段			后工业化阶段
		工业化初期	工业化中期	工业化后期	
人均GDP（美元）	720—1440	1440—2880	2880—5760	5760—10 810	10 810 以上
三次产业结构	A>I	A>20%，A<I	A<20%，I>S	A<10%，I>S	A<10%，I<S

注：A 为第一产业比重，I 为第二产业比重，S 为第三产业比重。

从图 5-1 可见，2015 年北京市第一产业所占比重为 0.60%，第二产业所占比重为 19.70%，第三产业所占比重为 79.70%。参照工业不同阶段标准值，北京市的第一产业比重低于 10%，而第三产业增加值远高于第二产业，北京市的产业发展水平已经达到了后工业化阶段。

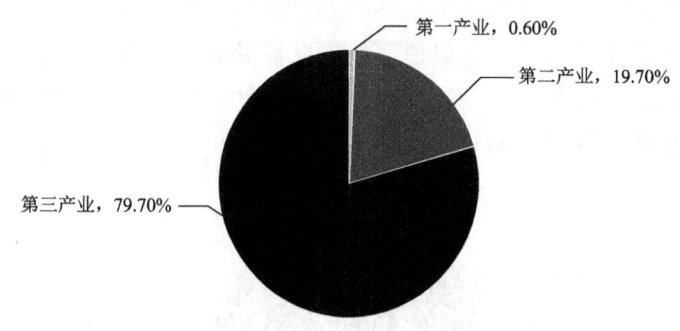

图 5-1　2015 年北京地区产业结构比例图
资料来源：《北京统计年鉴 2016》。

从图 5-2 可见，2015 年天津市第一产业所占比重为 1.30%，第二产业所占

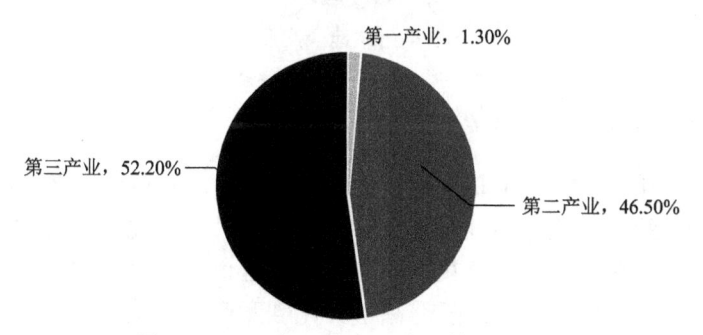

图 5-2　2015 年天津地区产业结构比例图
资料来源：《天津统计年鉴 2016》。

---

① 陈佳贵、黄群慧、钟宏武等：《中国地区工业化进程的综合评价和特征分析》，《经济研究》2006 年第 6 期，第 5 页。

比重为 46.50%，第三产业所占比重为 52.20%。参照工业不同阶段标准值，天津市第一产业比重低于 10%，第三产业增加值首次超越第二产业，天津市的产业发展水平仍属于由第二产业为主导向第三产业为主导过渡的时期，属于工业化后期逐步向后工业化阶段转变的阶段。

从图 5-3 可见，2015 年河北省第一产业所占比重为 11.54%，第二产业所占比重为 48.27%，第三产业所占比重为 40.19%。参照工业不同阶段标准值，河北省第一产业的比重仍高于 10%，且第二产业比重大于第三产业，属于以第二产业为主，第三产业逐步起步的阶段，产业发展水平处于工业化中期阶段。

通过对京津冀三地产业结构的分析可见，北京市已经进入后工业化阶段，天津市也已经开始由工业化后期逐步向后工业化阶段转变，河北省则仍然处于工业化中期阶段，三地经济发展水平的差距虽然会给京津冀协同发展带来一定障碍，但是也带来了机遇，可以使三地找准自身定位、错位发展，可以避免同质竞争，并在区域内整体规划，使区域内各地分工协作，形成京津冀区域价值链，实现京津冀一体化发展。

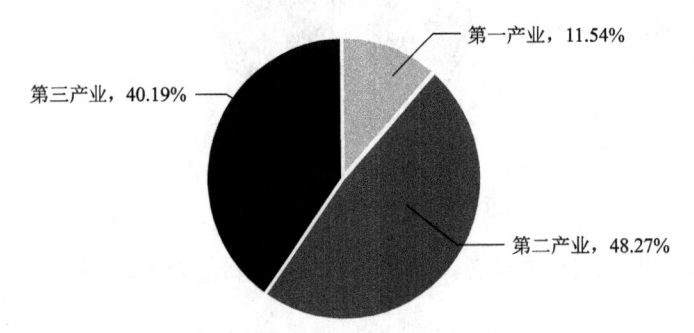

图 5-3　2015 年河北地区产业结构比例图

资料来源：《河北经济年鉴 2016》。

2. 三地文化创意产业发展水平

由图 5-4 可见，2015 年北京市文化创意产业增加值达到了 3179.3 亿元，再创历史新高，约是河北省的 3.3 倍，是天津市的 4 倍。北京市文化创意产业增加值总量在京津冀地区超过津冀两地的总和，这也说明京津冀三地的文化创意产业在规模上存在巨大的差距。北京市文化创意产业无论在发展数量还是质量上，都远远高于其他地区，河北与天津之间的差距并不明显，但是两地文化创意产业发展的侧重点并不相同，河北省更注重依托其自身历史文化资源发展传统文化产业，天津则利用其便利的港口交通优势以及滨海新区政策优势，注重发展新兴文化产业。

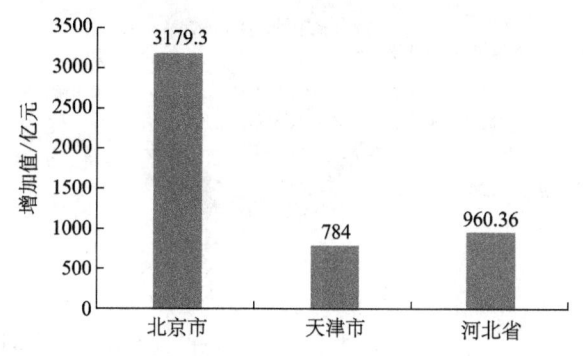

图 5-4　2015 年京津冀三地文化创意产业增加值对比图

资料来源：《北京统计年鉴 2016》《天津统计年鉴 2016》《河北经济年鉴 2016》。

产业占 GDP 比重是衡量一个产业是否作为支柱型产业的重要标志。从图 5-5 可见，北京市文化创意产业增加值所占比重高达 13.81%，在全国都首屈一指，已经成长为北京市的仅次于金融业的第二大支柱型产业；天津市文化创意产业增加值也达到了 4.74%，已经接近成为支柱型产业 5% 的标准，在可预期的时间内将逐渐成长为天津市新的支柱型产业；河北省文化创意产业增加值与北京市、天津市相比，仍然存在一定差距，文化创意产业所占比重仍然较低，但依托曲阳雕刻、蔚县剪纸、武强年画、吴桥杂技等丰富的历史文化资源，河北省文化产业增长势头明显，文化创意产业具有较强的增长潜力。

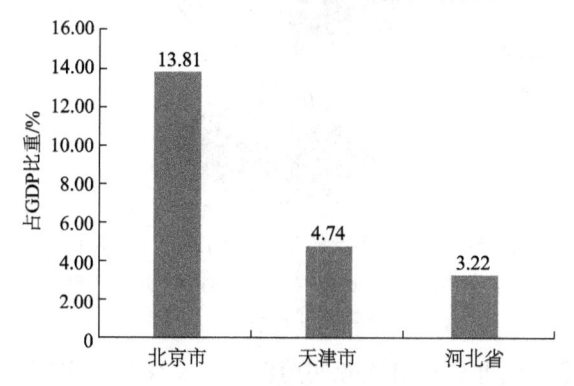

图 5-5　2015 年京津冀三地文化创意产业增加值占 GDP 比重对比图

资料来源：《北京统计年鉴 2016》《天津统计年鉴 2016》《河北经济年鉴 2016》。

3. 三地文化创意产业结构分布

通过对比京津冀三地文化创意产业的结构，如图 5-6 所示，2015 年北京市重点行业突出，其软件、网络及计算机服务行业增加值占据了整个文化创意产业增加值的 57.96%，比剩余八大行业的总和还要高，另外，其文化艺术、新闻出版、广播影视和广告会展等行业优势突出，能够给周边区域带来巨大的辐射作用。

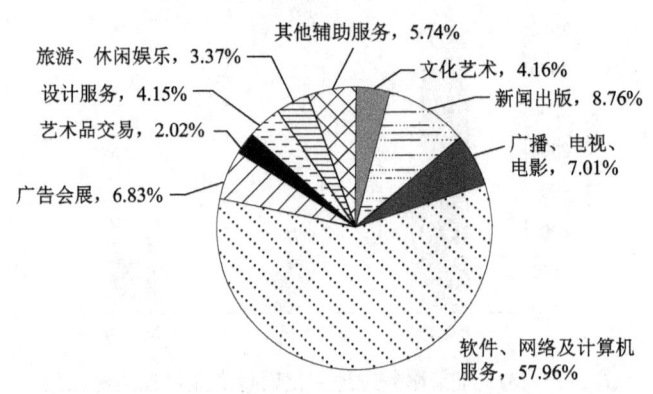

图 5-6　2015 年北京市文化创意产业各行业增加值比重

资料来源：《北京统计年鉴 2016》。

天津市具有深厚独特的"津派"文化底蕴，且具有港口优势，便利的海运、空港条件以及滨海新区国家级开发区都为其文化创意产业的发展提供了有利条件。如图 5-7 所示，天津市文化创意产业主要集中在咨询策划、电信软件和设计服务中，三大门类增加值占天津市创意产业的比重分别达到 33%、30% 和 21%，合计达到 84%，产业环节大多集中在内容创意、制作复制、发行展示等领域。

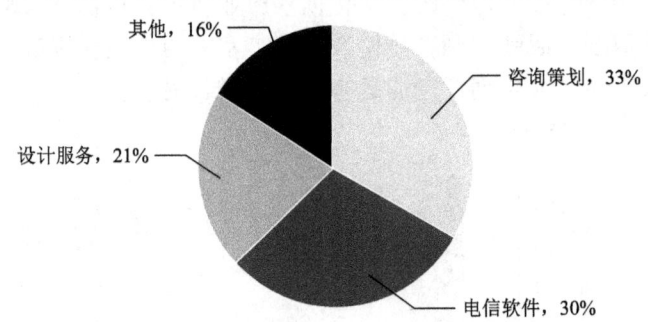

图 5-7　2015 年天津市文化创意产业结构图

资料来源：天津市文化创意产业协会专家委员会：《创意城市蓝皮书——天津文化创业产业发展报告》，社会科学文献出版社 2016 年版，第 4 页。

如图 5-8 所示，河北省自身文化底蕴深厚、文化种类丰富，但是文化创意产业发展起步较晚。现阶段其文化产业的发展主要集中在传统文化制造业（包括"工艺美术品生产""文化用品的生产""文化产品生产的辅助生产"），占整体文化产业比重的一半，产品环节则主要集中于生产复制、文化消费等中间环节，而"文化创意和设计服务""文化信息传输服务""文化休闲娱乐服务"等新兴产业占比较小，在文化制造业发展方面具有较大潜力。[①]

[①] 余颖：《京津冀文创产业合作暨项目推介会举办　三地共促文化消费》，2015 年 11 月 24 日，http://www.ce.cn/culture/gd/201511/24/t20151124_7104471.shtml。

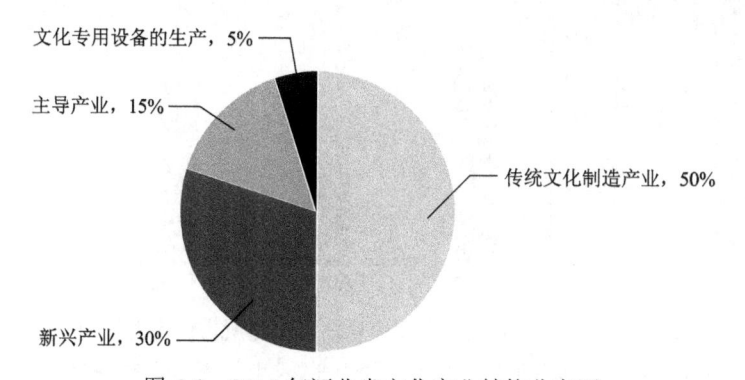

第五章 京津冀文化创意产业协同发展的嬗变 | 109

文化专用设备的生产,5%
主导产业,15%
传统文化制造产业,50%
新兴产业,30%

图 5-8　2015 年河北省文化产业结构分布图
资料来源：河北省委办公厅、省政府办公厅：《关于推动全省文化产业加快发展的若干意见》，《河北日报》2016 年 9 月 20 日。

4. 三地文化创意产品消费水平

从图 5-9 和图 5-10 可见，无论是人均文化娱乐消费支出还是比重，北京市都明显高于其他两个地区，北京市人均文化娱乐消费支出达到了 3635 元，是天津市的 1.73 倍、河北省的 2.68 倍，北京市拥有庞大的文化消费市场和众多的文化消费人群，这无疑为北京市文化创意产业的发展奠定了良好的市场基础。天津市人均文化娱乐消费支出虽然达到了 2096 元，但是其所占比重仅为 8.67%，甚至低于河北省的比重，可见天津市居民具备较高的消费能力，但仍需要良好的文化项目加以带动，以进一步激活文化消费市场，激发居民文化消费活力。河北省自身经济发展水平仍处于工业化中期阶段，人均消费水平较低，但是其人均文化娱乐消费支出的比重超过了 10%，可见河北省居民文化消费意愿较高，这就需要不断提高居民人均收入水平，进而扩大河北省文化消费市场。

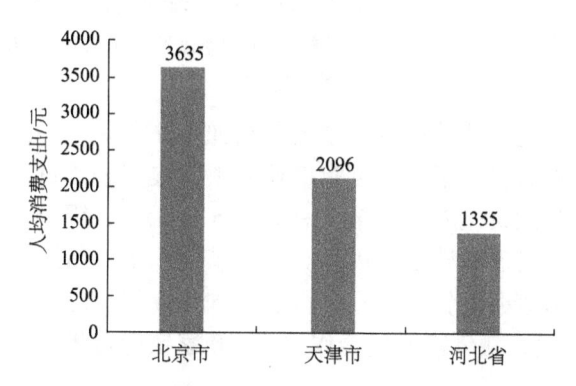

北京市 3635　天津市 2096　河北省 1355

图 5-9　京津冀人均文化娱乐消费支出对比图
资料来源：《北京统计年鉴 2016》《天津统计年鉴 2016》《河北经济年鉴 2016》。

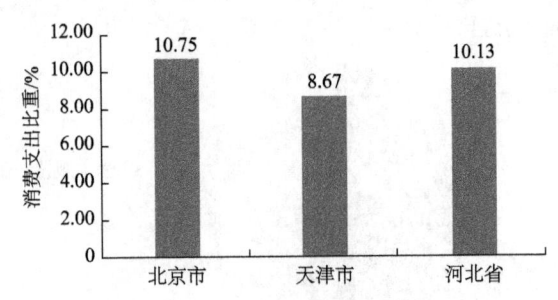

图 5-10　京津冀人均文化娱乐消费支出所占比重对比图

资料来源:《北京统计年鉴 2016》《天津统计年鉴 2016》《河北经济年鉴 2016》。

5. 三地文化创意产业财政支持力度

从图 5-11 可见,2015 年北京市对文化领域的投入达到了 13.39 亿元,比天津、河北两地的总和还多,相较而言,河北省作为京津冀经济总量最高的地区,在文化领域的补贴力度远不及北京、天津,这也使得河北省部分文化项目在推进过程中频繁出现现金流不足等问题。[①]

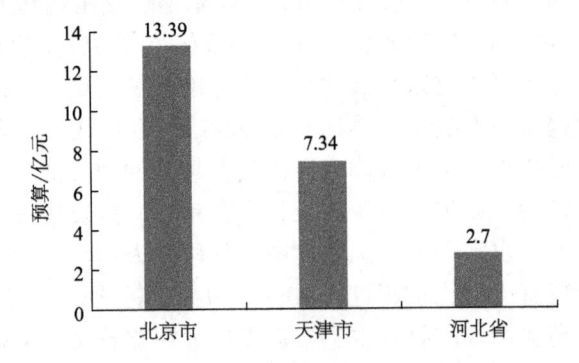

图 5-11　京津冀三地文化领域政府预算

资料来源:李超:《促进京津冀文化产业发展的财税政策研究》,首都经济贸易大学硕士学位论文 2016 年,第 16 页。

京津冀三地文化专项扶持资金主要包括如下几项。

(1) 北京市先后设立了文化创意产业专项发展资金(每年 5 亿元)和文化创意产业集聚区基础设施专项资金(总规模 5 亿元),用于支持优秀文化产业企业、项目、园区发展和建设。另外,北京市还积极创新适合文化产业的金融产品,北京市与国家开发银行北京分行、中国工商银行北京分行、北京银行等 10 家银行签订文化金融创新发展合作协议,10 家银行每年共为北京文化产业发

---

① 李超:《促进京津冀文化产业发展的财税政策研究》,首都经济贸易大学硕士学位论文 2016 年,第 16 页。

展提供1000亿元人民币的授信额度。

（2）天津市政府专门筹集了200亿元财政资金，用于支持包括文化企业在内的科技型中小企业，其中80亿元是天使资金，无偿资助企业，120余亿元用来支持成长型和壮大的企业，采取资助、贴息等各种方式，资金以周转使用形式为主。天津市一级还有区县一级专门设立了文化创意产业的发展资金，资金总数达到了7亿元，每年以贴息的方式资助企业发展。

（3）河北省设立了3亿元的省级文化发展引导资金，主要用于支持全省文化产业发展项目，包括"文化产业特色县、重点文化产业园区和重大文化产业项目"等11个使用范围。2015年河北省还成立了河北省内首支省级文化产业引导股权投资基金——河北汇洋文化产业股权投资基金。该基金总规模10亿元，已完成了10亿资金募集工作，其中吸引社会资本近6亿元。[①]自2012年起，河北省开展了"三个十"建设工程，即文化创意产业"十强县"、文化产业的"十大地区"和文化产业的"十大项目"，并对评出的县、地区、项目给予全方位的支持，其中对于当选"十大地区"的地方，都会给予不少于400万元的资金支持。[②]另外，在《河北省文化产业振兴奖励资金管理办法》中，河北省专门设立了文化产业精品项目奖，用于奖励上年度社会效益和经济效益突出的文化产业精品项目的所属单位，最高奖金为500万元。同时，设立了设区市文化产业振兴奖，用于奖励上年度文化产业发展社会效益和经济效益突出的设区市政府，最高奖金为2000万元。

二、京津冀文化创意产业的空间布局

2015年4月，中共中央政治局审议通过了《京津冀协同发展规划纲要》，确定了京津冀"功能互补、区域联动、轴向集聚、节点支撑"的布局思路，明确了以"一核、双城、三轴、四区、多节点"为骨架，推动有序疏解北京非首都功能，构建以重要城市为支点，以战略性功能区平台为载体，以交通干线、生态廊道为纽带的网络型空间格局。

"一核"即指北京。把有序疏解非首都功能、优化提升首都核心功能、解决北京"大城市病"问题作为京津冀协同发展的首要任务。

"双城"是指北京、天津，这是京津冀协同发展的主要引擎，要进一步强化京津联动，全方位拓展合作广度和深度，加快实现同城化发展，共同发挥高端引领和辐射带动作用。

"三轴"指的是京津、京保石、京唐秦三个产业发展带和城镇聚集轴，这

---

① 张晶：《我省首支省级文化产业引导股权投资基金揭牌》，《河北日报》2016年6月3日。
② 文册：《京津冀文创园区：如何在风口起飞》，《中国文化报》2015年5月16日。

是支撑京津冀协同发展的主体框架。

"四区"分别是中部核心功能区、东部滨海发展区、南部功能拓展区和西北部生态涵养区,每个功能区都有明确的空间范围和发展重点。

"多节点"包括石家庄、唐山、保定、邯郸等区域性中心城市和张家口、承德、廊坊、秦皇岛、沧州、邢台、衡水等节点城市,重点是提高其城市综合承载能力和服务能力,有序推动产业和人口聚集。

《京津冀协同发展规划纲要》是京津冀协同发展的统领性文件,文化创意产业的发展规划也应当按照该纲要的基本原则和要求加以规划布局,虽然现阶段京津冀文化创意产业发展并没有形成统一规划,但文化创意产业的基本布局和未来规划都基本遵循了该纲要的空间布局要求。在该纲要"一核、双城、三轴、四区、多节点"的空间布局中,"一核"是整个京津冀协同发展的首要任务,也就是有序疏解北京非首都功能,而"双城"更多的是凸显京津这两个特大城市在协同发展过程中的引擎引领作用,"三轴"是支撑京津冀协同发展的主体框架,指出了京津冀重要的三个产业发展带,即京津、京保石、京唐秦,这将是京津冀未来发展的三个空间方向。但是,京津冀文化创意产业协同发展从根本上讲是要靠创新驱动,这既包括科技创新,也包括体制、机制、政策和市场等方面的创新,而推动京津冀创新驱动发展,要以促进创新资源合理配置、开放共享、高效利用为主线,以深化科技体制改革为动力,推动形成京津冀协同创新共同体,建立健全区域协同创新体系,弥合发展差距、贯通产业链条、重组区域资源,共同打造引领全国、辐射周边的创新发展战略高地。因此,要想打造京津冀协同创新共同体,就需要强化协同创新支撑,具体包括:中关村国家自主创新示范区、天津国家自主创新示范区、河北·京南国家科技成果转移转化示范区、京张文化繁荣发展示范带。[1]

1. 中关村国家自主创新示范区

2016年9月,中关村国家自主创新示范区领导小组正式印发实施《中关村国家自主创新示范区京津冀协同创新共同体建设行动计划(2016—2018年)》,该计划提出:到2018年,在"4+N"重点区域,初步形成以科技创新园区链为骨干、以多个创新社区为支撑的京津冀协同创新共同体。[2]

由图5-12可见,中关村国家自主创新示范区采取主副园区的发展模式,立

---

[1] 《京津冀协同发展领导小组办公室负责人就京津冀协同发展有关问题答记者问》,2015年8月24日,http://news.xinhuanet.com/mrdx/2015-08/24/c_134548082.htm。

[2] 中关村国家自主创新示范区领导小组:《关于印发〈中关村国家自主创新示范区京津冀协同创新共同体建设行动计划(2016—2018年)〉的通知》,2016年8月29日,http://zfxxgk.beijing.gov.cn/110081/zzqgh33/2017-08/02/content_1a5f50da16324745a58b18a31e2e89c8.shtml。

足北京、辐射京津冀，将中关村科技园区的管理经验、运营资本、创新能力、品牌价值都输出到天津、河北等地，现已经逐渐形成了京津、京保、京唐秦空间布局的文化创意产业带，构建京津冀协同创新共同体的目标初显成效。

五大目标
1. 协同创新机制和支持政策取得重点突破
2. 跨区域创新创业生态系统初步构建
3. 自主创新的重要源头和原始创新的主要策源地作用进一步增强
4. 跨京津冀科技创新园区链形成合理布局
5. 区域产业转型升级取得明显成效

《中关村国家自主创新示范区京津冀协同创新共同体建设行动计划（2016—2018年）》

中关村国家自主创新示范区（主园：北京"一区多园"）

六大工程
1. 政策先行先试工程，打造区域体制机制创新高地
2. 创新社区共建工程，建设跨区域创新创业生态系统
3. 重点园区建设工程，构建跨京津冀科技创新园区链
4. 新兴产业培育工程，共筑区域高精尖产业主阵地
5. 京津冀人才圈建设工程，推进高端人才集聚和跨区域创新创业
6. 金融服务一体化工程，推动三地科技金融服务体系有机衔接

保定·中关村创新中心（副园）　　天津滨海-中关村科技园（副园）　　中关村海滨园秦皇岛分园（副园）　　北京中关村（曹妃甸）高新技术成果转化基地（副园）

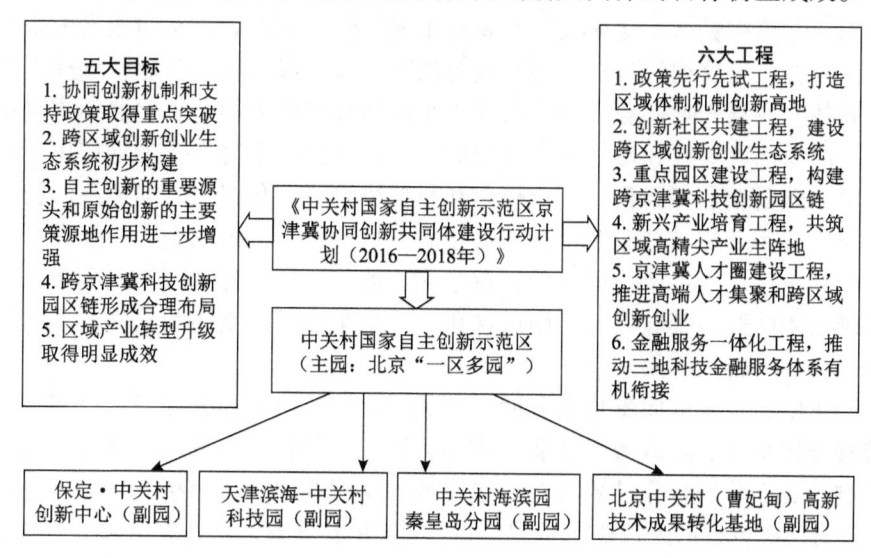

图 5-12　中关村国家自主创新示范区主副园区模式

以下为各副园区简介。

（1）保定·中关村创新中心。该创新中心由北京市中关村与河北省保定市于 2016 年 3 月共建，也是中关村首个在京外的创新中心，目前已经吸引阿里巴巴、用友、北京绿建宝、中国网库、SMC、DB、蜂巢搜索、河北歌元、中国技术交易所、中国信息安全认证中心、北大一八九八咖啡馆、天津大学成果转化基地等 86 家知名企业和机构入驻，其中 50%的企业和机构来自北京。入驻企业累积研发投入 3500 万元。保定·中关村创新中心的建设和运营承载了两项重要任务，一是引入中关村创业孵化、科技金融服务、成果转移转化等方面的理念和做法，将创新文化基因植入项目，形成裂变效应，为保定的产业升级和转型发挥示范和促进作用；二是为京津冀协同发展规划的实施落地提供实践素材。该创新中心已先后举办京津冀人才交流会等 20 场大型活动、22 场创新汇-企业家沙龙活动、6 场创新汇大讲堂活动，汇聚超过 2000 家来自中关村、北京和国内外相关领域的企业赴保定参加活动，对接资源，共谋发展，为保定带来了诸多人才、技术和资本。

（2）天津滨海-中关村科技园。该科技园占地规模达 10.3 平方千米，2017年，北京已有 45 个项目签约滨海新区，涉及移动互联网、健康医疗、跨境电商、科技金融等领域，投资额超过 350 亿元。通过引进中关村创新资源、政策、人才，

借鉴中关村的创新服务理念与经验,该园区在2018年年底前初具规模,到2020年建成若干创新社区和特色产业基地,让天津的开放港口和产业基础与北京的科研资源、科技服务业产生"化学反应",发挥出协同创新的叠加效应。[1]

(3)北京中关村(曹妃甸)高新技术成果转化基地。该基地建设的宗旨是打造1个在京津冀地区具有重要影响力的高新技术成果转化基地,创建1个省级高新技术成果转化服务平台,布局1个高新技术成果特色孵化器;围绕重点产业及时筛选、对接和发布符合曹妃甸区产业方向以及对产业带动作用大的科技成果,鼓励企业探索新的商业模式和科技成果产业化路径,加速高新技术成果的转化应用。鼓励社会资本参与科技服务机构建设,推动企业加强高新技术成果转化应用。立足曹妃甸基地置业空间充沛、区位优势独特等现实条件,为高端创新团队开展实验研究、中试熟化、示范生产提供空间和条件,推动技术成果的推广与转化应用。[2]

(4)中关村海淀园秦皇岛分园。中关村海淀园秦皇岛分园着力搭建区域产业转移合作平台、跨区域产学研合作和资源共享平台,形成以市场为导向的合作机制。成立分园合作共建机构,定期或不定期开展项目对接,统筹推进产业有序转移,缓解首都人口资源承载压力,同步助推秦皇岛产业结构转型升级;充分发挥海淀园科技和人才资源优势,引导适合在分园产业化的技术或项目落地转化,发挥现有的秦皇岛(中科院)技术创新成果转化基地的作用,整合两地科研资源,加速科技成果转移转化,促进落地项目在分园持续发展壮大,同时,支持意向在北京设立总部及研发机构的分园企业,优先推荐给海淀园,推动两地资源双向对流;整合当地资源,为企业开拓更大市场,促进新技术、新产品的推广应用,满足产业发展需求,加快承接地的科技创新发展和智慧城市建设。[3]

2. 天津国家自主创新示范区

2014年12月,国务院批准天津滨海高新区建设国家自主创新示范区。这是国家深入实施创新驱动发展战略和京津冀协同发展战略的重要决策,也是天津建设北方经济中心和创新型城市、推动老工业基地转型升级的重大机遇。天津国家自主创新示范区紧抓京津冀协同发展的历史性机遇,主要采取两方面措施,推动京津冀文化创意产业协同发展。

首先,搭建京津冀创新合作平台。共建京津冀科技园区,探索跨区域园区

---

[1] 赵淑兰:《协同发展京津冀 跨区布局中关村》,《经济日报》2017年1月25日。
[2] 汤润清:《到2020年北京中关村曹妃甸高新技术成果转化基地初步建成》,《河北日报》2017年1月23日。
[3] 尹永吉、崔大力、王继军:《中关村海淀园全国首个分园在秦皇岛揭牌成立》,2014年5月10日,http://www.chinanews.com/df/2014/05-11/6157126.shtml。

合作新机制，实现地区创新资源、政策和利益共享。重点推动滨海科技园京津合作示范区、滨海-中关村科技园、中关村-武清创新社区、中关村-北辰创新社区、中关村-滨海创新社区、宝坻京津科技园及冀·津（涉县·天铁）循环经济产业示范区等共建园区和创新社区的建设。共同推动建立京津冀高新区联盟，形成科技园区联动发展机制，促进园区深度协同和有机融合，在创新创业、科技型中小企业培育以及战略性新兴产业发展等方面形成集聚创新示范，打造具有国际竞争力的创新型产业集群。

共建京津冀科技人才信息共享平台。围绕三地产业发展需求，针对三地科技创新创业人才的特点，以高技能人才、专业技术人才、创新创业人才、创新创业服务人才、领军人才、企业家等科技人才为主，建立多层次、全领域、开放性的科技人才信息共享平台。加强科技人才联合培养与交流合作，加强三地职称、人事档案管理、社会保障等科技人才制度的衔接，健全跨区域人才多向流动机制。推动三地高层次科技人才及其团队开展服务活动，提供决策咨询、解决科技难题、培养创新人才、转移转化科研成果、学术交流与合作等服务。

共建京津冀科技资源信息共享平台。统筹三地科技条件平台和大型科学仪器资源，建立统一的科技资源开放共享数据库和线上仪器设备共享、线上检验检测等网上服务平台，推动科技资源服务线上线下同步发展。联合北京和河北科研机构、高等院校、龙头企业、重点实验室、工程技术研究中心、孵化器、产业技术研究院等，建设科研机构和科技设施开放共享试点。

其次，探索跨区域产学研深度融合。推动建立跨区域产业技术联盟。围绕示范区重点产业领域，加强与北京和河北的高等院校、科研院所、企业、中介服务机构的合作，共建跨区域产业技术联盟，重点推动京津冀智能装备技术与系统协同创新中心等的建设。围绕产业发展需求，以市场为导向，以企业为主体，推动跨区域产业技术联盟创新合作模式，开展跨区域关键核心技术联合攻关、联合培养人才、共建实验室等活动。支持跨区域产业技术联盟加强组织建设和服务职能，提升运营管理水平，为三地企业提供技术、法律、信息等产业性服务。

探索跨区域技术转移转化合作机制。依托京津高校（武清）科技创新园等合作载体，完善院市合作长效机制，推进示范区企业与优势科研院所、高等学校合作对接，打造京津冀高校院所科研项目产业化基地。依托京津冀高校院所技术转移部门，联合企业、科技金融服务机构、技术转移服务机构等市场化主体，建设投资主体多元化、管理运营市场化的技术转移服务联盟，推动科技成果以许可方式在三地扩散。[1]

---

[1] 科技部：《天津国家自主创新示范区发展规划纲要（2015—2020年）》，2016年1月5日，http://www.most.gov.cn/fggw/zfwj/zfwj2015/201601/t20160105_123316.htm。

3. 河北·京南国家科技成果转移转化示范区

2017年8月，河北省政府办公厅印发了《河北·京南国家科技成果转移转化示范区建设实施方案（2017—2020年）》，示范区聚焦科技成果孵化转化中心的协同创新战略定位，以支撑供给侧结构性改革为主线，以打造京津冀科技成果转移转化共同体为目标，以加强产业创新、培育创新主体、完善服务体系为重点，以优化科技成果转移转化与创新创业生态为支撑，探索具有地方特色的科技成果转化机制与路径，形成"京津研发、河北转化"的创新协作新模式，为建设创新型河北，走好加快转型、绿色发展、跨越提升新路作出新贡献。

河北·京南国家科技成果转移转化示范区主要包括石家庄国家高新区、保定国家高新区、固安高新区、白洋淀科技城、亦庄·永清高新区、霸州经济开发区、长城汽车科技园、高碑店国际创新园、涿州国家农业科技园区、任丘经济开发区、衡水高新区等"11园"。到2020年，基本建成创新要素集聚区、科技金融示范区、体制改革先行区、成果转化样板区，辐射带动全省产业结构调整和经济转型升级。到2030年，形成产业特色明显、功能布局合理、国内一流、国际知名的科技成果孵化转化中心。[1]

4. 京张文化繁荣发展示范带

北京与张家口将联合承办2022年冬奥会，国务院明确提出要打造京张体育文化旅游带。借此机遇，张家口的文化、生态、土地资源优势和京津的人才、创意、科技、金融资源优势将实现深度结合。两地在文化旅游、节庆会展、工艺美术、传媒影视、演艺、休闲娱乐、体育养生、创意农业等方面谋划推进一批项目（园区），加快张家口与首都经济文化一体化步伐，突出地方文化特色，加大生态环境保护力度，将体育盛会打造成集中展示地方文化、旅游资源及群众精神面貌、城市整体文化形象的重要窗口。[2]

2016年6月，北京市文化局、河北省文化厅、张家口市人民政府在京签署《北京市文化局河北省文化厅张家口市人民政府文化合作框架协议》。根据协议，京冀两地将以文化交流合作为主要内容，共同构建京张文化繁荣发展示范带。此次文化合作框架协议，充分发挥北京市、张家口市在资源、市场、科技、人才等方面的优势，共同研究探讨在公共文化、演出艺术、文化产业、非物质文化遗产保护等方面的创新发展模式，有重点、有针对性地开展文化交流合作，为京津冀协同发展和京张联合举办冬奥会提供有力的文化支撑。根据框架协议，

---

[1] 吴新光：《河北·京南国家科技成果转移转化示范区建设实施方案出台》，2017年8月11日，http://news.china.com.cn/live/2017-08/11/content_38631530.htm。

[2] 韩琼林：《京津冀的文创朋友圈》，《北京商报》2015年11月2日。

京张两地将围绕冬奥会、长城文化的主题，建立交流合作机制，每年定期召开联席会议，磋商交流合作事项；弘扬冬奥主题文化，以崇礼冬奥场馆为平台，联合打造"京张演艺中心"，打造以冬奥为核心的区域特色品牌文化活动；共同建设文化交流的常态化机制，以长城文化、泥河湾文化、三祖文化为主题，每年联合组织非物质文化遗产展览、文艺演出、艺术创作等文化交流活动；建设公共文化服务共享机制，北京市文化局、河北省文化厅将协助张家口市在蔚县重点打造1个国家级民俗文化园；建设人才交流机制，加强两地艺术人才联合培养；建设产业对接合作机制，共同打造京张文化产业带，成立京张文化产业联盟，推动张家口市有关单位与北京市相关区域和企业形成对口扶持和项目合作。[①]

三、京津冀文化创意产业协同发展途径

2014年2月26日，习近平总书记在北京主持召开座谈会并发表重要讲话，明确了实现京津冀协同发展是重大国家战略。同年8月，在文化领域，北京市文化局、天津市文化广播影视局、河北省文化厅三方在天津签署了《京津冀三地文化领域协同发展战略框架协议》，开启了京津冀文化创意产业协同发展的新时代。为了进一步推进京津冀文化创意产业协同发展，三地政府、文化产业协会、文化产业园、文化企业等部门和组织，采取了多渠道、多形式的合作途径，激发了协同发展的活力，获得了不俗的发展成果。

1. 京津冀构建公共文化服务体系

公共文化服务体系是繁荣发展社会主义先进文化、构建社会主义和谐社会的必然要求，是实现好、维护好、发展好人民群众基本文化权益的主要途径。可以说，公共文化服务体系是当下政府满足人民群众精神文化生活需求的重要方式。在京津冀文化创意产业协同发展的过程中，构建京津冀一体的公共文化服务体系，与建设文化创意产业园区、扶持创新文化企业等方式相比，无疑是最省时省力且惠及人群最广的方式。因此，京津冀三地政府以此为抓手，积极探索构建京津冀公共文化服务体系，有效促进了京津冀文化创意产业协同发展的进程。

（1）构建"京津冀公共文化服务示范走廊"。2014年8月，北京市文化局、天津市文化广播影视局、河北省文化厅共同签署《京津冀三地文化领域协同发展战略框架协议》，成为三地文化领域协同发展的开端，为未来三地的协同发展指明了方向。同年11月，天津市和平区、北京市朝阳区、河北省唐山市等六

[①] 牛春梅：《京张签协议打造文化协同发展"金名片"》，《北京日报》2016年6月6日。

区一市文化部门签署文化战略合作协议。2015年10月,在六区一市的基础上,北京市海淀区、天津市北辰区和河北省秦皇岛市、廊坊市、沧州市五地加入,逐渐形成了十一地共建"京津冀公共文化服务示范走廊"的局面,各方约定在公共文化资源、活动、服务、管理机制等方面共建共享,为京津冀文化繁荣发展积累经验、探索道路。①该联盟成立的第二天,北京市东城区就组织李金斗、莫岐、孟凡贵等老中青相声演员赴唐山为百姓进行相声专场演出,强大的阵容和精彩的表演让观众大饱眼福。2015年11月11日、12日,唐山又把"评剧名家名段专场演唱会"送到北京市朝阳区、东城区,并承诺年底前,为北京市西城区百姓送场大戏。这样的跨区域交流逐渐成为联盟内部各地文化交流的常态,在成立之初各地就达成默契,提供服务的一方购买演出项目并负责往返费用,而接受服务的一方则提供食宿和剧场费用,两地均摊的做法减少了双方的经济负担,既为本地文化企业找到了文化消费的新市场,也为接受文化服务地区的群众提供了丰富的"文化大餐",实现了双赢的效果。

(2)探索双向政府购买机制。京津冀三地探索双向政府购买服务机制,推动三地演艺机构、文艺院团在政府购买服务、政策支持、活动与参与、资源利用等方面互惠互利。由北京市文化局、天津市文化广播影视局、河北省文化厅主办的"三地同唱盛世曲,携手共筑中国梦"——2015年京津冀河北梆子优秀剧目巡演,不仅丰富了三地人民群众的业余文化生活,丰富了文化消费市场,也使京津冀三地群众拥有了共同的文化认同感,增进了京津冀彼此间的亲近感。京津冀地域相连,文化同源,河北梆子则是京津冀极具代表性的曲艺剧种,三地巡演河北梆子优秀剧目已经成为京津冀三地联系的纽带和独特的文化品牌,也成为推动三地在文化领域协同发展的重要举措。②

随后,河北省文化厅、财政厅又联合开展了"牵手京津冀 欢乐进万家"文化惠民工程,拨付专项资金用于环京津的唐山、保定、承德、张家口、廊坊和兴隆、滦平县等21个县(市)与京津对接举办惠民演出、民俗活动、群众艺术、非物质文化遗产展演等特色文化活动,已累计投放资金2996万元,既为本地文化团体开拓了市场,扩大了影响力,又提升了人民群众的精神文化生活。

(3)创新文化惠民合作模式。除了采取政府购买文化产品的形式外,京津冀区域内各地政府努力创新文化惠民形式,承德市人民政府(简称承德市政府)就借鉴北京市的文化惠民理念,积极与北京市国有文化资产监督管理办公室(简称北京市文资办)合作,共同开发启动了"文化惠民卡"项目,将北京市和承

---

① 李雪:《京津冀十一地共建"公共文化服务示范走廊"》,《中国文化报》2015年11月18日。
② 长城网:《2015河北省加大文化产业融合力促京津冀协同发展》,2015年5月8日,http://www.ce.cn/culture/gd/201505/08/t20150508_5317902.shtml。

德市相关旅游景区、书店、电影院等文化旅游企业纳入加盟商户，实现京承文化惠民一体化联盟，推动两地文化消费共同促进。北京市、承德市"文化惠民卡"项目的启动，一方面使承德市居民可以充分享受到北京市的文化惠民政策，为北京市文化产业带来了文化消费人群；另一方面，承德市本身拥有丰富的文化旅游资源，但是由于自身营销观念落后、宣传不到位、人才匮乏等原因，文化产品开发受到制约，通过此次合作，将北京市、承德市相关文化旅游企业吸纳进来，实现京承文化惠民一体化联盟，推动了两地文化消费共同促进，互惠互利。①

2. 搭建文化产业项目对接交易平台

为了推动三地文化创意产业项目间的对接合作，京津冀三地构建了多种形式的交流合作平台，现在已经初具规模，主要包括京津冀文化创意产业合作暨项目推介会、文化创意产业集聚区项目推介会、动漫北京、北京国际文化创意产业博览会、天津滨海文化创意展交会、河北特色文化产品博览交易会等产业交流合作平台。这些平台逐渐成为京津冀三地文化产业在金融、园区、项目、人才各个领域对接的重要合作平台。

（1）京津冀文化创意产业合作暨项目推介会。该推介会已经由北京市文资办、天津市委宣传部和河北省委宣传部等部门联合举办了四届，旨在推介京津冀三地优质文创项目，促进三地文创产业对接合作，为三地重点文创企业（项目）搭建展览展示平台。力求通过三地宣传文化部门的合作努力把项目推介会打造成为常态化的"京津冀"交流合作活动，推动三地文化创意产业在金融、园区、项目、人才各个领域加强对接，促成更多、更好的合作。②该活动采取主宾城区的设置，2016 年第四届主宾城区是北京市朝阳区、天津市和平区和河北省承德市。

（2）文化创意产业集聚区项目推介会。该推介会由北京市发展和改革委员会、北京市文化创意产业促进中心主办，会议通过搭建一个京津冀三地文创集聚区对话、合作的平台，促进三地文创业界的交流与协作，共同探讨新常态下文化创意产业聚集区发展的现状与问题、机遇和挑战、创新和发展，为文化创意产业发展提供新思路、新动力。③

（3）动漫北京。2016 年，在第五届"动漫北京"开幕式上，北京动漫游戏

---

① 韩琮林：《京津冀的文创朋友圈》，《北京商报》2015 年 11 月 2 日。
② 王昊男：《第四届京津冀文化创意产业合作暨项目推介会在京召开》，2016 年 10 月 13 日，http://news.ifeng.com/a/20161013/50094916_0.shtml。
③ 张晶雪：《第九届文化创意产业集聚区项目推介会在京举行》，2015 年 10 月 27 日，http://www.ce.cn/culture/gd/201510/27/t20151027_6815405.shtml。

产业联盟、天津市滨海新区文化中心投资管理有限公司、河北文化产业协会共同就动漫游戏产业发展签署了合作协议，根据协议，今后京津冀三地将共同推出动漫游戏内容创作平台、动漫游戏版权交易平台、漫画多语言反映平台、动漫游戏 CG 外包服务平台、动漫游戏出口公共服务平台、动漫衍生品制造资源开放服务平台六大共享平台。京津冀三地利用这六大平台可以充分整合资源、优化配置，使京津冀三地文化企业和项目通过这六大平台加强交流、合作，在京津冀区域内自由流动、贯穿产业链，进而进一步推动区域协同发展，将京津冀打造成为全国动漫产业的领头羊。①

（4）北京国际文化创意产业博览会。在第十届北京国际文化创意产业博览会上，首次实现了京津冀三地文化创意企业联合展出的形式，使得京津冀文化协同发展成为该次博览会上的最大亮点。此次京津冀文化创意企业联合布展，集中推出了 100 多家优秀的文化创意项目，范围涵盖文化艺术、文化旅游、文化科技等众多领域，涉及了园区建设、平台开发、IP 授权等诸多内容，共同推介、共同谋划、共享政策，使得京津冀文化产业项目在未来的投资、发展、布局、经营中能够突破京津冀行政区域限制，将文化产业发展立足于整个区域。

（5）天津滨海文化创意展交会。该会议由原文化部文化产业司、天津市委宣传部、天津市文化广播影视局、滨海新区人民政府主办，已连续举办六届。该会议突出京津冀特色文化产业主题展区，依托京津冀文化创意产业协同发展优势，按板块分别突出京津冀特色文化产业、创意文博、特色文化旅游等多个领域。

（6）河北省特色文化产品博览交易会。2016 年 12 月，第五届河北省特色文化产品博览交易会以"京津冀协同发展聚精会神，文化产业创造价值相得益彰"为主题召开。河北省专门联合北京市文化局、天津市文化广播影视局打造京津冀三地文化产业集中展示平台，聚三地资源之精华、展三地产业之实力、促三地产业之发展，特邀北京市、天津市百余文化企业以及艺术名家助阵，现场展示京津冀文化产业成果，推介京津冀文化产业资源，探讨京津冀文化产业联动发展新模式。②

3. 组建各类文化创意产业联盟

联盟作为企业降低成本、共享资源、弥补自身"战略缺口"的重要经营战略，被广泛运用在各个领域。在京津冀一体化发展过程中，联盟这一经营战略也被广泛应用。究其原因，利用联盟可以在保持企业或组织独立的前提下，共享联盟伙伴的资源，加深京津冀区域文化创意企业间的沟通交流、相互学习，

---

① 刘昕：《京津冀签署动漫游戏产业合作协议》，《国际商报》2016 年 9 月 23 日。
② 王潇、姚杰、张铮等：《第 5 届河北特色文化产品博览交易会将于 12 月 16 日举行》，2016 年 11 月 15 日，http://news.china.com.cn/rollnews/news/live/2016-11-15/content_37333039.htm。

是短期内促进京津冀文化创意产业协同发展最有效的方法之一。京津冀文化创意产业联盟既有企业间自发的联盟形式，也有以政府为主体的联盟，联盟形式多样、领域广泛，成为京津冀文化创意产业协同发展的重要载体。

（1）京津冀文化产业园区（企业）联盟。2016年9月2日，北京市国有文化资产监督管理办公室、天津市文化体制改革和发展工作领导小组办公室、河北省文化体制改革和发展工作领导小组办公室共同指导成立了"京津冀文化产业园区（企业）联盟"。联盟成员以京津冀三地文化创意产业园区为主，借助联盟这一组织形式可以共享园区发展经验，推进园区间合作，开拓园区合作渠道，实现联盟成员的资源共享、优势互补、合作共赢，构建京津冀文创产业协同发展体系，优化区域文创发展格局。联盟还将通过开展行业培训、宣传推广、调查研究、高峰论坛、实地参访、政策宣讲等活动，为园区提供资源对接、项目推介、信息咨询、招商引资等专业服务，实现信息共享与合作共赢。[①]联盟成立后规划了四个重点项目：一是创意之旅，即组织联盟成员进行园区的参观互访，促进资源推介与项目对接；二是开办文创学院（智库委员会），通过开展专家讲堂、创始人课程、专题论坛和政策解读服务为园区发展提供运营管理和品牌建设等方面的智力支持；三是建设联盟的宣传平台，通过电视台、网站、微信、微博等全方位的宣传渠道对行业资讯、联盟动态、产业园区推介等进行传播；四是构建大数据平台（评估委员会），通过建设京津冀文化产业园区及驻区企业品牌管理大数据平台，构建京津冀文化产业园区品牌管理价值评估系统，提升京津冀文化产业园区的管理水平和服务能力，增加园区服务的技术手段，提高园区的服务价值。[②]

（2）京津冀演艺联盟。为推动京津冀一体化进程，统筹京津冀三地演艺资源，由京津冀三地文化部门共同成立了"京津冀演艺联盟"。京津冀演艺联盟以三地剧院、剧场、演艺机构为基础，以联盟平台为主导，协调三地剧场、剧目、演艺机构等资源，推动三地演艺文化产业的一体化发展，加强联盟成员间演艺资源信息的沟通、资源的共享，实现优势互补、协作发展，塑造区域间良好的发展氛围和环境。京津冀演艺联盟成立后，将为联盟成员搭建剧目演出平台、信息交流平台、剧场统筹平台、融资创制平台、推广营销平台五大支柱平台，在剧场、剧目、演艺经纪等方面进行更高水平、更深层次的合作。[③]联盟每年还为成员定期举办相关演艺项目活动，组织执行京津冀精品剧目展演，在

[①] 尹力：《京津冀文化产业园区联盟成立 推动区域文创产业合作对接》，2016年9月2日，http://news.163.com/16/0902/22/C007J15R00014JB6.html。

[②] 宋冰冰、朱晨辉：《文创领域首个华北联盟诞生 京津冀文创产业蓄势待发》，《中国企业报》2016年10月25日。

[③] 桂杰、吴洋：《京津冀演艺联盟成立 推动文化产业一体化》，《中国青年报》2016年4月28日。

一定范围内采购三地精品剧目并参加"北京市剧院运营服务平台"和天津市、河北省两地政府举办的重点展演活动。除此以外，联盟还倡导成员共同打造京津冀演艺联盟演出品牌，发展演艺产业综合体，实现三地经济效益与社会效益的共赢。未来，京津冀演艺联盟在三地文化部门的主导下，将汇聚三地优势场地、精彩剧目、优秀演艺经纪等资源，推进三地演艺文化交流与合作，打破区域限制，培育统一开放的区域文化市场，加强文化人才的交流培训，挖掘新的合作商机，共同推动京津冀三地区域文化产业一体化发展。

（3）京津冀图书馆联盟。2015年11月，京津冀三地公共图书馆签署合作协议，成立京津冀图书馆联盟，旨在促进区域基本公共文化服务标准化、均等化、一体化发展。联盟成立后，三地公共图书馆将联合搭建资源共建共享平台、联合参考咨询平台、专业人才培养平台、惠民服务平台、公共文化示范区建设平台、冬奥会主题服务平台等，还将联合开展京津冀一体化发展研究，为三地民众共享京津冀公共文化服务资源提供更多的实惠。①

4. 创新文化创意产业园区建设

文化创意产业园区是文化创意产业集聚的主要载体，京津冀三地政府、文化产业协会、文化产业园、文化企业都纷纷创新园区形式，共建文化创意产业园区，共享文化创意产业资源，努力使园区立足京津冀，在园区创建、资本构成、产业分工、园区规划、资源共享等方面都具备京津冀区域"基因"。

（1）区域共建园区模式。区域共建园区模式是京津冀区域内各级政府部门、文化企业等组织，为了优势互补、共享资源而共同投资设立的文化产业园区的模式。在这一模式中地方政府大多以当地土地、政策等形式给予支持，而文化企业大多以自身的资本、技术、品牌等形式入股，地方政府可以借助文化企业的优势资源发展当地文化创意产业，而文化企业也可以获得当地政府土地、税收、资金、政策等方面的支持。

中国·保定数字文物文化产业园。该园区由保定市人民政府、保定市莲池区人民政府和中关村数字文物产业联盟共同发起成立。该项目占地1939亩，预估总投资137.2亿元，建成后将包括数字体验及制作中心、艺术设计研发中心、文物衍生品设计制作中心、文化科技创新创意总部中心四大中心，为文化创意企业提供服务。2015年，项目已达成意向合作单位8家、签订入园会员单位21家、意向入园单位17家、洽谈合作或入园单位16家，已经逐渐成为推动河北文物产业发展的新的增长点。

---

① 高红超：《京津冀成立图书馆联盟 推动公共文化服务资源共享》，2015年11月19日，http://www.chinanews.com/cul/2015/11-19/7632309.shtml。

中信国安第一城（通州-香河）坐落于京、津、冀交界的黄金地带——河北省香河经济技术开发区，是中信国安集团有限公司、中国保利集团有限公司、河北省香河经济技术开发区房地产开发总公司共同投资兴建的大型国际会议展览中心，该项目已经成为北京文化产业资本落户河北、辐射京津冀的典型案例。另外，中信国安集团有限公司还联合多家民营资本，与京津冀三地文化部门合作，成功举办了"'一带一路一城'国际文化艺术节"，该节是全国首个贯彻"一带一路"和"京津冀协同发展"的品牌文化旅游活动。[①]

（2）主副园区模式。主副园区模式是京津冀区域文化创意园区发展最快捷、最有效的模式之一，该模式充分利用区域内知名文化创意产业园区在园区管理、资本、品牌价值、技术水平等方面的优势资源，以在文化创意产业欠发达地区开设副园区、分园区的方式，将优势资源输出到欠发达地区，进而构建京津冀协同创新共同体。

当下，京津冀区域内最为成功的主副园区模式的典型代表为中关村国家自主创新示范区。该示范区作为国家自主创新示范区，承担着构建跨区域的科技创新新机制与新模式的重担。中关村国家自主创新示范区坚持以科技创新园区链为骨干，构建以多个创新社区为支撑的京津冀协同创新共同体，逐渐形成了北京地区"一区十六园"的格局，在京津冀区域内先后与天津、保定、唐山、秦皇岛等地政府合作，开设了多家副园，已经逐渐成长为京津冀区域内实现协同创新的积极探索者和引领者。

主园：中关村示范区空间规模扩展为488平方千米，形成了包括海淀园、昌平园、顺义园、大兴-亦庄园、房山园、通州园、东城园、西城园、朝阳园、丰台园、石景山园、门头沟园、平谷园、怀柔园、密云园、延庆园16园的"一区十六园"发展格局。

副园：保定·中关村创新中心、天津滨海-中关村科技园、北京中关村（曹妃甸）高新技术成果转化基地、中关村海淀园秦皇岛分园。

5. 京津冀联合执法维护市场秩序

京津冀三地政府注重通过签署专项合作协议，在区域内统一协作、共享信息、联合执法、协同办案，有利于共同打击相关违法犯罪行为，也维护了京津冀文化创意市场的有序健康发展。

2014年10月29日，北京市房山区文化委员会与河北省保定市文广新局在房山签署《北京市房山区文化委员会与河北省保定市文广新局文化合作协议书》，就文化执法与"扫黄打非"、文化交流、文物保护与利用等方面的合作

---

① 刘艳惠、任东阳：《京津冀文化产业合作潜力无限》，《河北工人报》2015年10月31日。

作出约定，并明确了联席会议、定期沟通、信息共享、合作协助四项具体工作机制。①

如前所述，2016 年 3 月 28 日，北京市文物局、天津市文化市场行政执法总队、河北省文物局在京签署《京津冀文物执法协作体框架协议》，就如何通过片区协作做好文物执法和文物安全保护工作达成一致。根据协议，三地将打造文物执法全方位战略协作关系，共同探索执法工作资源共享的途径。

---

① 杨国勇：《京津冀深入推进文化领域协同发展》，《中国文化报》2014 年 11 月 7 日。

第六章 京津冀文化创意产业协同发展的困境

第一节 京津冀政府层面协同发展困境

2015年,中共中央政治局审议通过的《京津冀协同发展规划纲要》中明确指出,北京市的定位是"全国政治中心、文化中心、国际交往中心、科技创新中心";天津市的定位是"全国先进制造研发基地、北方国际航运核心区、金融创新运营示范区、改革开放先行区";河北省的定位是"全国现代商贸物流重要基地、产业转型升级试验区、新型城镇化与城乡统筹示范区、京津冀生态环境支撑区"。这为京津冀区域内各地的城市功能和产业发展指明了发展方向和路径。但是,通过前面章节对三地文化创意产业现状的分析不难看出,三地在协同发展中仍然存在一定障碍,主要表现在以下几个方面。

一、政府顶层设计不足

2014年8月28日,北京市文化局、天津市文化广播影视局、河北省文化厅三方在天津签署了《京津冀三地文化领域协同发展战略框架协议》,这也成为京津冀三地文化领域合作里程碑式的开端。随后,三地相继签署了《京津冀新闻出版广播影视协同创新战略框架协议》《京津冀演艺领域深化合作协议》《京津冀三省(市)群众艺术馆(中心)协同发展合作协议》《京津冀文物执法协作体框架协议》《京津冀文化文物单位文化创意产品开发战略合作协议》《京津冀文创园区协同发展备忘录》《京津冀三地文化人才交流与合作框架协议》等一系列文化创意产业合作协议。这些文件的签署有力地推动了三地文化创意产业协同发展的步伐。但是,由于长久以来京津冀三省市行政区划的限制,各自的文化创意产业市场相对独立发展,以上签署的协议大多以宏观性、原则性协议为主,可操作性不强,这就造成签署的协议虽多,但要真正落实则需要有更加具体的办法和主体加以推进。尽管在当前京津冀协同发展的大背景下,三地也越来越认识到外部借力和区域协作的必要性,但由于各种制度性、体制性障碍以及惯性思维方式的影响，当前三省市文化产业协同发展的推进力度还十分有限。虽然在《京津冀三地文化领域协同发展战略框架协议》中约定了要尽快建立三省市文化部门联席会议制度，并且我们可以很明显地感知到这一联席会议的成立有利于京津冀文化领域在推进协同发展过程中进行协调、沟通，但是三个相对独立主体像是一个松散的联盟组织，往往效率不高，且执行力不强。因此，需要国家层面以文化部门为主，牵头中华人民共和国国家广播电视总局、中华人民共和国工业和信息化部、中华人民共和国文化和旅游部等部委，成立京津冀文化创意产业领导小组，将京津冀文化部门联席会议置于该领导小组的管辖之下，由文化部门主持，与国家总体文化发展规划前期研究和制定工作相结合，共同开展专题调研，系统研究三地文化协同发展整体规划，对接专项合作规划和实施方案，共同推进出台《京津冀文化创意产业协同发展规划》以及相关配套政策。

二、行政级差不利于平等协作

根据中国艺术科技研究所《中国新型城镇化文化建设指数》的研究，中国新型城镇化文化建设指数得分的标准差分别为京津冀5.33、珠三角4.54、长三角3.10，京津冀的差异性最大且协同度最差，长三角的差异性最小协同度也最高。京津冀差异性大是京津长期"虹吸效应"的结果，而协同度差究其原因则不得不考虑三地行政级差的问题。京津冀区域内的三地虽然都是省级行政单位，行政级别看似平等，但实则并不平等。北京是首都，是全国政治文化中心，既是直辖市，又是中央政府所在地；天津市也是直辖市，是国家中心城市、环渤海经济中心，拥有国家级开发区滨海新区。从表面上看，京津冀三地同为省级行政单位，但是在实际政治地位上，河北无法与京津平起平坐。长期以来行政级差的存在，使得在对京津冀区域内事项进行协商的过程中，基于北京的特殊政治地位和主导决策身份，天津、河北往往会"优先考虑北京"，而同为直辖市的天津，也可以争取到更多的发展机会和优惠政策。长此以往，在京津优先发展的固定思维作用下，河北就变成了一个服务京津的角色，也成为该区域最弱势的一方。然而在长三角地区，虽然上海也是直辖市，但是其除了拥有强大的经济实力外，在与长三角区域内的江苏省、浙江省协同发展的过程中并没有掺杂太多的政治因素。从20世纪90年代开始，长三角经济圈各行政区划之间的合作是由"市场"这只手自发和自然催生的，多年来长三角秉承的是互惠联合的"游戏规则"，江苏和浙江两省诸多城市从浦东开发开放伊始就可以说是主动融入其间的。[①]与长三角发展对比来看，京津冀区域行政级差和"一亩三

---

① 程恩富、王新建：《京津冀协同发展：演进、现状与对策》，《管理学刊》2015年第1期，第3页。

分地"的固化思维,在一定程度上制约着京津冀文化创意产业协同发展的进程。因此,我们要坚决执行习近平总书记就推进京津冀协同发展提出的要求:"要着力加大对协同发展的推动,自觉打破自家'一亩三分地'的思维定式,抱成团朝着顶层设计的目标一起做,充分发挥环渤海地区经济合作发展协调机制的作用。"[1]

三、文化体制限制跨区域合作

以新闻出版、广播电视为代表的传媒产业是文化创意产业的核心产业。近些年,京津冀文化创意产业协同发展取得了不俗的成绩,例如,成立了演艺联盟,以三地剧院、剧场、演艺机构为基础,以联盟平台为主导,协调三地剧场、剧目、演艺机构等资源,推动三地演艺文化产业的一体化发展;签署了动漫产业合作协议,共同打造京津冀动漫游戏内容创作平台、动漫游戏版权交易平台、漫画多语言反映平台、动漫游戏 CG 外包服务平台等六大服务平台,优化配置京津冀动漫产业资源。但是,传媒产业间的协同合作并不突出,并没有实质性的发展。究其原因,主要是传媒产业特殊的文化体制所造成的。学者刘洁在《中国媒介产业布局与产业区域联合》一文中,对中国传媒产业的布局进行了深刻的分析,总结出三个方面的基本特点:一是井字结构;二是平行结构;三是倾斜式结构。首先,井字结构,主要是指中国传媒产业按照"条块分割",形成四横四纵的井字形结构。其次,平行结构,主要是指中国传统媒体间跨媒体经营长期受到禁止,直到 2001 年才由政府相关部门放开政策,即使是现在传统媒体间的媒介融合程度也较低。最后,倾斜式结构,主要是指中国地方经济发展水平的差异,造成了中国传媒产业在空间布局上的不平衡。

现阶段,中国传媒产业布局的现状,使得中国传媒产业呈现出条块分割、地区封锁和城乡分离的市场格局,各地传媒产业重复建设严重,逐步形成了"小而全"的封闭垄断传媒市场,形成了各地市场壁垒和行业间壁垒,给传媒产业的跨区域、跨行业合作带来了困难。首先,地方市场壁垒对跨区域合作的制约。现行传媒格局造成了省级媒体对本地区新闻传播特权和广告经营的垄断局面,而垄断必然造成外地媒体进入这一市场的门槛过高,市场壁垒高高筑起,加大了传媒跨区域经营的成本和难度。[2]其次,平行结构对跨行业合作的制约。现行的平行结构,使得中国传统媒体间缺乏合作的制度环境,报纸与电台、报纸

---

[1]《习近平在听取京津冀协同发展专题汇报时强调优势互补互利共赢扎实推进 努力实现京津冀一体化发展》,2014 年 2 月 27 日,http://news.cntv.cn/2014/02/27/VIDE1393499720111105.shtml。
[2] 白芳芹:《1+1>2 理论在省级媒体跨区域合作中的实质性突破》,《中国广播电视学刊》2010 年第 8 期,第 11 页。

与电视台、电台与电视台间仍然存在较大的产业壁垒，即使合作也仅限于联盟成员间内容产品的共享，无法真正突破产业壁垒、实现跨产业全方位的融合，进而难以组建集新闻出版、电视台、电台为一体的大型传媒联盟，难以实现集约化、规模化发展。最后，倾斜式结构对联盟均衡发展的制约。在京津冀区域内，中心城市与中小城市不平衡发展的倾斜式结构十分明显，北京在这一区域内占据主导地位，而天津、河北则与之差距较为明显。京津冀区域内传媒产业发展的巨大差距，造成其传媒产业难以设定共同的合作目标，并且传媒产业的转移与对接也由于缺乏传媒人才而无法实现。

四、财税政策不统一

在北京，文化创意产业作为第二大支柱型产业，其获得的支持力度相较于津冀两地自然更大。天津的文化创意产业主要集中于滨海新区，因此主要政策优惠也集中于该区域，而河北的文化创意产业处于起步阶段，虽然政府始终推动其发展，把文化创意产业作为河北经济转型升级的突破点，但是河北的经济重心始终在第二产业。正是京津冀三地文化创意产业发展水平的不同，导致了三地对于文化创意产业的财税政策支持力度差异较大，其差异主要体现在三个方面：一是资金支持规模差异较大；二是税收分配机制不健全；三是税收协作水平较差。

首先，资金支持规模差异大。为快速推动文化产业进步，扩展市场需求，提高资金使用效率，京津冀三地分别设立文化产业专用资金，并且出台了相应的管理办法。北京市先后设立了文化创意产业专项发展资金（每年5亿元）和文化创意产业集聚区基础设施专项资金（总规模5亿元），用于支持优秀文化产业企业、项目、园区的发展和建设；还与国家开发银行北京分行等10家银行签订文化金融创新发展合作协议，10家银行每年共为北京文化产业发展提供1000亿元人民币的授信额度。天津市政府专门筹集了200亿元财政资金，用于支持包括文化企业在内的科技型中小企业，其中80亿元是天使资金，无偿资助企业，120余亿元用来支持成长型和壮大的企业，采取资助、贴息等各种方式，资金以周转使用形式为主；另外，天津市及各区县均专门设立了文化创意产业的发展资金，资金总数达到了7亿元，每年以贴息的方式资助企业发展。河北省设立了3亿元的省级文化发展引导资金，主要用于支持全省文化产业发展项目；并且成立了国内首支省级文化产业引导股权投资基金——河北汇洋文化产业股权投资基金。该基金总规模10亿元，已完成了10亿元资金的募集工作，其中吸引社会资本近6亿元。

由以上数据可见，京津冀三地文化创意产业资金支持规模差距较大，北京地区文化产业起步较早，文化专项资金充足，并且充分利用金融机构资金扶持文化产业发展；天津属于中途崛起，整体资金规模不逊于北京，并且专项资金规模甚至超过北京；河北起步最晚，专项资金规模小于京津两地，但是该省创新财政资金引导形式，充分吸收社会资本用于支持文化产业。但是，三地文化发展资金均呈现出使用效率低的情况，对于转款资金约束力较弱，究其原因，是管理不当、管理制度存在缺陷，致使资金用途不当、资金浪费的情况屡见不鲜。

其次，税收分配机制不健全。健全的税收分配机制不仅会减少地区间的壁垒，还会增进地区间的交流与合作，有助于带动地区文化创意产业的发展。然而，京津冀三地文化产业税收分配机制的不均衡，造成地区文化创意产业协同发展不顺。究其原因，是地区税收与企业税源不匹配，造成跨区域文化创意企业税收分享不明确。就北京文化产业向天津、河北两地转移来讲，文化企业往往是分支机构的部分转移，总部依然存在于北京，因为分支机构的税收最终是归属北京，而天津、河北作为文化产业的转移地区，不但没有享受到税收利益分配，增加本地税收收入，还占用了当地的土地、文化资源等。此外，三地政府为促进本地文化产业发展，更多地去争夺地方利益，税收利益难以协调，税收分配机制不健全，难以促进京津冀文化产业的发展。[①] 这就需要三地完善税收分配机制。

最后，税收协作水平较差。现行的税收征管法律法规，仅规定了各地税务机关在税收辖区内行使税收征管权力，并没有明确规定区域间税收协作的要求。但是，在京津冀协同发展国家战略的推动下，越来越多文化创意产业在区域内进行跨区域经营，因此亟须创建三地监理税收协作机制。目前，京津冀三地征管政策差异明显，而税收征管又仅限于辖区之内，三地税收工作的协作水平较差，且缺乏区域性的税收保障办法，难以实现三地的征管协同、信息交换、税收科研合作等。此外，京津冀三地税收信息的严重不对称，也在一定程度上阻碍了区域税收制度的不断完善，需要尽快在京津冀区域内建立高效统一的税收共享机制。

第二节　京津冀宏观经济层面协同发展困境

一、经济发展水平不均衡

由表 6-1 可见，从 GDP 总量来看，2015 年，河北省 GDP 占全国 GDP 的

---

① 李超：《促进京津冀文化产业发展的财税政策研究》，首都经济贸易大学硕士学位论文 2016 年，第 27 页。

比重为 4.35%，高于北京和天津，仍是该区域内经济总量最大的地区。但是考虑到城市发展，如图 6-1 所示，2015 年河北省内 11 个地级市的 GDP 总量仅占该区域的 42.98%，比 2014 年下降了 1.02%；而北京和天津两个城市的 GDP 占比则由 2014 年的 56%，上升到了 57.02%，可见京津经济增长势头明显，而河北经济总量在该区域所占比重呈现下滑趋势。北京、天津这两个一线城市单从经济规模上远超该区域内的其他城市，这也足以看出本区域内城市发展水平的不平衡。

表 6-1　2015 年京津冀区域各地 GDP 相关情况表

地区	GDP（亿元）	占全国 GDP 比重（%）	人均 GDP（元）	人均可支配收入（元）
全国	685 505.80	100	49 992	21 966.20
北京市	23 014.59	3.36	106 497	48 458.00
天津市	16 538.19	2.41	107 960	31 291.40
河北省	29 806.11	4.35	40 255	18 118.10

资料来源：《中国统计年鉴 2016》。

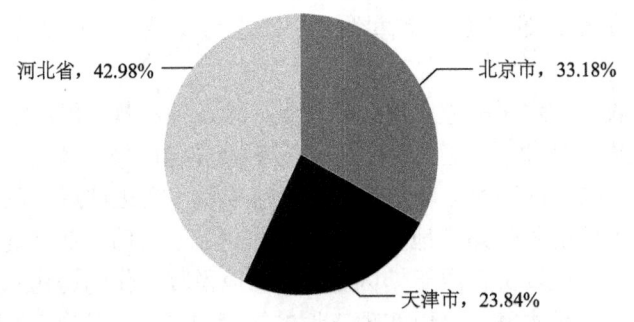

图 6-1　2015 年京津冀区域各地 GDP 所占比重图

资料来源：《北京统计年鉴 2016》《天津统计年鉴 2016》《河北经济年鉴 2016》。

如图 6-2 所示，从人均 GDP 来看，2015 年全国的人均 GDP 为 49 992 元，而河北省的人均 GDP 仅为 40255 元，低于全国平均水平，仅相当于北京市的 37.80%，天津市的 37.26%。而相比于京津冀地区，长三角人均 GDP 最低的浙江省则相当于上海市的 77%，两地间的差距并不明显。由此可见，虽然在经济总量的比较上，河北省经济体量在三地中最大，但与各项平均数据比较，尤其是与全国平均数据比较，河北省存在明显的劣势，这足以说明京津冀区域内各地的经济发展水平存在较大的差距，这在现实中也就形成了北京、天津两个超级城市成为区域内的发展"双引擎"，由于北京集中了本地区最优质的产业资源，其对周边地区的"虹吸效应"明显，而带动作用却又不够，这样在环京津地区就出现了河北经济发展的落后带。

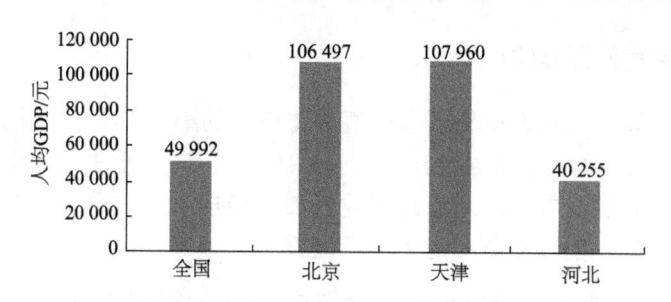

图 6-2　2015 年全国及京津冀三地人均 GDP 柱状图

资料来源：《中国统计年鉴 2016》《北京统计年鉴 2016》《天津统计年鉴 2016》《河北经济年鉴 2016》。

从人均可支配收入来看，2015 年河北省人均可支配收入仅为 18 118.10 元，低于全国平均水平的 21 966.20 元，仅为北京市的 37.4%，天津市的 57.9%，足可见在该区域内面积最大、人口最多的河北的人民生活水平远低于同在该区域的北京和天津。由亚洲开发银行公布的《河北省经济发展战略研究》指出："环京津地区目前存在大规模的贫困带。"在改革开放之初，环京津河北县区的人均收入与京津远郊县区的经济发展几乎处于同一水平，但是经过多年发展，双方的差距反而越来越大。从图 6-3 可见，在 1998 年河北省城镇居民人均可支配收入为 5084 元，是北京的 60%，天津的 70%，但是到 2015 年差距越来越大。这也从侧面印证了文魁、祝尔娟在首部京津冀蓝皮书——《京津冀区域一体化发展报告（2012）》中指出的，"环首都贫困带"不仅未能缩小与北京周边郊县的贫富差距，反而愈加落后。与此同时，医疗、卫生、教育、文化等社会公共服务资源以及养老保险等社会保障资源在京津冀区域间的分布也存在着很大的不同。正是人均收入上的巨大差距，在一定程度上造成该区域内的人才、产业、投资等资源由河北单方面向北京、天津流动，从而加剧了这一区域内的差距。

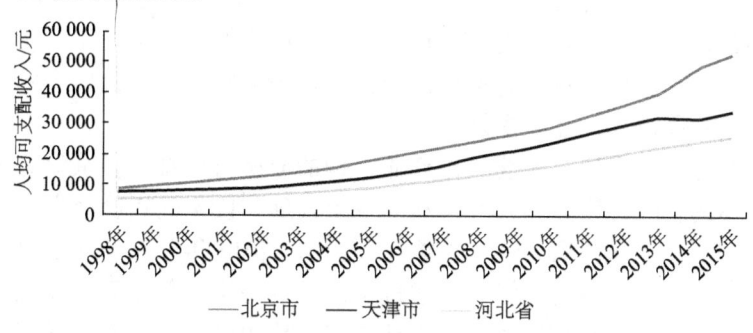

图 6-3　京津冀三地城镇居民历年人均可支配收入折线图

资料来源：《中国统计年鉴（1999—2016）》。

二、产业梯度差距明显

如表 6-2 所示，2015 年北京市产值占比最大的第三产业，占比达到 79.7%，超过了三分之二，而第二产业的比重则为 19.7%，第一产业的比重则几乎可以忽略不计，由此可以看出北京市的产业发展已经进入了"退二进三的后工业化阶段"，已成为一个以服务业为主的超级都市。

表 6-2　2015 年京津冀地区三次产业产值和比重表

地区	第一产业 产值（亿元）	比重（%）	第二产业 产值（亿元）	比重（%）	第三产业 产值（亿元）	比重（%）
全国	60 870.5	8.9	280 560.3	40.9	344 075	50.2
北京市	140.2	0.6	4542.6	19.7	18 331.7	79.7
天津市	208.82	1.3	7704.22	46.5	8625.15	52.2
河北省	3439.45	11.5	14 386.87	48.3	11 979.79	40.2

资料来源：《中国统计年鉴 2016》。

2015 年天津市第三产业比重超越第二产业，代表着产业结构由"二三一"开始向"三二一"结构过渡，从总体上看，天津的产业逐渐形成"二三产业共同拉动，逐步向第三产业侧重"的局面。2015 年天津市第二产业所占比重为 46.5%，第三产业比重为 52.2%，超过了总量的一半，天津经济逐渐进入"接二连三的工业化高级阶段"。

2015 年河北省的产业结构总体上并没有明显的变化，第二产业仍然"一家独大"，占比为 48.3%，为地区产值贡献了近一半，但是第三产业的发展也较为迅速，第三产业占比为 40.2%，逐步缩小了同第二产业的差距，同时第一产业比重仅占 11.5%，其经济已经进入"培二育三"的工业化中级阶段。[1] 另外，河北省内各地市的产业发展也极不均衡，唐山已开始进入工业化后期阶段，石家庄、秦皇岛、廊坊、沧州、承德处于工业化中期阶段，张家口、保定则刚从工业化初期阶段进入工业化中期阶段。

通过对北京、天津、河北三地产业结构的分析可以看出，京津冀区域内各地的产业结构存在梯度差异，并不在同一个发展阶段，北京已经发展到以第三产业为主的后工业化阶段；天津则紧随北京，在 2014 年第三产业首次超越第二产业后，第三产业比重持续增加，超过了总量的一半，仍处于工业化的高级阶段；河北的产业结构则相对落后，仍处于工业化中级阶段，不仅远落后于京津

---

[1] 薄文广、陈飞：《京津冀协同发展：挑战与困境》，《南开大学学报（哲学社会科学版）》2015 年第 1 期，第 110 页。

地区，也低于全国平均水平。京津冀地区城市产业结构梯度不合理，北京、天津处于绝对优势，缺少发挥"二传"作用的中等城市和小城市，与周边地区相对独立的小城市群在发展上相互脱节，尚未形成完善的网络体系，由此导致的最直接后果是发达地区所出现的产业聚集现象形成的产业规模和产业链因为找不到适宜的生存和发展环境，没有能力向周边落后地区推广和扩散，加剧了城市结构梯度的不合理，形成恶性循环。①

三、产业对接困难

如图 6-4 所示，2015 年京津冀三地文化产业增加值共计 4923.66 亿元，其中北京市一地就占到整个区域文化产业增加值的 64.57%，超过了天津、河北两地的总和。北京市文化产业增加值是河北省的 3.3 倍，天津市的 4 倍，足见京津冀地区文化产业发展的不均衡。

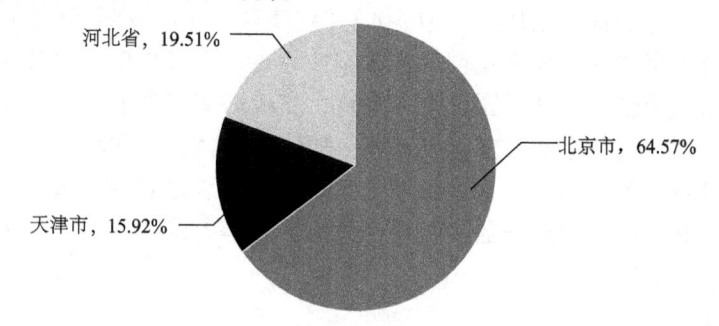

图 6-4　2015 年京津冀三地文化产业增加值比例图

资料来源：《北京统计年鉴 2016》《天津统计年鉴 2016》《河北经济年鉴 2016》。

北京市已步入后工业化社会，是京津冀地区文化产业发展的龙头，文化资源极为丰富，人才资本要素集中，在文化艺术、新闻出版、广播影视和文化旅游等方面优势显著，能够对周边区域产生巨大的辐射作用。

天津市已步入工业化后期阶段且具有优越的区位条件，在港口贸易、生产性科技研发、现代制造、物流等方面具有独特的优势。天津市的特色文化产业、软件互联网、广告会展产业等优势明显，产业环节大多集中在内容创意、制作复制、发行展示等领域。

河北省历史文化积淀深厚，省内各地市的发展虽然并不平衡，但是基本处于从工业化中期向工业化后期过渡的阶段。已初步形成以出版印刷发行、文化旅游、文化产品生产及销售业等为主导的特色文化产业，产业环节主要集中在

---

① 国家发改委国土开发与地区经济研究所课题组：《京津冀区域发展与合作研究》，《经济研究参考》2015 年第 49 期，第 7 页。

生产复制、文化消费等中间环节，在文化制造业发展方面具有较大潜力。[①]

京津冀区域内各地文化创意产业链条间存在较大的对接"鸿沟"，尤其是北京与河北间产业转移难度更大，河北处于工业化中期阶段，而北京已经处于后工业化阶段，北京的众多产业需要转移，但是河北本地文化创意产业发展水平、人才资源储备都远远无法满足承接北京产业转移的要求，造成许多北京的文化创意产业不得不"舍近求远"，将产业转移向更远的东南部地区。

第三节　京津冀产业集群层面协同发展困境

文化创意产业园区是文化创意产业集群最主要的载体。京津冀文化创意产业集群层面存在的现实困境主要通过京津冀三地园区协同发展的过程体现出来。2016年9月2日，京津冀三地成立了"京津冀文化产业园区（企业）联盟"。此联盟成员以京津冀三地文化创意产业园区为主，倡导借助联盟共享园区发展经验推进园区间合作、开拓园区合作渠道，实现联盟成员的资源共享、优势互补、合作共赢，构建京津冀文化创意产业协同发展体系，优化区域文创发展格局。这一联盟成为京津冀文化创意产业园区协同发展最好的注脚。虽然京津冀文化创意产业园区间通过联盟、共建、交流等合作方式，取得了一定的成绩，但仍然存在一定的不足。

一、缺乏协同规划

由于中国文化创意产业园区大多以政府主导为主，京津冀区域内的文化创意产业园区，除北京798艺术区、宋庄原创艺术与卡通产业集聚区等部分由艺术家自发聚集形成的产业园区外，大多是由政府主导建成的，这就使得京津冀文化创意产业园区的布局也受到当地政府的深刻影响。这种政府主导园区建设的模式客观上还造成京津冀三地政府以行政区域为范围、以构建完整的产业体系为目的，只重视本身园区数量，而忽视了园区的错位发展，缺乏统一规划，使得京津冀区域内文化创意产业园区同质化发展、重复建设严重，不仅浪费了国家财政资金，也使得文化创意产业园区发展困难。以动漫游戏产业为例，仅河北省动漫产业就已有石家庄动漫产业园、河北大学亿万泰动漫基地、保定动漫产业孵化园等国家级动漫产业基地，而唐山、邯郸等地也将动漫产业列入重点发展规划。唐山市规划的文化产业项目中，计划兴建的动漫产业项目就有中

---

① 佘颖：《京津冀文创产业合作暨项目推介会举办　三地共促文化消费》，2015年11月24日，http://www.ce.cn/culture/gd/201511/24/t20151124_7104471.shtml。

国动漫（河北）基地、唐山国际动漫谷、唐山市动漫产业孵化园区、河北科技大学唐山分院影视动漫项目等。文化产业园区定位趋同，乃至项目重复建设暴露了各地关于文化产业园区发展规划的混乱，将导致资源的分散与浪费，并引发各园区间的恶性竞争。[①]

京津冀文化创意产业协同发展，其中的关键就在于协同，只有相互协助才能实现共同的目标，因此京津冀亟待使区域内所有文化创意产业园区根据其自身特点错位发展，坚持"北京原始创新、天津研发转化、河北推广应用"的基本原则，对京津冀区域范围内的文化创意产业园区进行统一规划，加快制定《京津冀文化创意产业园区发展规划》。各地政府要摒弃"各扫门前雪"的固化思维，坚持大局意识，要依据该规划的内容，立足自身实际，引导各地各园区错位发展，对京津冀文化创意产业园区进行空间产业再造。

二、发展模式单一

京津冀文化创意产业园区发展模式单一，包含两层含义：一是京津冀园区发展类型单一；二是京津冀园区管理模式单一。

首先，发展类型单一。学者董秋霞在《创意产业园区区域协同机理研究》一书中，对文化创意产业园区的发展类型进行了归纳，根据开发方式的不同，将园区划分为自上而下的政府引导推动型、自下而上的市场自发形成型、政府推动与市场自发形成相互促进型三种。对照这一划分标准不难发现，京津冀文化创意产业园区大多以政府引导推动型为主，这种模式的优势在于能够充分利用政府在财政资金、税收优惠、土地租金等方面的便利条件，短时间内吸引相关企业入驻，形成一定的产业集聚。然而，部分文化产业园区虽然以"文化产业"作为名头进行发展，但并没有行文化产业之实。部分地区政府认为只要将企业招来，放进产业园区内就万事大吉，没有充分认识到文化创意产业园区的发展根本。这样的文化创意产业园区无法真正与地方特色文化资源相结合，也就失去了园区发展的自身特点。这些地区的文化创意产业园区也只是利用政策求利，圈地进行房地产等硬件开发，然后将房子出售、出租，最终成为普通商业。

其次，管理模式单一。京津冀地区的很多文化创意产业园区在成立之初，由于工作重点在于吸引更多的文化企业入驻，其园区管理大多以招商引资、用地指标、财税减免等方面作为管理重点，因此经济职能成为这一时期的管理重点。但是，随着园区建设的日益成熟，其管理体制上的不灵活、政策优势的逐渐弱化等问题不断显露出来。一是社会职能不断增多。随着园区规模的不断扩

[①] 胡微、刘舜、刘翠君：《河北省文化创意产业园区发展问题与对策研究》，《北华航天工业学院学报》2013年第3期，第34页。

大，文化创意产业园区的管理内容也日趋复杂，公共环境、社会治安、交通建设、文化教育等社会性事务的管理任务越来越重，迫使园区管理由以往的经济职能向行政职能转变。正是园区管理职能的转变，使得以政府引导推动为主的园区在机构、人员、制度等方面越来越臃肿，办事服务效率也逐渐低下，这就需要园区管理部门适时从经济主体、市场主体的角色中退出，逐渐回归到经济调控、市场监管、社会管理和社会服务的正确位置上去，借助市场力量促进资源流动和产业集群发展。[①]二是以土地、税收等政府红利作为吸引力的文化产业园区管理模式逐渐被公平政策所填平，也需要政府部门不断丰富园区发展模式和管理模式，加快转型升级步伐。

三、集聚水平不高

据统计，在全国超过 2500 家的文化产业园区中，有 70%以上处于亏损状态，真正实现盈利的不超过 10%；业内专家也指出，国内真正称得上"文化产业集聚区"的园区不到 5%。[②]在京津冀区域内，北京文化创意产业园区集聚能力较强，2013 年北京市文化创意产业集聚区已达 30 家，集聚区内规模以上单位数量多达 773 家，创造收入和利润占全市文化创意产业的比例分别为 11.4%和 24.6%，可以看出北京市文化创意产业集聚成果斐然。仅北京 CBD 国际传媒产业集聚区内就集聚了北京恒美广告有限公司、中航文化股份有限公司等 72 家以上收入超过 10 亿元的龙头文化企业，实现收入 500 多亿元。正是依托这些集聚区，北京市文化创意产业已经初步实现了地理上的集聚。但是，北京市的集聚水平仍然处于产业集群的初级阶段，虽然实现了文化产业资源地理上的集中，但是在全市范围内，文化产业集聚上下游分工不够明晰，产业链条尚未形成，空间集中度仍需提高。现有文化产业集聚区内规模以上的文化创意产业仅占入驻企业数量的 8%，大多仍以中小微企业为主，辐射带动能力不足，并且集聚区内企业之间、集聚区之间交流协作不够，使得北京现有文化产业集聚区尚未形成规模经济、范围经济和知识经济等的协同效应。[③]与北京相比，天津、河北等地的文化创意产业集聚处于粗放发展阶段，不仅文化创意产业地理集中程度低，而且多以生产加工为主，缺乏原始创新能力。以河北为例，近些年河北动漫产业发展迅速，以大学为主体，联合动漫企业共同开发，逐渐形成了具有自身特色的动漫发展模式。这样与人才培养机构直接合作的发展模式，一定

---

① 赵冰琴、李勇洲：《京津冀协同发展下的石家庄市园区建设研究》，《河北工业大学学报（社会科学版）》2014 年第 4 期，第 15 页。

② 胡微、刘舜、刘翠君：《河北省文化创意产业园区发展问题与对策研究》，《北华航天工业学院学报》2013 年第 3 期，第 35 页。

③ 李朝鲜、方燕：《北京文化创意产业集群效应研究》，经济科学出版社 2015 年版，第 64-69 页。

程度上解决了人才资源匮乏的问题。河北大学、河北科技大学、河北软件职业技术学院、石家庄职业技术学院、石家庄东方美术职业学院的动漫教育发展较快，在教育科研和人才培养方面具备了一定的实力和优势。尤其是河北大学，由于其自身具备动漫相关学科优势，已经逐渐形成了人文类学院前期创意策划，艺术学院中期制作、后期加工，新闻传播学院市场推广，工艺美术学院衍生产品开发的一条龙的完整产业链。另外，河北大学成立了隶属国家发展和改革委员会的国家文化产业研究院，组建了数字技术研究中心、数字设计艺术研究中心等创意策划研发机构。[①]然而，以学校为主体的动漫产业发展模式，也存在市场敏感度不强、融资能力差、市场开拓能力不足、发展规模小等问题。河北省已经陆续建立了近 30 家各级动漫产业园，虽然数量不少，但从园区规模、集聚程度、龙头企业数量、收入效益等方面都与实现产业集聚存在一定距离。

四、产业链协同不够

由图 6-5 可见，根据著名学者厉无畏对文化创意产业价值链构成的论述，文化创意产业价值链是由内容创意组织、生产制造组织、营销推广组织及传播渠道组织四类组织机构所构成，这些组织及其成员既是创意产品的创作者，同时也是创意产品的消费者。[②]在这一价值链中，内容创意组织是文化创意产业价值链的核心链条，负责文化创意产品的原始创新，大多以中小型创意企业为主；生产制造组织是将创意转化成创意产品的关键链条，通过专门的生产设备和文化工艺赋予创意以载体；营销推广组织通常是市场上对创意产品进行设计包装的各类组织，包括策划人、经纪人、中介组织、代理商等，是将创意产品推向市场的重要链条；传播渠道组织是将文化创意产品传播给消费者的渠道商，如报社、电影院、电台、网络运营商等都属于这一类组织。

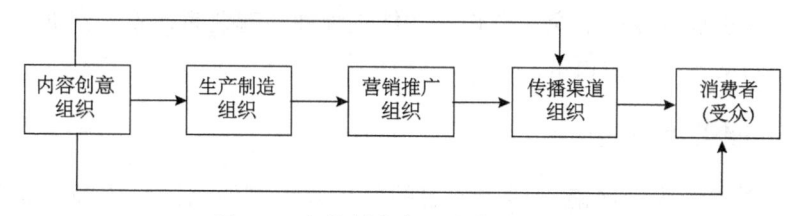

图 6-5 文化创意产业价值链的构成

由以上文化创意产业价值链可见，文化创意产业价值的创造过程是由内容创意、生产制造、营销推广、传播渠道等一系列活动共同运作而产生的。因此，在文化创意产业集聚过程中，要想最大限度地创造经济价值，就需要文化创意

---

① 成卓：《河北省动漫产业面临五大问题亟待破解》，《戏剧之家》2014 年第 11 期，第 292 页。
② 厉无畏：《创意产业导论》，学林出版社 2006 年版，第 194 页。

产业链各组织间能够明确分工、协同合作，利用价值链贯穿价值创造始终，共同创造企业价值。而我们所说的京津冀文化创意产业价值链协同不够，主要体现在：一是文化创意产业园区内部协同不够。部分文化创意产业园区在发展初期往往有一种"捡到篮里就是菜"的政绩冲动，以尽快集聚起更多的企业为目的，至于这些企业之间是否存在上下游产业链、是否能发挥本地资源禀赋优势、是否与现有的产业基础相得益彰等，都暂且放在一边。几乎每个园区都有动漫、软件、工艺美术等产业，造成园区"只有企业没有产业"，还为以后的"招商选资"、重构产业链埋下了严重的隐患，在项目的安排上也不是按专业化园区规划的要求定位，这些没有上下游产业关联的企业只是实现了地理意义上的"扎堆"，园区的集群效应未能真正体现出来，后续发展受限。[①]二是文化创意产业园区间协同不够。现阶段京津冀三地文化创意产业园区往往各自为政，同质化竞争严重，造成政府的重复建设和内耗竞争，不利于区域内形成上下游分工协作的完整产业价值链。就动漫产业而言，几乎每一个文化产业园区在发展过程中，都会将动漫作为自己的重点发展产业之一，这不仅分散了动漫产业的资源，也没有在区域内形成一整条上下游协同合作的动漫产业价值链。京津冀作为一个区域整体，在政府部门对区域内文化创意产业园区进行整体规划过程中，需要在坚持"北京原始创新、天津研发转化、河北推广应用"基本原则的前提下，加强京津冀三地园区的协同发展，注重园区间的分工协作。以动漫产业为例，北京拥有丰富的原创人才资源和众多国家级媒体、互联网公司，应当努力发展以内容创新和传播渠道为主的产业园区；天津作为高端装备制造业集中区域，应当以将创意转化为创意产品的研发为主，也就是将动漫创意转化为动漫产品；河北则可以承担中游动漫制作和动漫衍生产品生产及相关辅助产品的生产，同时河北也是动漫产品潜在的巨大消费市场，应当承担动漫产品营销推广的活动。通过加深彼此的交流合作，才能逐渐建立起北京研发，河北、天津制造与传播的动漫产业价值链。

五、公共服务不完备

文化创意产业园区能否形成一定的集聚效应与该园区是否拥有完善的公共服务系统密不可分，完善的公共服务系统能够吸引到优秀的文化创意企业入驻。例如，北京的国家新媒体产业基地就主打技术服务"牌"，建立了完善的技术服务体系，包括动漫设计、渲染、编辑、合成平台，影视演播、编辑制作平台以及集创意、设计、制作、发行为一体的动漫产业孵化平台，在技术服务

---

① 赵冰琴、李勇洲：《京津冀协同发展下的石家庄市园区建设研究》，《河北工业大学学报（社会科学版）》2014年第4期，第16页。

上的优势，使其在2006年被首届中国北京国际文化创意产业博览会评定为"最具投资价值创意基地"。文化创意产业园区的公共服务体系包括硬件系统和软件系统两个方面，但是现阶段京津冀园区大多只注重硬件系统的投入，将大量精力和资金用于基础设施的建设，而忽视软件系统的设计和投入，许多文化企业入驻后虽然有了良好的基础设施，但却在知识产权保护、人才培养、资本融资、知识创新等方面享受不到园区给予的服务，具体表现在三个方面。一是缺乏知识产权服务体系。部分文化创意产业园区的服务理念仍然停留在为入驻企业提供税收减免优惠、土地租赁优惠的层面，而忽视文化创意产业最为核心的知识产权的保护，并没有将知识产权保护和交易作为园区服务体系的重中之重，这使得园区内中小微企业缺乏知识产权保护意识，一旦遭受到侵权，也缺乏必要的法律帮扶，而知识产权交易平台的缺位则不利于知识产权公开、公正、有序的交易，不利于中小文化企业利用知识产权融资。二是缺乏集体学习服务体系。文化创意产业集群实质上是知识和技术密集型产业集群，其集群的最终目的是要实现知识溢出和转移，实现集群成员间的集体学习，提升集群内成员的创新能力。但是，现阶段大多数文化创意产业园区并没有意识到集体学习的重要性。公共服务体系对于文化创意产业最为重要的服务，应当是促进各种信息在创新主体间的有效传播和利用，为创新资源的聚集、共享和有效利用提供服务。三是缺乏辅助支撑服务体系。园区的公共服务体系除了拥有管理职责外，更应当树立服务意识，公共服务体系是园区企业与园区外其他企业、组织进行联系与合作的重要纽带和平台。公共服务体系除了要对内做好管理，还要对外发挥好纽带作用，通过与高校及科研机构、政府各部门、各类中介机构、金融机构广泛联系，获取和收集信息，为园区内企业提供人才招聘培养、资本融资、享受政府政策、产学研合作等方面的信息支撑，搭建起辅助支撑服务体系。

第七章 京津冀文化创意产业协同发展的路径：区域创新体系

2014年2月26日，习近平总书记在北京主持召开座谈会并发表重要讲话，明确了实现京津冀协同发展是重大国家战略，提出京津冀协同发展的基本要求，就推进京津冀协同发展提出了7点要求。"一是要着力加强顶层设计，抓紧编制首都经济圈一体化发展的相关规划，明确三地的功能定位、产业分工、城市布局、设施配套、综合交通体系等重大问题，并从财政政策、投资政策、项目安排等方面形成具体措施。二是要着力加大对协同发展的推动，自觉打破自家'一亩三分地'的思维定式，抱成团朝着顶层设计的目标一起做，充分发挥环渤海地区经济合作发展协调机制的作用。三是要着力加快推进产业对接协作，理顺三地产业发展链条，形成区域间产业合理分布和上下游联动机制，对接产业规划，不搞同构性、同质化发展。四是要着力调整优化城市布局和空间结构，促进城市分工协作，提高城市群一体化水平，提高其综合承载能力和内涵发展水平。五是要着力扩大环境容量生态空间，加强生态环境保护合作，在已经启动大气污染防治协作机制的基础上，完善防护林建设、水资源保护、水环境治理、清洁能源使用等领域合作机制。六是要着力构建现代化交通网络系统，把交通一体化作为先行领域，加快构建快速、便捷、高效、安全、大容量、低成本的互联互通综合交通网络。七是要着力加快推进市场一体化进程，下决心破除限制资本、技术、产权、人才、劳动力等生产要素自由流动和优化配置的各种体制机制障碍，推动各种要素按照市场规律在区域内自由流动和优化配置。"[1]习近平总书记的7点要求，为京津冀区域文化创意产业的发展提供了发展思路，指明了发展方向。

---

[1] 《习近平在听取京津冀协同发展专题汇报时强调优势互补互利共赢扎实推进 努力实现京津冀一体化发展》，2014年2月27日，http://news.cntv.cn/2014/02/27/VIDE1393499720111105.shtml。

第一节　京津冀文化创意产业协同发展的空间壁垒

一、京津冀文化创意产业"核心—边缘"空间布局

保罗·弗里德曼在1966年发表的著名的《收益递增和经济地理》一文中，利用熊彼特的创新思想建立了"核心-边缘"模型，其模型的假设是存在一个以城市为核心的地区和一个落后的边缘地区。以城市为核心的地区一般是指城市或城市集聚区，拥有着强大的创新能力和经济增长能力，而落后的边缘地区则受到核心区的带动缓慢增长。这两个区域需要完备的政府经济制度作用，通过区域一体化来缩小两个地区的经济差距。

（1）核心区域。弗里德曼所指的核心区域一般是指城市或城市集聚区，这里工业发达、技术水平较高、资本集中、人口密集、经济增长速度快。

（2）边缘区域。边缘区域是国内经济较为落后的区域。它又可分为两类：过渡区域和资源前沿区域。过渡区域又可以分为两个，上过渡区域和下过渡区域。其中，上过渡区域是联结两个或多个核心区域的开发走廊，一般处在核心区域外围，与核心区域之间已建立一定程度的经济联系，经济发展呈上升趋势，就业机会增加，具有资源集约利用和经济持续增长等特征。该区域有新城市、附属或次级中心形成的可能。下过渡区域，其社会经济特征处于停滞或衰落的向下发展状态，其衰落向下的原因，可能是初级资源的消耗、产业部门的老化以及缺乏某些成长机制的传递，而放弃原有的工业部门，与核心区域的联系不紧密。资源前沿区域，又称资源边疆区，虽然地处偏远但拥有丰富的资源，有经济发展的潜力，有新城镇形成的可能，可能出现新的增长势头并发展成为次一级的核心区域。[①]

通过前面章节对京津冀文化创意产业的分析，北京市已步入后工业化社会，是京津冀地区文化产业发展的龙头，文化资源极为丰富，人才资本要素集中，在文化艺术、新闻出版、广播影视和文化旅游等方面优势显著，能够给周边区域带来巨大的辐射作用。天津市已步入工业化后期且具有优越的区位条件，在港口贸易、生产性科技研发、现代制造、物流等方面具有独特的优势。天津市的特色文化产业、软件互联网、广告会展产业等产业优势明显，产业环节大多集中在内容创意、制作复制、发行展示等领域。河北省历史文化积淀深厚，省内各地市的发展虽然并不平衡，但是基本处于从工业化中期向工业化后期过渡阶段。目前，河北省已初步形成以出版印刷发行、文化旅游、文化产品生产

---

① 汪宇明：《核心—边缘理论在区域旅游规划中的运用》，《经济地理》2002年第3期，第372页。

及销售业等为主导的特色文化产业，产业环节主要集中在生产复制、文化消费等中间环节，在文化制造业发展方面具有较大潜力。

借助"核心-边缘"模型不难看出，在京津冀区域内文化创意产业空间格局中，北京无论从产业规模还是产业质量上，都处于"核心区域"，在区域内处于绝对优势地位；天津则借助其直辖市的行政地位，以及北方重要港口等因素，加之本身与北京地理位置较近、交通便捷、人才交流频繁等条件，已经越来越成为上过渡区域，与核心区域之间建立了一定程度的经济联系，受核心区域的影响，经济发展呈上升趋势，具有资源集约利用和经济持续增长等特征；河北由于文化创意产业起步较晚，并且受到人才、资本、市场等多方面限制，在京津冀区域内处于资源前沿区域，河北拥有丰富的历史文化资源和潜力巨大的文化市场，具有文化创意产业发展的巨大潜力，未来极有可能成长为区域内新的增长极。

二、京津冀文化创意产业空间壁垒

弗里德曼的"核心-边缘"模型认为，核心对边缘有两种完全不同的效果。第一种为负效果，核心自身的利益的驱动，使边缘的劳动力、资金等流入核心区，剥夺了边缘某些发展机会，以前向联系为主，是极化作用的结果；第二种为正效果，核心发展所得利益扩散到边缘，使边缘区的经济受惠于核心区的带动，就业机会增加，次极核心开始发展，后向联系明显，是扩散作用的结果。对于文化创意产业而言，核心区的负效果，即"极化效应"，是指文化创意产业的资本、人才、技术等资源由边缘区不断向核心区流动，从而使核心区的传媒产业发展越来越强势，边缘区的文化创意产业则越来越落后；核心区的正效果，即"扩散效应"，是指核心区的文化创意产业发展成熟后，其资金、人才、技术等资源，向边缘区进行辐射，对边缘区的文化创意产业发展起到推动作用，进而在边缘区形成传媒产业发展的新的核心区，实现区域内传媒产业的均衡发展。

现阶段，京津冀区域内的文化创意产业"极化效应"较为明显，而"扩散效应"较为不足，这就在京津冀区域间形成了空间壁垒，成为阻碍京津冀文化创意产业资本、技术、人才、知识产权等生产要素自由流动的壁垒，主要包括以下方面。

首先，机制体制壁垒。文化创意产业由于自身的行业特性，受政府政策的影响要远高于其他行业。现阶段，京津冀三地政府对于文化创意产业的协同发展越来越重视，签署了《京津冀三地文化领域协同发展战略框架协议》《京津冀新闻出版广播影视协同创新战略框架协议》《京津冀三地文化人才交流与合作框架协议》等一系列加快三地文化创意产业协同发展的协议，但是这些协议大多以原则性内容为主，执行力不够。因此，现阶段仍然缺乏一个国家层面的协议统领京津冀三地文化创意产业协同发展。另外，京津冀作为一个区域协同发展，需要三地政府尽快统一文化创意产业知识产权、人才、财税、扶持等相关政策，打破文化创意产业条块分割的市场格局，建立一个统一的区域文化创意市场，促进资本、人才、产权、技术在三地自由流动。

其次，产业梯度壁垒。京津冀三地文化创意产业"核心-边缘"的区域空间布局决定了三地文化创意产业发展存在一定的梯度差。这一梯度差在一定程度上为三地差异化发展提供了客观条件，但也为三地协同过程带来了发展壁垒，三地文化创意产业间存在明显的差距，使得三地难以形成同一水平的文化创意消费市场，在产业对接上也很难完成产业间的分工协作，这使得京津冀区域的文化创意产业间难以形成分工协作、市场共享的协同局面。例如，北京作为文化创意产业高度发达的区域，其文化创意产业已经逐步向国际化、原创化方向发展，未来将会打造成为国际创意之都，因此需要广阔的文化创意消费市场，但是该区域除了京津之外，其他城市文化创意消费水平较低，很难为北京文化创意产业提供广阔的消费市场。

最后，产业集群壁垒。产业集群是文化创意产业区域协同发展的重要载体。京津冀文化创意产业发展"核心-边缘"的基本空间格局使得三地的文化创意产业集群水平差距明显。北京已经形成了中关村科技园区、798艺术区等全国知名的文化创意产业集群，这些园区已经逐渐发展成为分工合理、集聚程度高、产业链条完整的产业集群，成为带动北京文化创意产业快速发展的"增长极"。而天津、河北虽然也出现了由政府主导规划的文化创意产业园区，但是无论在集聚水平还是发展水平上，都与北京存在一定差距，导致发达地区所出现的产业集群因为找不到适宜的生存和发展环境，无法向周边落后地区推广和扩散。另外，三地产业集群政策不统一，缺乏区域层面的统一集群规划，造成同质化竞争、重复建设、区域协同不够等问题，难以形成区域协同发展的产业集群格局。

因此，想要打破京津冀文化创意产业的"核心-边缘"状态，需要不断引导核心区域北京的传媒产业发挥"扩散效应"，要着力加快推进市场一体化进程，破除限制资本、技术、产权、人才、劳动力等生产要素自由流动和优化配置的各种体制、机制和障碍，推动各种要素按照市场规律在区域内自由流动和优化配置，真正改善边缘区文化创意产业落后局面，促进京津冀文化创意产业协同发展。

第二节 突破空间壁垒：区域创新体系

从京津冀文化创意产业协同发展视角看，京津冀之间存在着巨大的经济落差、创意创新落差,因而缩小区域差距是协同发展的重要任务之一。但是,文化创意产业作为知识密集型、人才密集型产业,京津冀间突破壁垒实现协同发展,最为关键的是要缩小三地创新能力的差距,这也是区域协同发展具有可持续性的前提之一。从区域创新资源优化配置视角看,协同创新既可以促进分工协作,优势互补,减少创意创新中的"点状化"低水平重复,实现文化创意资源市场化流动,将文化创意资源聚焦到重点和战略上,又利于消除传统行政壁垒,将原来分割的、隶属不同区域的创意创新资源无缝对接,减少很多重复性的公共性、基础性技术创新设施建设,产生明显的优化效应。[1]

一、区域创新体系内涵

1. 区域创新体系的理论基础

区域创新体系(regional innovation system,RIS)理论,源于美籍奥地利经济学家熊彼特的创新理论。在著作《经济发展理论》中,熊彼特首次将"创新"作为经济学概念进行论述,并将"创新"与"发明""发现"等概念进行了区别,将其定义为在生产体系中引入一种新的生产要素的组合,并将创新的内涵界定为新产品、新技术、新市场、新来源、新组织五个方面,现如今学者们对于区域创新体系概念的界定也大多源于这五个方面。随后,对于熊彼特的研究逐渐朝着两个方向发展:一是以研究技术变革和技术推广为主的技术创新分支;二是以研究制度变革为主的制度创新分支。随着学术研究的不断发展,两大分支逐渐融合成为新熊彼特创新理论,而技术创新和制度创新也成为区域创新体系的两大基本内容,因此新熊彼特创新理论是区域创新体系的理论根基。[2]

另一个理论渊源来自马歇尔的创意集群理论。区域创新体系强调地理的集中,这与创意集群效应一脉相承。创意集群在地理上的集中不仅可以实现外部规模经济和范围经济,降低交易费用,也能够为企业提供良好的创新氛围,有利于促进知识和技术的转移扩散,同时降低创新成本,这都为区域创新能力的提升、区域创新体系的构建提供了理论支撑。哈佛大学的波特教授在 20 世纪 90 年代提出的集群(cluster)概念,可以说是区域集聚效应的再发展,推动了区域创新体系的研究。

2. 区域创新体系的内涵

区域创新体系的概念最早由英国卡迪夫大学的库克教授提出,他认为区域创新体系这一概念来源于演化经济学,主要是由在地理上相互分工与关联

---

[1] 颜廷标:《基于中观视角的京津冀协同创新模式研究》,《河北学刊》2016 年第 2 期,第 149 页。
[2] 王松、胡树华、牟仁艳:《区域创新体系理论溯源与框架》,《科学学研究》2013 年第 3 期,第 346 页。

的生产企业、研究机构和高等教育机构等构成的区域性组织系统,而这种系统支持并产生创新。[1]这一系统超越了企业自身,它涉及大学、研究所、教育部门、金融部门等。当在一个区域内形成了组织间互动频繁且耦合发展的局面时,区域创新体系也就随之形成。另一个对区域创新系统研究做出重大贡献的学者是美国的萨克森尼教授,她对美国硅谷和128号公路两个区域的发展进行分析,认为之所以硅谷的发展要好于128公路,是由于硅谷形成了政府、高校与科研机构、企业、中介服务机构等诸多组织间的不断交流,形成了一个区域网络化的产业体系,这一体系促进了专业化厂商间的互相学习和互相适应。

国内学者对于区域创新体系概念的界定,主要以胡志坚、黄鲁成、柳卸林、陈柳钦的观点为代表,形成了以"主体论""系统集成论""网络论""资源配置论"为主的四种区域创新体系概念。

"主体论"。胡志坚认为,国家创新系统包括五种要素,作为创新主体的企业;从事知识生产活动的公共研究机构(包括公立研究院所、科研型大学、非营利研究机构等),它是企业创新活动重要的知识源;从事创新人才培养的教育培训机构;政府机构,制定政策为创新活动的开展创造良好环境;金融机构,为创新活动的开展提供资金支持。[2]

"系统集成论"。黄鲁成认为,区域创新体系与国家创新体系既相互联系又相互区别。从系统科学的角度看,创新系统是一个复杂系统,系统各部分必须协调、均衡发展,任何一个部分的薄弱都将影响系统的整体功能。如果把国家创新体系作为一个大系统,区域创新体系则是子系统,国家创新体系由开放的各个区域创新体系连接而成。[3]

"网络论"。柳卸林认为,区域创新体系是一个地区内由各类创新主体形成的制度、机构网络,其目的是推动新技术的产生、使用。不同地区有着不同的创新制约因素,如不同的价值观念、制度框架、消费习惯、产业专有因素,造成了区域创新体系的不同,这些因素是区域创新体系的内核,也是地区经济获得核心竞争力的关键。[4]

"资源配置论"。陈柳钦认为,区域创新体系是指在一国一定的地域范围内,将新的区域经济发展要素或这些要素的新组合引入区域经济系统,创造一种新的更为有效的资源配置方式,实现新的系统功能,使区域内的经济资源得

---

[1] Cooke P, Hans Joachim Brazyk H J, Heidenreich M, *Regional Innovation Systerms: The Role of Governance in the Globalized World*, London: UCL Press, 1996.
[2] 胡志坚、苏靖:《关于区域创新系统研究》,《科技日报》1999年10月16日。
[3] 黄鲁成:《关于区域创新系统研究内容的探讨》,《科研管理》2000年第2期,第43-48页。
[4] 柳卸林:《区域创新体系成立的条件和建设的关键因素》,《中国科技论坛》2003年第1期,第18页。

到更有效的利用，从而提高区域创新能力，推动产业结构升级，形成区域竞争优势，促进区域经济跨越式发展。[①]

虽然国内外对于国家层次的区域创新体系已提出了较为完善的理论体系，区域创新体系的理论框架已初步建立，但目前尚未形成一个内部一致、逻辑严密的理论体系。

以上学者的观点各有侧重，但是可以看出他们对于区域创新体系的共通点：一是创新性，都认为创新是区域创新体系的主要目标，这与区域创新体系的理论渊源一脉相承，揭示了区域创新体系的基本内核；二是地域性，都将研究限定在一定的经济区域范围内，这也是对区域创新体系边界的基本界定；三是多元性，都认为区域创新体系包含着多元化的主题，不仅有企业、高校与科研机构等直接创新主体，还有提供政策保障和相关服务的政府、中介服务机构等间接创新主体；四是网络性，都认为区域创新体系是创新相关主体、组织、制度政策等一系列因素共同耦合作用下的网络化结构；五是地理集中性，区域创新体系以地理空间作为概念基础，这也决定了地理的集中将成为区域内创新体系形成的重要参考因素，地理的集中能够加速信息传递、降低知识转移扩散成本，使技术外溢在区域创新体系中发挥更大的作用；六是政府的重要性，在区域创新体系中政府不仅在宏观上是创新环境的主要构建主体，在微观上也是各类创新主体的协调者、监管者，学界普遍认为政府在区域创新体系中扮演着十分重要的角色。

通过对以上学者观点的归纳，笔者认为，"区域创新体系"是为了提升特定经济区域内的创新能力和区域竞争优势，在区域内各种与创新相关联的主体要素（实施创新的机构和组织）、非主体要素（创新所需要的物质条件），以及协调各要素之间关系的制度和政策共同作用下，以知识创新为核心构建起的耦合性的网络化体系。

二、构建京津冀区域创新体系的必要性

作为提升区域整体创新能力的重要手段，区域创新体系能够充分调动政府、高校与科研机构、企业、中介服务机构等与创新相关联的主体和资源，为区域营造良好的创新环境，打破区域创新障碍，形成区域协同发展的创新协作体系。就京津冀文化创意产业协同发展而言，区域创新体系的构建，提升了区域创新能力，增强了区域竞争力，不仅能够突破京津冀区域内"核心-边缘"格局，还能够提高整个区域的协同创新能力。

[①] 陈柳钦：《产业集群与区域创新体系互动分析》，《重庆大学学报（社会科学版）》2005年第6期，第4-5页。

1. 区域创新体系有利于实现京津冀区域均衡发展

作为一个网络系统，区域创新体系直接的目的是提升区域创意创新能力，最终增强区域整体竞争力，加快区域经济的协同发展。京津冀地区需要依托区域创新体系不断打造区域创新体，开拓区域文化创意产业新的增长点，来带动整个区域经济的增长。依靠区域创新体系"新增长极"的带动作用，突破京津冀"核心-边缘"的空间分布，实现核心区与边缘区间的"正效果"，使其由不均衡发展转变为相互关联的均衡发展区域系统。主要的内在动力：一是从宏观层面出发，区域创新体系可以不断整合区域内的创意创新资源，提升区域内的创新能力，形成区域间文化创意产业合理分布和上下游联动机制，确保区域内文化创意产业的均衡分布；二是从中观层面出发，区域创新体系必然以产业集群为发展载体，而文化创意产业集群的发展会在区域内形成新的增长极，进而打破区域间的空间壁垒，实现区域文化创意产业协同均衡发展；三是从微观层面出发，区域创新体系可以不断提升文化企业自身的创新能力，也能够通过知识外溢和转移、集体学习等方式，不断提高企业的学习能力和原创能力，还能够利用区域创新体系为中小文化企业提供人才、资本、技术、政策等多方位服务，为文化创意企业提供良好的创新环境。

2. 区域创新体系有利于打破京津冀区域行政壁垒

京津冀区域行政区划的分隔和"分灶吃饭"的财政体制，使得三地地方政府为了各自的政绩大力吸引创新资源的流入，而采用各种行政手段阻止创新资源的流出，这在一定程度上限制了京津地区创新资源，特别是优质创新资源向河北等地区的流出。京津冀三地地方政府对创新资源流动的干预，成为长期限制京津冀区域文化创意产业协同发展的壁垒。区域创新体系的构建，将会成为打破京津冀区域行政壁垒的"利器"。区域创新体系中政府的角色，将由直接干预转向间接引导、由重点支持少数国有企业转向支持产业集群、由以创意创新项目为作用对象转向以营造创新环境为作用对象，这一系列政府角色的转变，有利于打破京津冀区域协同发展的行政壁垒。在区域创新体系中，政府将从"台前"走向"幕后"，在充分尊重市场配置资源的基础上，区域内各地方政府利用联席会议、签署协议等形式整合区域市场资源，通过对区域内各类相关主体进行宏观引导和政策干预，挖掘区域内创新活力，营造良好的创新环境，协调行为主体间的利益关系，完善基础设施建设，制定创新政策法规，进而提升整个区域的创新竞争力。政府在区域创新体系中既是创新活动的参与者，也是创新活动的管理者。[1]

---

[1] 崔新健、崔志新：《区域创新体系协同发展模式及其政府角色》，《中国科技论坛》2015年第10期，第89页。

3. 区域创新体系契合文化创意产业协同发展的特性

北京大学王缉慈教授认为，文化创意产业是具有自主知识产权的创意性内容密集型产业，由此揭示了文化创意产业的三层含义：一是文化创意产业来自创造力和智力资产，这也决定了其知识产业的特征；二是文化创意产业是由文化、技术、经济相融合的且具有自主知识产权的内容密集型产业；三是文化创意产业为创意人才开发创造力提供根本的文化环境。[①]文化创意产业是知识密集型、内容密集型、人才密集型产业，这决定了知识、内容、人才是文化创意产业发展的核心竞争力，而区域创新体系契合文化创意产业的基本特征，有利于在知识、内容、人才三方面提升区域文化创意产业的协同发展水平。首先，区域创新体系以知识创新为核心，不仅有利于区域内显性知识和隐性知识的转移扩散，降低文化创意企业获取知识的成本，也能够利用区域内各创新主体的互动交流，促进区域文化创意企业与高校与科研机构的知识共享、知识学习和知识转化，有效提升区域知识创新能力；其次，区域创新体系中政府和中介服务机构共同为文化创意企业搭建了内容支撑体系，政府通过制定行政法规、进行行政管理等手段，为内容产业提供知识产权的法律保护平台，而中介服务机构利用信息中心、咨询中心、评估机构、营销公司等为文化创意企业提供内容产品的交易平台；第三，区域创新体系是一个系统性的工程，不仅能为创意人才提供良好的创意创新氛围，也能在区域内形成良好的创意生活氛围，为创意阶层提供开放的、多样化的、有活力的城市生活环境。

4. 区域创新体系有利于形成统一的创新要素市场

习近平总书记在推进京津冀协同发展的7点要求中特别指出："要着力加快推进市场一体化进程，下决心破除限制资本、技术、产权、人才、劳动力等生产要素自由流动和优化配置的各种体制机制障碍，推动各种要素按照市场规律在区域内自由流动和优化配置。"[②]对于文化创意产业而言，京津冀区域资本、技术、产权、人才、劳动力等生产要素的自由流动和优化配置同样关键。京津冀区域内阻碍创新要素自由流动的障碍，除了行政区划和财税体制的行政壁垒外，还有因京津冀三地区域经济发展水平梯度差距过大，而造成的产业对接困难、创新资源单方面流动等突出问题。区域创新体系以区域为范围，对区域内各类创新资源统一谋划，创造一种新的更为有效的资源配置方式，实现新的系统功能，使区域内经济资源得到更有效的利用，从而提高区域创新能力，

---

① 王缉慈：《文化创意产业形成有其自身发展规律》，《中国高新区》2008年第3期，第16-17页。
② 《习近平在听取京津冀协同发展专题汇报时强调优势互补互利共赢扎实推进 努力实现京津冀一体化发展》，2014年2月27日，http://news.cntv.cn/2014/02/27/VIDE1393499720111105.shtml。

这也决定了区域创新体系将超越京津冀三地的行政区域，能够在创新资源配置中平衡各地经济水平差异，实现区域创新资源的自由流动。其作用主要表现在：一是区域创新体系的构建能促进各类创新要素的自由流动。区域创新体系是国家创新体系的组成部分和区域化概念，国家创新体系的功能主要是从国家层面高效整合、配置创新资源，而区域创新体系是国家创新体系功能的延伸，是在区域范围内对创新资源的高效整合与配置，就京津冀区域创新体系而言，就是对京津冀区域创新资源的高效整合和配置。京津冀区域创新系统的构建能够充分发挥京津冀三地的比较优势，在更大范围、更高层次上整合优化创新资源，共同推进京津冀地区的产业升级与转型。二是区域创新体系将会深化三地文化创意产业的分工协作，使各地区依据自身发展水平和特点，逐渐形成较为完备的文化创意产业链条，确定合理的一体化区域产业发展目标，实现跨地区产业协同发展。京津冀地区文化创意产业的联动将促进三地产业的分工协作、集群化发展，促进区域内创意产业由无序竞争向产业整体有序竞争转变，提升京津冀区域创意产业的一体化水平。

5. 区域创新体系是京津冀创意集群的机制保障

区域创新体系作为将区域内各种与创新相关联的主体要素（实施创新的机构和组织）和非主体要素（创新所需要的物质条件），以及协调各要素之间关系的制度和政策联系起来的耦合性的网络化体系，其目标是通过知识的溢出和有效转移扩散来促进知识创新，进而增强区域创新能力和提高区域创新效率，其方式是通过创新系统的主体构成有效的网络，实现互动创新。因此，区域创新体系具有创新性、地域集中性、网络性等特点，其创新主体和资源在地理上的集中，以及以知识创新为核心和网络化结构的生产组织形式，都在客观上加速了创意集群的空间集聚，提高了创意集群的经济性。区域创新体系主要从创新环境和集群创导两方面为创意集群提供机制保障：一是创新环境，区域创新体系将从硬件环境和软件环境两个方面为创意集群的发展提供良好的创新环境，另外，创新主体间的合作网络也将为创意集群的发展提供良好的发展空间；二是集群创导，区域创新体系中政府将在充分考虑区域整体规划的前提下，根据各地创意资源和创意发展水平等实际情况，对区域内各地创意集群进行统筹安排，整合区域创新资源，实现区域内创意集群的差异化发展。

实质上，创意集群作为一个创造、扩散和应用知识的体系，从本质上讲就是一个规模更小的次一级区域性创新体系，是区域创新体系的重要载体。因此，要将产业集群的建立发展与区域创新体系的建设结合起来，营造创新创业环境，形成活跃的创新创业局面。

第三节　区域创新体系的基本构成要素

区域创新体系通常是由创新主体、创新环境和创新资源这三个部分构成，其目的是推动区域内新技术或新知识的产生、流动、更新和转化。[①]

一、创新主体

创新主体是创新活动的行为主体，主要指与创新相关联的主体要素（实施创新的机构和组织），包括：直接创新主体，以企业、高校与科研机构为主，这类创新主体直接参与创新活动，或将创意创新转化为创新产品；间接创新主体，以政府和中介服务机构为主，这类创新主体并不直接参与创新活动，主要为创新活动提供服务和政策支持。

1. 企业

企业始终是最主要的创新主体，也是自主创新行为的核心主体，是科技与经济的结合点，是经济质量和市场竞争力的体现。企业之所以成为区域创新体系当之无愧的创新主体，主要是因为，第一，企业是直接参与创新活动的行为主体。为了参与市场竞争、实现利润最大化，创新无疑成为企业提升自身核心竞争力、提高产品附加值的重要战略手段，这使得企业不断增加研发投入，从而拥有自己的专利成果、知识产权和科研成果，成为研究开发的主体。对于文化创意企业而言，创新更是企业发展的基石，只有不断创新，才能拥有更多原创性的文创产品，可以说文化创意企业无时无刻不在参与创新活动。第二，企业可以与高校、科研机构等组织合作创新。对于企业而言，不仅可以直接研发创新，也可以委托高校、科研机构，以市场为导向选择科研课题，弥补企业创新能力的局限。第三，企业可以通过学习和购买新知识、新产品、新技术等创新成果，将知识创新产业化、市场化，达到转化知识创新成果、共享技术和集成资源的目标，获取经济收益，推动区域创新能力的提升。

2. 高校和科研机构

作为直接创新主体之一，高校主要承担着三项创新任务。一是创新知识。中国高校的科研资金主要来源于国家，高校承担着国家发展需求的科研课题，是国家创新体系的重要组成部分。另外，区域地方政府的科研课题也是高校获

[①] 陈柳钦：《产业集群与区域创新体系互动分析》，《重庆大学学报（社会科学版）》2005年第6期，第4-5页。

取科研资金的重要渠道，是为地方经济服务的重要途径。二是知识转化。高校科研资金的另一重要来源是企业的委托课题，通过产学研的联合发展模式，高校不仅能够获取一定的科研资金，也能够帮助区域企业弥补科研能力不足的缺陷，实现创新主体间的关联发展。三是培养人才。高校在区域创新体系中，除了创新知识、转化知识外，还为区域创新体系培养和输送了大量的创新人才，这对于文化创意产业而言尤为重要。以同济大学设计产业集群为例，同济大学每年培养众多的设计专业人才，为当地相关产业的发展提供了大量优秀人才，也以同济大学为核心逐渐形成了以设计为主的文化创意产业集群。同时，政府提供创新环境与条件，企业实现创新成果的转化。因而，从另一方面看，区域创新体系建设的顺利进行，也为高校提供了优越的创新环境。

科研机构同样是直接创新主体。由于自身具有技术力量强、设备先进、实力雄厚的优点，科研机构更加侧重于承担重大前沿科研项目。同时，部分科研机构拥有自己的科技公司，这也使得科研机构与市场联系更加紧密，更便于创新知识的转化和应用。

3. 政府

政府虽然不直接参与创新活动，但是在区域创新体系中占据着重要的地位。在区域创新体系中政府的角色主要包括：一是引导者。区域创新体系中的地方政府将摒弃"圈地盖楼"搞基建、上项目的传统工业发展模式，将更多地以引导者的身份出现，在为文化创意企业提供必要基础设施的基础上，通过机制创新、政策创新，为文化创意企业提供良好的政策环境。二是协调者。区域创新体系是一个涉及众多行为主体的网络，政府在管理这一网络时要更多地以协调者的身份协调创意企业、高校与科研机构、中介服务机构等行为主体的关系，使他们增加彼此间的交流与合作，避免冲突和矛盾，增强区域创新网络的耦合性。三是服务者。区域创新体系中文化创意企业大多以中小企业为主，自身资金、人才、技术实力有限，政府除了要重视管理外，更要做好服务工作，主动作为，在税收、知识产权保护、技术设备等方面为中小文化创意企业提供贴心周到的服务。

4. 中介服务机构

中介服务机构是区域创新体系中连接政府、高校与科研机构、企业的重要纽带，在知识创新与市场经济间搭建起沟通的桥梁。中介服务机构以加快信息资源的流通和整合社会资源为手段，来实现增强企业技术创新能力、加速科技成果转化、提高生产力水平和创新资源优化配置的目标，同时为创新活动提供各种需要。中介服务机构主要包括信息中心、培训中心、咨询公司、经纪人组织、技术评估机构、技术争议仲裁机构、创业服务中心、知识产权交易所等。[①] 中介服务机构主要从四个方面为创新主体提供服务：一是信息咨询，信息是企业了解市场动态、把握市场发展方向的重要资源，信息中心、咨询公司等中介服务机构能够为文化创意企业提供必要的市场信息，帮助企业正确把握市场动态；二是人才输送，文化创意企业等创新企业最核心的竞争力就是人才，除高校外，以猎头公司、经纪人组织、培训中心为代表的中介服务机构，可以为企业培养和输送适合企业发展的人才；三是知识交易，中介服务机构能够帮助企业和高校将专利权、著作权等知识产权通过市场进行交易，为知识资源的市场化运作提供服务平台；四是融资服务，文化创意风险投资机构、创业融资服务机构和担保机构等中介服务机构，可以为中小企业解决融资难的问题。

二、创新环境

创新环境是创新活动的支撑要素，一是硬件环境，是与区域内创新活动相关的各类基础设施、技术设备等；二是软件环境，主要指区域内与创新活动相关的政策环境、市场环境、文化环境等。创新环境是各创新主体进行创新活动及相互作用的有力支撑。

1. 创新硬件环境

创新硬件环境主要指区域范围内与创新活动相关的文化设施、办公设施、科技设施、道路交通、教育设施、通信设施等基础设施的建设情况，良好的创新基础设备是推动区域创新体系发展的硬件基础。

首先，完善的市政设施。现代区域创新体系大多将城市作为创新主体发展的载体，无论是美国硅谷、韩国大田，还是英国曼彻斯特，这些区域创新体系的产业集群大多集中于城市。完善的市政设施不仅能够为创新主体提供必要的交通、网络通信、办公场所等设施，也能够更容易地吸引创新人才安居于此。

其次，通达的交通。推动经济大发展，交通必须先行；实现区域经济一体化，交通运输必须首先一体化。对于区域创新体系而言，区域内的交通设施是连通区域各节点城市的重要桥梁，也是创新资源在区域内流动所需的"血管"，只有在区域内构建起互联互通、安全便捷、绿色环保的综合交通运输体系，才能为创新资源的自由流通提供坚实的硬件基础。京津冀区域已经开始逐步构建"一小时"交通圈、半小时通勤圈，为区域创新体系硬件环境建设营造一个良好的开端。

最后，优质的科教文化设施。高校、科研机构为主要创新主体，对科教设施

[①] 赵喜仓、李冉、吴继英：《创新主体与区域创新体系的关联机制研究》，《江苏大学学报（社会科学版）》2009年第2期，第71页。

的建设直接关系着区域内创新能力的水平,优质的科教设施、先进的科研设施都将为区域创新能力提升提供良好的物质保障。另外,对以博物馆、图书馆、资料馆、科技馆及人文景观为主的文化设施的建设和保护,也将为当地区域创新体系吸引优质人才、营造创新氛围、提供创意素材,是创新硬件环境不可或缺的组成部分。

2. 创新软件环境

软件环境就是一种制度、一种氛围,既包括创新主体内部的管理理念、规章制度,也包括社会知识管理体系和政府政策法规,以及人们的文化水平、价值观念、思维方式等。软件环境是一个社会的软实力,与硬件环境不同,它看不见、摸不到,但是却潜移默化渗透在社会管理和政府政策的每一个环节,对区域创新行为主体的相互作用发挥着不可小觑的作用。[1]硬件环境是客观的,而软件环境却是主观的。通过大规模人力、物力的投资,地方政府可以短时间内实现区域硬件环境的改善。但是,软件环境的完善则是一个漫长而艰辛的过程,不仅需要政府部门在行政法规、行政管理、社会机制等方面努力,还需要社会全体成员不断提升自身文化素养和创新意识,这样才能在全社会营造良好的创新文化氛围。软件环境一旦有了突破,则会给区域创新经济、文化与社会效益带来质的提升。

对软件环境的改善重点需要从两方面入手:一是政府创新政策的制定。从英国的曼彻斯特音乐产业集群到东京动漫集群,从韩国大田区域创新体系到澳大利亚的昆士兰模式,都能看到政府在区域创新体系软件环境营造过程中的"身影"。现阶段,区域创新体系受到政府政策的影响十分显著,政府作为社会管理者和政策制定者,其各项行政法规的颁布和扶持政策的制定,都对区域创新体系的发展起着重要的作用;二是社会创新氛围。在软件环境营造过程中,除了政府以管理者、引导者、协调者身份参与外,创新活动的其他参与主体,高校与科研机构、企业、中介服务机构也都应当参与其中,在全社会营造一种创新文化氛围,为区域创新体系软环境的完善添砖加瓦。

3. 创意城市

区域创新体系的形成与发展,关键是人才。文化创意产业的形成与发展,关键也是人才。因此,无论是区域创新体系,还是文化创意产业,增强对人才的吸引力都显得格外重要。学者米切尔认为,城市需要争取区位吸引因子来保持创新,特别是愉快而积极向上的地方环境、高质量的教育和医疗服务、大量灵活的交通设施和公共服务供给等,这些因子为经济活动提供了快速重新布局

---

[1] 罗掌华、杨志江:《区域创新评价——理论、方法与应用》,经济科学出版社 2011 年版,第 40-42 页。

的可能。[①]由此可以看出，人才的集聚往往出现在具有浓厚人文气息和完善公共服务设施的都市，既要求区域拥有良好的软件环境，也需要具备完善的硬件环境，这样才能形成极具吸引力的创意城市。

三、创新资源

创新资源是创新活动的基础要素，是指与创新活动相关的非主体要素（创新所需要的物质条件），其核心资源是创新知识、创新人才和创新资本，这些创新资源不仅是创新活动的基础条件，是连接区域创新体系各创新主体的重要纽带和内在动力，也是创新环境的重要依托。

1. 知识资源

区域创新体系构建的基本目标就是要提升区域内知识创新的能力，因此知识资源是区域创新体系中最为核心的资源，而提升区域内知识创新能力，主要通过知识在创新主体之间的流动来实现。所谓知识流动，就是在创新主体之间进行知识的溢出、扩散、吸收、转化，其目的就是获得创新所需知识或技术的扩散，实现知识的互补，达到知识的共享，尤其是隐性知识的共享。[②]知识资源主要分为显性知识和隐性知识，区域创新体系更加注重隐性知识在创新主体间的共享和扩散，隐性知识往往是无法从公开渠道获取的知识资源，往往成为决定文化创意企业发展的核心竞争力。而区域创新体系正是利用了创新企业、高校与科研机构等创新主体在区位上的临近优势，从而便于主体之间以结网的形式进行知识的学习与交流，加速主体间隐性知识的获取速度，降低知识创新的成本，实现整个区域创新能力的提升。

2. 人才资源

区域创新体系以知识创新作为发展目标，而知识创新的行为主体是人才，这也决定了人才在区域创新体系中至关重要的地位。因此，人才资源成为区域创新体系成败的关键所在。人才资源流是指掌握一定科学知识、技能、工作经验的有创新精神的人员的流动及附着其上的知识的转移。人才资源在创新主体之间的相互作用，不管是正式的还是非正式的，都是区域创新系统之间知识和技术运动的重要渠道，是技术创新的动力之一。[③]人才资源所涉及的创新主体，既包括人才资源的需求方——创新企业，也包括人才资源的主要输出方——高

[①] Mitchell W E, *Topia*, Cambridge: MIT Press, 1999.
[②] 余以胜、赵浚吟、陈必坤等：《区域创新体系中创新主体的知识流动研究》，《情报理论与实践》2014年第7期，第59页。
[③] 冯根尧：《区域创新体系的运行机制及构成要素分析》，《广西社会科学》2006年第7期，第42页。

校，还涉及人才资源输送和培养的中介服务机构，以及为人才资源制定人才扶持政策的政府，可以说人才资源的流动几乎牵涉所有的创新主体。

3. 资本资源

资本资源在区域创新体系的各个创新主体之间、区域内创新主体与区域外创新主体之间流动，其伴随着的不仅是资金的转移，更是附着在资金上的知识、人才、技术装备等资源的转移。因此，资本资源可以说是牵一发而动全身，在整个区域创新体系中流动性最强，且起着润滑剂的作用。对于文化创意产业而言，大多数企业多为中小微企业，本身缺乏雄厚的资本资源，且由于文化创意产业以专利权、著作权等无形资产为主，难以用来抵押、质押，融资困难一直成为文化创意产业发展的难题。因此，区域创新体系有利于资本资源的合理配置，能够有效促进文化创意产业的发展。

四、区域创新体系运行机制

区域创新体系由创新主体、创新环境、创新资源三部分构成，三者间相互作用、相互影响、相互融合，将与创新活动相关联的主体要素（实施创新的机构和组织）和非主体要素（创新所需要的物质条件）联结成为一个以促进知识创新为目的的网络结构。

1. 创新主体之间的三螺旋模式

"三螺旋"模式源于美国遗传学家里查德·列万廷提出的三螺旋理论，三螺旋模式最早用于解释模式化基因、组织和环境之间的关系，这一理论认为基因、生物体和环境三者间是一种"辩证的关系"，这三者就像三条螺旋缠绕在一起，都同时是因和果。随后，亨瑞·埃茨科瓦茨首次提出使用三螺旋模型来分析政府、产业和大学之间关系的动力学，并用以解释政府、企业和大学三者间在知识经济时代的新关系。三螺旋模型理论认为，政府、企业和大学的"交叠"才是创新系统的核心单元，其三方联系是推动知识生产和传播的重要因素。在知识生产和转化过程中，三者相互作用、相互影响，在完成自身本职职能的基础上，还参与了其他两个主体的创新职能，相互联结在一起，形成三种力量相互影响、抱成一团，又螺旋上升的三重螺旋关系。[①]

在区域创新体系中，政府、高校与科研机构、企业、中介服务机构这四个创新主体，同样适用于三螺旋模式。如图 7-1 所示，区域创新体系的核心目标就是知识创新的生产和转化，而其参与创新活动的四个主体间，也表现出相互

---

① 边伟军、罗公利：《基于三螺旋模型的官产学合作创新机制与模式》，《科技管理研究》2009 年第 2 期，第 4 页。

作用、相互影响、相互融合的特征，这与亨瑞·埃茨科瓦茨的三螺旋模型理论相适应。

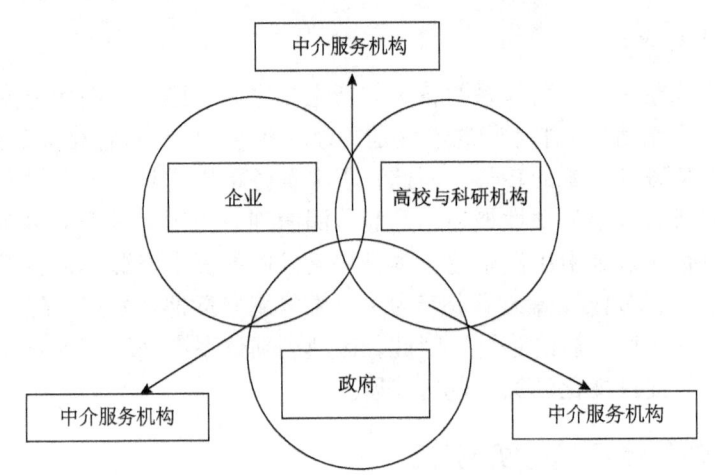

图 7-1 区域创新体系三螺旋模式图

在传统的创新理论中，企业是创新活动的主体，政府是创新活动的政策保障，高校仅仅提供教育功能，三个创新主体各行其道、各司其职。而在以三螺旋模式为主的创新理论中，政府、高校与科研机构、企业三者为了推动知识的生产、转化、应用、产业化及升级，通过不断的相互联系、相互作用、相互融合，使得创新主体间开始交叉扮演彼此的角色，创业型大学的建设、产学研和官产学的合作模式等都是这一模式的有益尝试。在区域创新体系中，除了三螺旋模型中的三个创新主体外，还增加了中介服务机构作为创新主体，第四螺旋加入其中。

（1）四者角色的重新定位。在区域创新体系中，政府、高校与科研机构、企业和中介服务机构具有同等重要的地位和作用。企业不再仅仅是以知识转化为主要任务，还承担着知识创新、技术转移、知识应用与传播等方面的任务；高校和科研机构也不仅仅是以知识创新、教育职能为主，还承担着知识的转移和扩散、知识创新转化等任务；政府则从直接干预企业转向间接引导、由重点支持少数国有企业转向支持产业集群，将以引导区域集群发展、协同主体关系、服务创新活动为主要任务；中介服务机构则除了做好政府、高校与科研机构、企业间的桥梁外，还将为创新主体提供充足的创新资源和营造良好的创新环境，不仅是创新主体间的桥梁，也是区域创新体系各构成要素间的桥梁。

（2）四者间的相互作用。在区域创新体系中，四个创新主体间相互联系、相互作用，共同推动知识的生产、转化、应用、产业化及升级。

一是政府发挥引导作用。在中国现有市场经济体制下，政府仍然对经济具有重要的影响力，尤其是在创新活动过程中，由于文化创意产业的不可确定性和高风险性，在知识原创生产、消化转化过程中，企业和高校及科研机构极少能够合作开发，这就需要政府引导、协同其他创新主体，使其共同参与到创新活动中，同时政府还要注重制定适宜知识创新的政策法规以及进行基础设施建设，为其他创新主体参与创新活动提供软硬件环境。

二是高校与科研机构发挥知识源作用。在区域创新体系中，高校与科研机构要重点突出自身在知识创新、人才输出方面的优势，积极与企业合作，通过委托课题、定制班等形式向企业输送知识和人才。同时，产业界也很少限制高校对技术成果的公开发表，而这将有利于新技术的快速传播和扩散。另外，高校与科研机构还可以同中介服务机构合作，将专利权、著作权等知识产权投入市场进行交易。

三是企业发挥主体作用。企业是区域创新体系的核心创新主体，是知识创新最为活跃的主体，也是知识生产、转移扩散、转化最重要的行为主体。企业是高校主要的知识转化载体，高校与科研机构所生产的知识与创意，只有通过企业才能够投入市场并实现其价值。企业是政府的主要税收来源和服务对象，区域创新体系的主导者是政府，但主要参与者则是企业，政府之所以打造区域创新体系，正是为了能够提升区域内企业的创新能力，进而提升区域内企业的核心竞争力，最终实现区域税收的增加，因此企业是政府的主要服务对象。企业是中介服务机构最主要的客户，中介服务机构无论是信息咨询、人才输送，还是知识交易、融资服务，其主要客户都是企业。因此，要充分发挥市场机制在引导资源配置方面的基础作用，通过制度变革与政策调整，真正使企业将知识创造视为塑造其核心竞争力的关键。

四是中介服务机构发挥桥梁作用。在区域创新体系中，中介服务机构就像"桥梁"一样，不断增强创新主体之间的联系，这也进一步提升了区域创新体系主体间的耦合程度，有利于创新主体间的相互作用。中介服务机构的主要服务对象是企业，为企业创新活动提供信息咨询、知识交易、投资融资等一系列服务；同时为高校与科研机构进行知识产权的交易和人才的输出；也为政府制定政策法规和进行行政管理提供信息服务和数据支撑。

2. 创新环境是创新主体的有力支撑

在区域创新体系中，创新环境不再仅仅是完善的市政设施、技术设备等硬件环境，更注重的是健全的知识产权保护法规、各类促进知识创新的政策以及浓厚的社会创新氛围等软件环境，而完备的创新软硬件环境将为创新主体提供有力的支撑体系。

一是创新硬件环境是创新主体的物质基础。文化创意产业作为创新产业的一类，其最具价值的"资产"就是人才，可以说文化创意产业就是人才导向型产业，该产业的集聚大多先以人才的集聚为前提，而人才对工作、生活环境都有一定的要求，大多集聚在市政设施完善、人文景观丰富、交通便利的大都市，因此知识创新的前提是人才的集聚，而人才集聚的前提是完善的硬件环境。

二是创新软件环境是创新主体的有效保障。目前，文化创意企业以中小企业为主，其难以支付高昂的租金、购买高昂的设备、聘请足够的员工，这就需要政府为企业提供相应的优惠政策，可以提供租金补贴或场所解决其办公困难的问题，可以购买相关技术设备免费或低价租赁给中小企业，可以提供相应的人才引进计划吸引更多的相关人才前来就业，而这些都离不开政府。因此创新软件环境的构建，政府的作用不可或缺。

3. 创新资源是创新主体的内在动力

在区域创新体系中，创新资源主要包括知识资源、人才资源和资本资源，也正是这三类资源在不断推动知识的生产、转化、应用、产业化及升级，不断推动各类创新主体的相互作用和向前发展。

企业发展的内在动力在于不断获得超额利润，而知识创新能够提高企业生产效率，提升企业核心竞争力，帮助企业获得更多的超额利润，但是知识创新需要知识、人才和资本等创新资源的不断投入。由此可见，创新资源是企业获得超额利润的物质基础，也是企业不断进行知识创新的内在动力。

高校与科研机构在区域创新体系中承担着知识创新、人才输出等任务，其创新活动也需要人才、资金的不断投入，其资金来源主要是政府和企业的课题经费，这也是高校与科研机构不断参与知识创新的内在动力之一。高校与科研机构通过产出知识和高素质人才，来满足政府、企业对知识和人才的需求，进而从政府、企业和社会获取资源，再进行知识创新和人才培养，形成良性循环。

政府作为区域创新体系的主导者，之所以大力发展区域创新体系，根本原因就是通过对知识、人才、资本的投入，为知识创新提供良好的环境，并积极引导企业、高校与科研机构的分工协作，进而不断壮大区域内企业的整体创新能力，提升区域内企业的核心竞争力，进而使政府获得更多的税收，扩大就业机会，形成新的产业集群和经济增长极。同时，对于社会还有很强的示范带动效应和知识溢出效应。[1]

第四节 区域创新体系的现实问题及实施战略

区域创新体系对于京津冀文化创意产业协同发展来说意义重大，是提升

---

[1] 边伟军、罗公利：《基于三螺旋模型的官产学合作创新机制与模式》，《科技管理研究》2009 年第 2 期，第 5 页。

京津冀区域整体创新能力的重要保障，未来将在京津冀区域内构建以知识创新为核心的创新协作体，为该区域文化创意产业的跨越式发展打下坚实基础。但是，就目前而言，京津冀区域创新体系仍处于起步阶段，仍然存在诸多不足。

一、京津冀区域创新体系的现实问题

1. 创新主体间沟通协作不足

根据埃茨科瓦茨三螺旋模型理论，区域创新体系的创新主体间应当相互联系、相互作用、相互融合，创新主体间的相互"交叠"才是创新系统的核心单元，三方不断加深的相互联系是推动知识生产和传播的重要因素，其共同目标都是为了推动知识的生产、转化、应用、产业化及升级。然而，在京津冀现有的区域创新体系中，创新主体间缺乏必要的沟通协作，主要体现在以下方面。

第一，区域内地方政府缺乏顶层制度设计。京津冀三地政府虽然签署了《京津冀三地文化领域协同发展战略框架协议》《京津冀新闻出版广播影视协同创新战略框架协议》《京津冀演艺领域深化合作协议》《京津冀文物执法协作体框架协议》《京津冀文创园区协同发展备忘录》《京津冀三地文化人才交流与合作框架协议》等一系列文化创意产业区域创新发展规划，但大多属于原则性、宏观性、指导性的协议，执行力、可操作性不强。三地政府的相关协议大多都是从"点"和"线"上来支持三地文化创意企业、高校与科研机构、中介服务机构的知识创新、生产、转化应用和传播，而着眼于"面"的区域创新支撑体系严重缺失，针对区域创新体系建设的制度创新严重滞后。现有宏观层面的区域经济政策较多考虑区域内协调发展和区域间平衡发展，而激发区域创新潜力、提高区域创新能力的整体导向不足。[①]

第二，区域内三地创新主体对接困难。根据对保罗·弗里德曼"核心-边缘"模型的分析，京津冀三地文化创意产业的空间布局符合"核心-边缘"模型，北京处于核心区域，在区域内其文化创意产业占据绝对核心地位，天津处于上过渡边缘区，与核心区域之间建立了一定程度的经济联系，河北则处于资源前沿区域，拥有丰富的文化资源和市场资源，未来发展潜力巨大。三地文化创意产业的梯度差异，决定了三地文化创意产业需要统一规划、优势互补，走差异化发展道路。但是，京津冀三地文化创意产业间专业化协作处于起步阶段，三地产业梯度大、协作水平低、上下游一体化程度差，造成区域创新主体之间缺乏产业承接能力，甚至形成了产业"鸿沟"，加之文化创意产业自身的高风险性、

---

① 黄速建、刘建丽：《当前中国区域创新体系的突出问题》，《学术前沿》2014年第17期，第80页。

高附加值等特征，造成京津冀在高新技术产业转移方面进展缓慢。[1]正因如此，许多北京文化创意产品的生产无法在天津、河北完成，只能转向江浙、广东地区，造成"孔雀东南飞"的现象。

第三，区域内创新主体缺乏协作平台。区域创新体系推动知识生产、转化、应用、产业化及升级，需要创新主体间的分工协作和融合发展，但是两个或多个创新主体间的协作不仅难以实现规模效应、范围效应，也会降低区域创新体系中知识的创新、生产、转化及传播的速度与范围，这就需要区域创新体系依托以产业集群为载体的创新协作平台。从世界各国推动区域创新的实践来看，区域创新平台——产业集群的建设是突破共性关键技术的重要手段。但是，京津冀区域创新体系中各创新主体之间，包括企业与高校之间、企业与科研机构之间、企业与中介服务机构之间仍然缺乏沟通协作，产学研互动机制不完善，难以在产业集群内部进行有效的合作。由于部门分割及目标取向不同，企业的技术引进、消化吸收和再创新，高校与科研机构无法参与，这就造成了科研资源的不合理配置。反之，高校与科研机构承担的研究课题和科研任务，企业也无法参与，导致科研成果转化效率低下。另外，各地文化创意产业集群只重视本身园区的数量，忽视园区的错位发展，缺乏统一规划，使得京津冀区域内产业集群同质化发展、重复建设严重，且集聚水平仍然处于初级阶段，文化产业集聚上下游分工不够明晰，产业链条尚未形成，空间集中度仍需提高。[2]

2. 创新环境的营造仍存在差距

区域创新体系的创新环境，既包括硬件环境的建设，也包括软件环境的营造。现阶段，京津冀区域创新环境营造的差距主要体现在三个方面。一是注重硬件环境而忽视软件环境。各地大多注重硬件环境的投入，将大量精力和资金用于建设市政基础设施等，而往往忽视软件环境的设计和投入，使许多文化创意企业虽然享受到了良好的基础设施服务，但却在知识产权保护、人才培养、资本融资、知识创新等方面享受不到政策支持，也感受不到应有的创新的氛围。二是区域创新文化的营造仍然存在较大差距。区域内的创新主体需要合作氛围，以及诚信文化和创业精神等创新文化。以美国硅谷的区域创新体系为例，在硅谷无论是高校、高科技企业，还是创业者，都秉持崇尚冒险、乐于创造的创新文化精神。其中，最具代表性的就是斯坦福大学的"斯坦福创业企业"，这些由学校学生成立的创新企业，其首批产品的技术和多数创始人均来自斯坦福大学，但学校并不控股或长期持有企业的大部分股权。大量技术持有者从学校走

---

[1] 宋之杰、金婷：《基于产业集群的河北区域创新系统建设思路探析》，《燕山大学学报（哲学社会科学版）》2010年第1期，第112-113页。

[2] 同[1]。

向社会，将实验室技术迅速转化为产品。在知识创新和商业化创新意识都较为强烈的氛围中，硅谷的企业衍生能力十分强。而在京津冀区域创新体系中，将区域性产业集群作为创新协作平台，形成创新合力、共同应对行业技术问题的良好氛围远未形成，这就需要京津冀各地鼓励文化创新，营造有利于区域创新的文化氛围，在全社会形成崇尚知识、尊重人才、鼓励创新、敢于创新的新风尚。[①]三是区域创新体系缺乏文化根植性。相对于其他创新产业而言，文化创意产业更加强调文化的重要性，文化创意产业需要依托丰富的文化资源，这也使得文化创意企业必须根植于当地文化，从当地文化资源中汲取营养，才能创造出具有原创性、民族性、世界性的文化创意产品。而京津冀区域文化创意产业的创新主体缺乏对当地文化资源的有效挖掘和保护。

3. 创新资源跨区域流动不畅

区域创新体系中创新资源的整合与共享，需要政府、高校与科研机构、企业、中介服务机构四个创新主体相互关联来构成"知识-技术-新产品"创新链，促使知识资源、人力资源和物质资源在体系内整合和共享。[②]而区域创新体系是一个复杂的区域性行为系统，创新要素突破行政壁垒、组织壁垒，通常需要一个内生于系统的"组织者"，也就是创新资源进行跨区域流动的组织者、协调者，即产业集群。然而，京津冀区域内区域创新体系尚不完善，存在创新资源流动的"治理真空"。政府作为区域创新体系的主导者，虽然在引导创新资源流动、协调创新主体关系等方面举足轻重，但是政府并不了解创新主体的内在需求，过多干预市场行为反而会事倍功半。而产业集群是缩小版的区域创新体系，集群中也包含政府、高校与科研机构、企业、中介服务机构等创新主体，集群的发展也需要创新主体间的相互关联，以促进集群内创新资源的自由流动。因此，只有产业集群在园区内打造完整的"知识-技术-新产品"创新链，并作为"组织者"促使知识资源、人力资源和物质资源在体系内整合和共享，才能填补区域创新体系的"治理真空"。

二、京津冀区域文化创意产业协同发展基本思路

图 7-2 可以直观地反映区域协同发展、区域创新体系和创意集群三者间的逻辑关系，进而总结出京津冀区域文化创意产业协同发展的基本思路。

---

① 陈柳钦：《产业集群与区域创新体系互动分析》，《重庆大学学报（社会科学版）》2005 年第 6 期，第 4-5 页。

② 黄速建、刘建丽：《当前中国区域创新体系的突出问题》，《学术前沿》2014 年第 17 期，第 87 页。

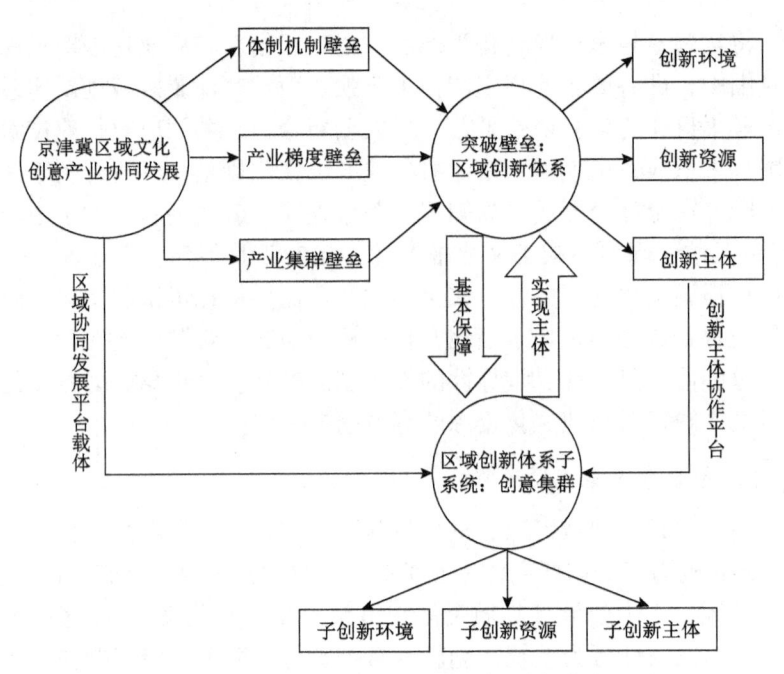

图 7-2　京津冀区域文化创意产业协同发展路径图

1. 区域文化创意产业协同发展的前提是构建区域创新体系

京津冀三地政策机制、经济发展水平、产业集群水平等方面的差距，使得三地文化创意产业呈现"核心-边缘"的空间分布，使得三地在协同发展过程中面临体制机制壁垒、产业梯度壁垒、产业集群壁垒三方面的困境，如何突破三地间空间壁垒，促进三地文化创意产业协同发展，成为当下学界、业界讨论的重要课题。

区域创新体系是由区域内所有与创新相关联的主体要素（实施创新的机构和组织）和非主体要素（创新所需要的物质条件），以及协调各要素之间关系的制度和政策共同作用下所建立的以知识创新为核心的耦合性网络化体系，其根本目标是提升特定经济区域内的创新能力和区域竞争优势。区域创新体系对于区域的整体规划和把握，在宏观层面，能够不断整合区域内创新资源，形成京津冀区域内三地文化创意产业的合理分布和上下游联动机制,突破区域内"各自为政"的机制体制壁垒，实现区域内的均衡发展；在中观层面，区域创新体系以创意集群为实现主体，而创意集群能够通过文化创意产业资源的集聚，形成区域内经济增长的"龙头"，通过经济增长极带动落后区域后来居上，进而打破区域间产业梯度壁垒，实现区域协同发展；在微观层面，区域创新体系可以在产业集群内部和产业集群之间，加快知识外溢和转移，进而缩小区域间产业集群发展差距，合理规划不同区域间产业集群差异化发展，进而突破区域内产业集群壁垒，有力促进区域内产业集群的跨越式发展。另外，区域创新体系还能够为中小文化企业提供人才、资本、技术、政策等多方位服务，为文化创意企业提供良好的创新环境。

因此，区域创新体系的构建能够帮助京津冀区域打破空间壁垒，有效整合区域内创新资源，打造区域新的经济增长极，为创意集群发展提供良好的环境，从而提高区域创新能力，推动产业结构升级，形成区域竞争优势，实现区域文化创意产业均衡发展。区域创新体系已经成为京津冀区域文化创意产业协同发展的前提和实现路径。

2. 区域创新体系与创意集群间"同构支撑关系"

区域创新体系与创意集群之间有地域关联、结构关联、功能关联、目标关联，可以说创意集群是次一级的区域创新体系，两者属于"同构支撑关系"。

"同构"关系是指两者结构基本相同，都是将某一特定区域内的创新资源有效整合为具有耦合性的网络化体系，这些资源既包括主体要素（实施创新的机构和组织）和非主体要素（创新所需要的物质条件），也包括协调各要素之间关系的制度和政策。两者的内部结构基本相同，只是范围有大小之分，区域创新体系是国家创新体系的组成部分，是对某一个经济区域内创新资源的整合，范围更广，属于跨行政区域的资源整合网络；创意集群则是某一地区创意企业间的空间集聚所形成的创意网络化体系，范围较小，一般不会出现跨行政区域资源整合。

"支撑"关系是指两者间相互作用、相互支撑，区域创新体系是创意集群的基本保障，而创意集群是区域创新体系的实现主体。区域创新体系的基本构成要素包括创新主体、创新环境、创新资源，其中，区域创新体系创新主体间的三螺旋模式结构，需要一个实在的创新协作平台来为创新主体的关联合作提供创新网络，而创意集群则正适合作为创新主体的创新协作平台，这也决定了创意集群作为创新主体协作平台的必要性，因此创意集群是区域创新体系创新主体的创新集合体，也就是区域创新体系的实现主体；区域创新体系的创新环境包括硬件环境和软件环境，为创意集群提供基础设施保障，更为其提供政策制度保障；区域创新体系的创新资源主要包括知识资源、人才资源和资本资源，这些都是创意集群发展的核心资源，也成为创意集群发展的内在动力。

3. 创意集群是区域文化创意产业协同发展的平台载体

区域文化创意产业协同发展-区域创新体系-创意集群这三者之间并非单向的关系，而是相互关联、相互作用、相互影响的网络关系。区域文化创意产业协同发展的前提是构建区域创新体系，而区域创新体系需要创意集群作为其实现主体。同时，创意集群具有创新效应和空间效应，能够实现区域内资源的有效配置，使集群内创意资源得到更有效的利用，进而成为区域内带动创意产业发展的增长极，提高区域创新能力，推动产业结构升级，形成区域创新竞争优势，在构建区域创新体系的过程中，创意集群逐渐发展成为区域文化创意产业协同发展的重要平台载体。区域创新体系为创意集群在创新环境、创新资源方面提供支撑，而区域文化创意产业的协同发展，也会提升区域文化创意产业的竞争力，缩小区域文化创意产业的发展差距，促进区域内文化创意产业资源的合理分布，加速区域内创意集群的跨越式发展。

三、构建区域创新体系实施战略

区域创新体系由创新主体、创新环境、创新资源三个基本要素构成，因此构建区域创新体系也需要从这三方面采取实施战略。

1. 构建区域创新体系实现主体：创意集群

创意集群是区域创新体系创新主体的创新协作平台，也是创新主体最大限度发挥作用的重要载体。在构建区域创新体系过程中，创意集群需要重点从京津冀区域内政府、高校与科研机构、企业、中介服务机构等创新主体入手，以三螺旋模式为主的创新理论为依据，提出创新主体间相互作用、相互影响、相互融合的发展战略。

2. 构建区域创新体系制度保障：创新环境

创新环境是区域创新体系的制度保障，其中，创新硬件环境是创新主体的物质基础，创新软件环境是创新主体的有效保障。创建硬件环境主要包括京津冀区域内各地文化创意产业硬件设施的建设；创建软件环境主要包括京津冀区域内各地文化创意产业体制机制的建立和实施。另外，对于文化创意产业而言，创意城市的打造具有重要的意义，只有拥有良好的软件环境，也具备完善的硬件环境，才能形成极具吸引力的创意城市。

3. 构建区域创新体系核心资源：创新资源

创新资源是区域创新体系的内在动力，也是创意集群发展的源泉。文化创意产业作为创新产业的组成部分，属于知识密集型、人才密集型、资本密集型产业，只有知识、人才、资本等创新资源在区域内自由流动和优化配置，京津冀区域内文化创意产业才能拥有充足的血液，才能充满发展活力。因此，需要从知识、人才、资本这三方面创新资源入手，盘活区域创新资源市场，为区域创新体系注入发展活力，保障京津冀区域文化创意产业协同发展。

第八章 京津冀区域创新体系的实现主体：创意集群

第一节 从产业集群到创意集群

"产业集群"这一经济学概念，由产业区、产业簇群、集聚经济等概念发展而来，最早可追溯到 1826 年德国经济学家冯·杜能提出的"杜能圈"，即将空间概念引入经济学范畴，直观地反映了专业化分工与布局的特点，进而形成了产业集群最早的理论雏形。[①]随后，英国新古典经济学家阿尔弗雷德·马歇尔在《经济学原理》一书中，重点针对工业的地区分布、运输发展对工业的影响进行论述，认为区位临近而形成的大规模生产有利于实现工业的规模经济，进而提出了"产业集聚"和"产业区"的理论，成为第一个较为系统地论述产业集群的经济学家。1909 年，德国经济学家马克斯·韦伯，继承并发展了马歇尔的产业集群理论，在其《工业区位论：区位的纯理论》一书中，通过对德国鲁尔工业区全方位的研究，认为工业集聚分为低级阶段和高级阶段，低级阶段是企业自身简单的规模扩张，高级阶段则由大企业以完善的组织形式运行，同时形成同类企业的聚集，形成明显的地方性聚集效应。韦伯主要是从空间聚集的成本收益角度来论述产业集群发展的经济性。在这之后，保罗·克罗格曼在传统收益递增理论的基础上，引入地理区位空间因素，提出新的空间经济理论，首次通过经济理论模型证明了工业活动倾向于空间集聚，并且现实中产业集群的形成具有路径依赖性，这为人为的产业政策扶持产业集群提供了理论基础。[②]其后，德国经济学家门斯、荷兰经济学家杜因等经济学家都不断发展产业集群理论，学术界提出"产业聚集"或"产业集聚"等概念，更直观地阐释了产业与地理空间的关系。

1990 年，产业集群理论的集大成者美国哈佛大学教授迈克尔·波特在其著作《国家竞争优势》中正式提出了"产业集群"的概念。波特把产业集群定义

[①] 华正伟：《我国创意产业集群与区域经济发展研究》，东北师范大学博士学位论文 2012 年，第 30 页。
[②] 毛磊：《文化创意产业集群的演化与发展》，江苏大学出版社 2013 年版，第 7 页。

为在某一特定领域内互相联系的、在地理位置上集中的公司和机构的集合；它包括一批对竞争起着重要作用的、相互联系的产业和其他实体；在结构上，产业集群经常向下延伸至销售渠道和客户，并侧面扩展到辅助性产品的制造商，以及与技能技术或投入相关的产业公司；还包括专业化培训、教育、信息研究和技术支持的政府和其他机构。[1]这种集合了系统产业价值链在内的产业集群从诞生之初就具备了明显的竞争优势，特别是在规模经济性、范围经济性、知识积累性和学习创新性领域所具备的独特优势，从而在世界各国获得了蓬勃的发展。同时，波特提出了"钻石体系"理论，包括四个基本的因素（要素条件，需求条件，相关及支撑产业，企业战略、结构与竞争）和两个附加要素（机遇和政府）。钻石体系的基本目的就是推动一个国家的产业趋向集群式分布，呈现由客户到供应商的垂直关系，或由市场、技术到营销网络的水平关联。[2]

波特既是传统产业集群理论的集大成者，也是创意产业集群的先驱，他认为，产业集群的主要功能之一就是加快创新的速度，使企业有更广的发展空间与方向。[3]产业集群的核心内容是竞争力的形成和竞争优势的发挥，而产业集群能够提高集群内部企业的持续创新能力，并使之成为创新中心。[4]波特对产业集群过程中"创新"的重要作用的发现和关注，使其突破了传统的产业集群理论，开创了产业集群理论的新开端。

一、创意集群的内涵

创意集群，又称文化创意集群、文化创意产业集群、文化产业集群等，是文化创意产业这一新兴产业形成集群的经济现象。对于创意集群而言，其萌芽可追溯到19世纪末20世纪初的巴黎艺术社区，这种城市语境的创意集群，在当代城市又常被称为文化园区（cultural quarter/district），主要包括生产型文化园区（强调产出）和消费型文化园区（如独特的商业性文化艺术空间），是有着本土特色又与世界广泛联系的多元文化城市空间。[5]国外对创意集群的研究大多较为分散，并没有形成系统性，大多是在波特产业集群理论的基础上，将产业集群理论运用到文化创意产业中，但其研究也是在充分结合文化创意产业

---

[1] 陈柳钦：《波特产业集群竞争优势理论述评》，《北华大学学报（社会科学版）》2008年第1期，第94-95页。

[2] [美]迈克尔·波特：《国家竞争优势》，李明轩等译，华夏出版社2002年版，第139页。

[3] [美]迈克尔·波特：《国家竞争优势》，李明轩等译，华夏出版社2002年版，第164页。

[4] 陈柳钦：《波特产业集群竞争优势理论述评》，《北华大学学报（社会科学版）》2008年第1期，第97页。

[5] Mommaas H, Cultural creative cluster perspectives: *European Experiences, Paper Presented to the Cultural Creative Spaces Conference*, Beijing, 2006.

行业特点的基础上,对波特产业集群理论的发展和延伸。主要研究包括:里拉奇·纳琼和戴维·凯伯通过对伦敦文化产业集群的研究发现,地方化集群学习过程是媒体集群创造力和活力创造的主要源泉;李·弗莱明则发现地理位置的集中有助于知识的合作生产,而随着距离的拉大,合作也随之消失;斯科特把产业集群促进学习和创新效应的结构称为"创意场域",一般由基础设施、地方学校和设计中心等组成,主要包括创新情境、学习型区域、区域创新系统等多个层面;[1]理查德·佛罗里达则更关注"人"在创意集群中的重要性,其在著作《创意阶层兴起》中,提出了"创意阶层"的概念,认为创意阶层是城市发展和创意产业园区形成和发展的根本动力;在佛罗里达理论的基础上,派克将创意阶层描述为"新"新经济,即高度创意人群经济,区别于以高技术产业为核心的新经济概念。

随着国内文化创意产业的蓬勃发展,国内学者对创意集群的研究也取得了不俗的成绩。陈倩倩、王缉慈通过对英国音乐产业集群的分析发现,创意产业集群具备一般产业集群的特点,即集群内的企业和个人高度集聚,企业间存在密切的联系,形成本地生产网络,通过合作与交流促进创新。创意产业集群是有创造力的人的集聚,因此人对其所处环境的要求是创意产业集群发展的关键。[2]康小明、向勇认为创意产业集群是在创意产业领域中,由众多独立而又相互关联的创意内容的企业以及相关支撑机构,根据专业化分工和协作关系建立起来的,并在一定区域中集聚而形成的产业组织。创意产业集群应该包括创意产业链条上所有的上下游企业,即创意产业的创意主体、制作主体、传播主体、服务主体和延伸主体五大主体。[3]李蕾蕾、彭素英则认为文化创意集群是由艺术家和创意阶层、文化艺术公司、项目生产、社会网络、创意环境、知识、信息和创新机制等融合一体、占据一地的复杂生态系统。同时,他们认为地理临近(proximity)和关联性(connection)是判断创意集群的两个基本条件。[4]华正伟认为,所谓创意产业集群,就是在创意产业领域中,相互关联的众多企业以及相关机构依据专业化分工,在一定区域内建立起来的具有协作关系的产业组织形式,它具有的群体竞争优势和集聚规模效应,是其他产业组织形式难以比拟的。创意产业集群的崛起是在经济全球化和市场竞争日益激烈的背景下产业发

---

[1] Florida R, *The Rise of the Creative Class and How It's Transforming Work, Leisure, Community and Everyday Life*, New York: Basic Books,2002.

[2] 陈倩倩、王缉慈:《论创意产业及其集群的发展环境——以音乐产业为例》,《地域研究与开发》2005年第5期,第8页。

[3] 康小明、向勇:《产业集群与文化产业竞争力的提升》,《北京大学学报(哲学社会科学版)》2005年第2期,第21页。

[4] 李蕾蕾、彭素英:《文化与创意产业集群的研究谱系和前沿:走向文化生态隐喻?》,《人文地理》2008年第2期,第33-38页。

展的新趋势。①

创意集群属于产业集群在文化创意产业领域的一类，但是也区别于传统产业集群。文化产业本身具有原创性、高增值性、高渗透性、高风险性的特征，因此对创意人才、创意环境的要求较高，并且创意集群内部既包括上下游文化企业等生产部门，也包括高校与科研机构、中介服务机构等支撑部门，包含组织较为多元化，其中创意企业多为中小企业，具有多元化和随机性的特征，为创新的产生提供了支撑条件。另外，创意集群更加强调集群内成员的关联性和知识共享性，众多创意企业中创意人才相互之间的正式和非正式信息交流，造成显性知识和隐性知识在成员间的转移和共享，这为集群内创意的不断产生提供了源泉。当然，这需要以组织成员间有效的关联互动和地理上的集中为前提，因而产业集群为文化创意产业的发展提供了良好的空间组织模式。

综上，笔者认为，创意集群是由一定地理范围内集中且相互关联的文化及相关高校与科研机构、企业、中介服务机构等构成，通过产业链、价值链和知识链形成战略联盟或各种合作关系，具有集聚经济和知识共享特征的创意网络化体系。

二、创意集群的特征

与传统产业不同，文化创意产业属于知识密集型产业，其最为核心的竞争力就是人的创造力。由人创造而来的"差异"是文化创意产业发展的根基。文化创意产业的行业特征决定了创意集群也具有鲜明的集群特征，主要包括以下五个方面。

（1）创意集群的人才导向性。传统产业集群有的以资源为导向形成企业的集聚，有的以交通为导向形成集聚，创意集群有所不同，创意集群的核心是"创意"，这决定了创意人才是推动创意产业发展最主要的生产因素，这也成为创意企业集聚的首要因素。弗罗里达正是因为发现了创意人才对创意集群的重要作用，才创造出"创意阶层"这一概念，他认为创意阶层是城市发展和创意集群的核心动力。正因如此，以往都是通过产业集群来吸引人才，现在是人才集聚的地区吸引创意企业，进而发展成为创意集群。正是创意人才先导性的特点决定了国内外众多知名创意集群都是在著名大学附近发展起来的。例如，依托同济大学发展而来的环同济建筑设计产业集群，在环同济2平方千米的土地上，已经聚集了1000余家以设计为主的现代服务业及配套企业、1万多高素质就业人口，形成了以同济大学设计人才为核心的创意集群。另外，创意人才的导向性也使得创意集群形成自下而上的发展模式，这种模式大多是以少数创意人才的集聚开始，随后吸引越来越多人才集聚，进而政府、企业、中介服务机构等跟进，最终形成创意集群。例如，北京宋庄画家村，就是典型的创意人才导向

---

① 华正伟：《我国创意产业集群与区域经济发展研究》，东北师范大学博士学位论文 2012 年，第 33 页。

性的结果,最早是画家张慧平带领几个学生从圆明园搬到了宋庄小堡村,后来又陆续从圆明园转移来一批画家,宋庄低廉的租金、优美的环境和接近法国巴比松的生活方式,吸引了越来越多的画家慕名而来。随着宋庄画家村的得名,2004年宋庄镇政府提出了"文化造镇"的口号,成立了文化造镇办公室,并制定了长远的发展规划,成立了当代艺术促进会,并组织了"中国宋庄文化艺术节",逐渐发展成为著名的创意集聚区。[①]2006年12月,宋庄文化创意产业集聚区被北京市认定为首批十个文化创意产业集聚区之一。2014年,在宋庄生活创作的来自全世界20多个国家的艺术家达5000余人,建成艺术展馆30余家,画廊113家,艺术家工作室4500余家,集中展览面积达10余万平方米,艺术品经营面积达25 000余平方米,年销售额超过1亿元[②]。

(2)创意集群的区位偏好性。创意人才的导向性决定了创意集群在区位选择上具有一定的偏好。佛罗里达认为"创意阶层"是"另类的"且具有"波西米亚人"风格,他们倾向于技术、人才和社会宽容指数高的地区,也就是城市环境是开放的、多样化的、有活力的地区。[③]这也决定了与传统产业集群不同,创意集群更倾向于选择历史文化底蕴深厚、国际化程度高的大都市。从京津冀区域人才的分布就可以看出,北京作为国家首都、历史文化名城,其创意人才充足,2015年创意人才达到了202.3万,占到了全市就业总人数的17.06%[④]。与此相对,天津、河北两地的创意人才流失严重,每年大量津冀创意人才前往北京发展,北京对创意人才的"虹吸效应",也加剧了京津冀区域文化创意产业发展的不均衡。北京之所以能够吸引创意人才聚集,是因为在这里创意人才不仅能够拥有更容易产生"创意"的环境,如博物馆、艺术馆、音乐厅等文化设施,也能获取最前沿的文化创意动态,紧抓时尚前沿,同时这里聚集着众多的文化交易市场、风险投资公司等能够将"创意"交易的机构,这些都为形成创意集群提供了前提条件。正因如此,创意集群往往出现在国际性大都市,纽约、伦敦、东京以及香港等技术发达、人才密集和高度开放的国际大都市无一例外都是创意产业集群较为发达的地区,这些地区具有优越的区位条件和丰富的高级生产要素优势。

(3)创意集群的知识共享性。创意集群与传统产业集群最突出的区别就在于"创意",而创意是由知识创造出来的,因此创意集群也可以说成是知识集

[①] 王缉慈:《超越集群:中国产业集群的理论探索》,科学出版社2010年版,第231页。

[②] 谢维、高星:《2014中国艺博会开幕主展馆设在宋庄 另有5处分会场》,《京华时报》2014年10月3日。

[③] Florida R, *The Rise of the Creative Class and How It's Transforming Working, Leisure, Community and Everyday Life*, New York: Basic Books, 2002.

[④] 北京市国有文化资产监督管理办公室、中国传媒大学文化发展研究院:《北京文化创意产业发展白皮书(2016)》,2016年11月22日,http://www.ce.cn/culture/gd/201611/22/t20161122_18008974.shtml。

群,是知识密集型的集群,这也决定了众多创意人才和企业集聚在一起最主要的目的就是共享知识。创意集群内的知识共享主要是通过集体学习的方式实现的,集体学习的过程正是通过知识溢出和传播实现,主要有两个知识溢出的路径:一是创意集群核心要素成员,即文化创意企业之间的互动学习流程,包括集群内部成员之间的学习机制和相互作用模式;二是创意集群辅助网络向核心网络流入知识的过程,主要通过公共服务机构或代理机构向集群成员企业提供技术知识和信息支持。[1]以上两类知识溢出的路径属于正式的集体学习方式。除此之外,创意集群还存在非正式的集体学习方式,主要是指创意集群内创意人才间的非正式交流,主要是通过社会网络和社会资本连接起来的,存在于俱乐部成员、同行、同学、同事、朋友等之间的隐性知识的传递。

（4）创意集群的网络互动性。王缉慈指出,创意集群与传统产业集群最为重要的区别有二,其一是知识共享,其二是企业互动。[2]由此可见,互动对于创意集群具有重要意义。网络性是产业集群的共性特征,集群内集聚着众多的产业链上下游的供应商、生产商、销售代理商等,以及政府、高校与科研机构、企业、中介服务机构等辅助机构,由此在集聚过程中形成了网络化的合作体系,不仅包括专业化分工的交易网络、技术网络,也包括复杂的人情社会网络。创意集群同样具备产业集群的共性网络特征,创意集群也由政府、高校与科研机构、企业等组织在交互作用和协同创新过程中,建立起各种相对稳定的、能够促进创新的、正式或非正式的关系,同样表现出很强的网络特征。但是,与传统产业集群的网络性相区别的是,创意集群的网络性更强调企业间的互动。一是知识共享需求下的互动,由于创意集群知识共享的基本需求,在知识溢出过程中,集群内会因为正式或非正式的集体学习行为,促使创意企业间、创意人才间因共享知识而加强彼此的互动,文化创意集群的网络化能为这些依赖于本地隐含知识获取和以项目合作作为主要工作机会的中小创意企业带来明显的集体效应力,反过来又进一步促使创意企业和个人因学习和合作关系而互相结成网络结构。[3]二是特许经营形成的互动,文化创意产业的特殊性使得特许经营成为至关重要的关系形式,常见的文化创意企业的关系大多是基于项目的控制性股权关系和非控制性的契约关系,这种互动关系演绎出网络化主体间错综复杂的价值创造系统。[4]

（5）创意集群的文化根植性。"根植性"（embeddedness）,属于经济社会学范畴,由格兰诺维特在1985年提出,其含义是行为主体的经济行为受到当

---

[1] 毛磊:《文化创意产业集群的演化与发展》,江苏大学出版社2013年版,第107-108页。
[2] 王缉慈:《超越集群:中国产业集群的理论探索》,科学出版社2010年版,第26页。
[3] 毛磊:《文化创意产业集群的内涵、现状及对策研究》,《商场现代化》2013年第22期,第191-192页。
[4] 董秋霞:《创意产业园区区域协同机理研究》,经济管理出版社2015年版,第128页。

地社会关系的约束而嵌入社会关系当中。[①]文化创意产业以历史文化资源为依托，以创意人才为关键要素，而文化资源和创意人才都具有较强的地域性，这就决定了其经济行为受到当地文化的约束。地域性的历史文化传承和人文社会环境是创意产业集群形成和发展的重要基础。美国的好莱坞影视集群、英国的谢菲尔德音乐产业集群、日本的东京动漫产业集群，这些国际著名创意集群都是在充分立足自身区域文化资源和人才资源基础上发展而来的。因此，文化根植性是创意集群发展的基础，也是吸引文化资源、文化人才集聚的"磁场"。这也为中国创意集群发展指明了方向，那就是充分挖掘自身具有地域特色、民族特色的文化资源和文化人才，进而吸引创意资源和人才集聚，在此基础上最终发展形成创意集群。

第二节　区域创新体系的实现主体：创意集群

创意集群是区域创新体系的重要载体，已成为区域创新体系构建的基础和活力，区域创新体系如果没有本地化的产业体系为依托，就失去了根本的发展动力，因此，创意集群是区域创新体系发展的基本路径。同时，创意集群与区域创新环境的整合度越高，就越有利于创意产业和区域经济发展，创意集群的稳定发展也有赖于区域创新体系提供良好的创新环境。以京津冀文化创意产业为例，京津冀文化创意产业"核心-边缘"的空间布局，需要区域创新体系来整合区域内创意资源，利用创意集群提升边缘区域文化创意产业的创新能力，促进区域文化创意产业协同发展，与此同时，创意产业集群的稳定发展，也需要京津冀三地区域创新体系提供良好的创新环境，促进创意集群的形成。综上可见，创意集群是区域创新体系的实现主体，而区域创新体系则是创意集群的基本保障，两者之间形成相互关联、相互促进的共生关系。

一、创新效应和空间效应

创意集群之所以能成为区域创新体系的重要路径，主要源于其创新效应和空间效应，依此来实现区域内资源的有效配置，使区域内创意资源得到更有效的利用，从而提高区域创新能力，推动产业结构升级，形成区域创新竞争优势。

1. 创新效应

创意集群的创新效应是区域创新体系建立的核心动力，创意集群主要通过

[①] 华正伟：《我国创意产业集群与区域经济发展研究》，东北师范大学博士学位论文2012年，第35页。

营造创新环境、促进知识转移和降低创新成本三个方面来构建区域良好的创新氛围，加速区域间知识扩散，提升区域间创意企业的创新能力，进而构建区域创新体系。

（1）营造创新环境。良好的创新环境是区域创新体系成长的基石。创意集群在创新环境形成过程中发挥着至关重要的作用，主要体现在两个方面。一是创新大环境的营造，即创意城市。创意集群往往成熟于大城市，这是基于大城市完善的文化设施和丰富的文化资源，以及健全的市政设施等优势而形成的。创意集群在依托大城市成长的同时，也在不断推动城市内城的更新，创意集群在充分利用城市内城废旧工厂、老街区的同时，也在不断推动城市的转型升级，创意集群以其文化特征带动了文化产品的生产和消费，使得城市逐渐褪去制造业的光环，焕发创意创新的光辉。与此同时，创意集群以其创意、文化等标签，吸引了更多的人前来，也推动了城市的"第二波绅士化"，使得城市越来越具有活力，越来越具有创新性。二是创新小环境的营造，即集群内部创新氛围。集群在改变城市的同时，也在改变集群内部的企业，创意集群是一个耦合了创意企业、创意阶层、创意组织等诸多主体的综合体，其本身形成了一个创新的网络，成为培育创意主体学习与创新能力的平台。集群使得创意企业在地理上集中，使得集群内部创意企业的隐形压力要远高于集群外部企业。基于集群内压力的存在，创意企业不得不在内容创意、企业营销、内部管理、技术创新等方面不断改进，以应对集群内部创意企业的竞争，也正是隐形压力使得创意集群内部形成了内部创新氛围。

（2）促进知识转移。文化创意产业属于知识与技术密集型产业，创新成果转化效率高，产品更新快，具有极强的传导性和外溢性。创意集群的知识共享性特征，决定了其与知识和技术共享间存在着相互促进的密切关系。在知识经济时代，创意集群不再像制造业集群那样是同类企业或上下游企业间的简单聚集，而是以知识创新为纽带形成的、相互关联的、由诸多创新主体构成的耦合性网络。在创意集群内部，地理上的集中和文化的根植性，不仅使集群内部显性知识的传播和转移更加便捷和普遍，也使隐性知识或公司特色的知识能在本地语境下通过社会网络中频繁的面对面互动进行传播。创意集群内企业的知识很容易转移到其他企业，企业间地理上的临近，使得面对面交流、互相学习的机会大大增加，有利于各种新思想、新创意、新观念、新技术等的转移和扩散，不仅显性知识能够在彼此频繁的交流中转移，管理技巧、创造经验等隐性知识也能在创意企业人员私人关系的交流中加以传播。基于此，创意集群内部的主导领先企业，往往会率先获得创新性突破，随后其他相关企业就会在各自细分市场协同创新，共同参与到创新中来，形成区域内的创新网络。

（3）降低企业创新成本。创意集群地理位置上的集中使得集群内部隐形压力大于集群外部企业,在集群内部营造创新氛围的同时,也使得集群内部知识的转移更加便捷、高效,这都在一定程度上降低了创意集群内部企业的创新成本。另外,创意集群内部企业交流的增多,也增进了彼此间的信任,部分企业间还会结成战略联盟,在创新环节共享资源、优势互补,建立在相互信任基础上的竞争合作机制,也有助于加强企业间的技术创新合作,从而降低新产品开发和技术创新的成本。

2. 空间效应

创意集群作为一种新的空间产业组织模式和最佳的资源配置组织模式,在区域创新体系构建过程中呈现出强大的空间效应。

(1) 规模经济和范围经济。"规模"是指生产系统的大小;"范围"是指生产系统的集合分离程度。文化创意企业的行业特性,使得集群内部大多以中小创意企业为主,企业受自身规模的限制,只能专注于主要业务,而难以在人事、财务、咨询等方面投入太多,也缺乏相关的专业人才,不得不将相关业务外包,而集群内部众多中小微企业的存在,大大降低了相关服务的成本,形成了外部规模经济。同时,集群内的中小微企业共同分享公共基础设施并伴随垂直一体化与水平一体化利润,大大降低了生产成本,形成产业集群价格竞争的基础。[①] 另外,产业集群区域内的企业,虽然单个企业规模并不大,但是区域内企业间的资源共享、学习创新和分工协作可使集群内的企业降低生产成本、提高生产效率、提升创新能力,使整个产业集群获得一种外部经济效应。[②]

(2) 成本节约效应。根据交易成本理论,集群内部企业间交流的频繁和相同文化背景的存在,使得集群内部人与人、企业与企业间更加容易建立彼此间的信任,不仅能够降低交易成本,也容易建立起一种灵活的非正式关系——战略联盟。联盟作为一种介于企业和市场间的组织形式,是以合作双方的信任为基础的,双方共享资源、优势互补,有利于降低谈判成本,并提高合同执行的效率,从而大大减少机会主义行为。另外,地理上的集中,使得集群内部企业间的空间距离缩短,这也大大降低了企业间的交通成本和信息交换成本,可为企业节约时间和资源,从而大幅度降低产品成本,增强企业竞争优势。同时,集群内大量的市场信息和人力资源,也使得企业能够更加便利地获取信息和寻找人才,降低了获取信息的成本和搜寻人才的成本。

(3) 区位品牌效应。文化创意产业以历史文化资源为依托,以创意人才为关键要素,而历史文化资源和创意人才都具有较强的地域性,这就决定了

---

① 栾贵勤:《区域经济学》,清华大学出版社 2008 年版,第 28 页。
② 华正伟:《文化创意产业集群空间效应探析》,《生产力研究》2011 年第 2 期,第 9 页。

其经济行为会受到当地文化的约束。创意集群的文化根植性决定了其具有地域特色，这也为创意集群形成品牌奠定了基础。美国的迪士尼、日本东京的动漫、中国北京的 798 艺术区都是在当地区域文化基础上，形成的区域创意集群的品牌。创意集群依托强大的品牌效应，可以吸引更多的创意企业入驻，而集群的不断扩张也会进一步提升集群的品牌价值。在区域创新体系中，区域品牌效应更是发挥着重要的作用，区域内品牌创意集群，可以通过开设分园、园区间合作等形式，输出创意集群的品牌效应，利用品牌创意集群良好的声誉，带动整个区域创意集群的发展。例如，中关村科技园作为京津冀区域内的著名创意集群品牌，已经先后在天津、河北多地开设了分园或与当地园区合作，不仅利用品牌效应提升了当地园区的吸引力，也提升了自身的品牌价值，实现了"共赢"。①

二、创意集群与区域创新体系的关联

创意集群和区域创新体系之间存在着必然的关联性，具体体现在以下四个方面。

1. 地域关联

区域创新体系和创意集群均属于区域经济领域研究范畴，其研究范围均局限于特定区域范围内。在中国，国家层面下的地理区域通常与行政区域具有合一性，因此，通常意义上的区域创新体系更多是指省级创新体系或地级创新体系。当前，以长三角为典型的跨区域创新体系打破了行政区划界限，实现了在更大范围、更广领域和更高层次上科技资源的整合和优化配置，形成了构建大区域框架下创新体系的趋势。源于特定的历史条件、地域特性和产业特性的有效结合，创意集群往往在特定区域出现，具有明显的地域性，成为目前区域经济发展中产业布局的新形式。在一定的地理区域内，以创意集群为基础、按照一定的制度安排组成的创新网络与机构，可以构成次一级的区域创新体系。在这一意义上，创意集群成为区域创新体系的重要载体。

2. 结构关联

创意集群的核心单元是企业群和相互依存的企业网络；区域创新体系的基本主体如果位于集群区域，往往也成为构成创意集群的主体要素，否则就构成创意集群发展的外部环境。通过构建主体间的联系网络和学习机制创建本地的专有因素，是创意集群和区域创新体系建设的共同点。此外，区域内共有的知识、技能、人才、市场、公用设施及地域的专有文化等要素本身就构成区域创

---

① 华正伟：《文化创意产业集群空间效应探析》，《生产力研究》2011 年第 2 期，第 9-10 页。

新的必备条件，这也是区域内众多创新者寻求外部性的动因之一。

3. 功能关联

区域创新体系的主要功能是促进新知识和新技术的生产、扩散及应用；创意集群实现创新的主要途径是建立有效的合作网络，促进知识在本地扩散流动。从这一意义上讲，创意集群和区域创新体系在促进知识流动和技术扩散上的功能具有很大的重叠性。区域创新体系强调要促进本地创新要素的互动，并通过促进创新主体的良性互动对创意集群发生作用，创意集群内部的技术创新和扩散也是企业互动作用的结果。因此，促进区域内的知识流动和创新主体互动是区域创新体系和创意集群的共同功能。

4. 目标关联

创意集群是特色产业与区域经济的有机结合，其目标是通过企业集聚形成外部经济，显著降低创新成本，提高产业和区域竞争力，与区域创新体系建设的目标紧密相关。创意集群是区域创新体系建设的基础和有效途径，创意集群的多样性和特色正是区域创新体系的活力所在。积极培育和推进地方创意集群已成为目前区域创新体系建设的重点和政府制定政策的着眼点。创意集群实际上是通过分工专业化与交易的便利性，把产业发展与区域经济有效地结合起来，从而形成一种有效的生产组织方式。因此，创意集群是区域创新体系的重要载体，从某种意义上又构成次一级的区域创新体系，成为规模变小的区域创新体系；创意集群已成为区域创新体系建设的基础和活力所在，区域创新体系如果没有本地化的产业体系为依托，就失去了根本的发展动力。按照区域创新体系的理论，产业与区域创新环境的整合度越高，越利于产业和区域的发展，因此，建设区域创新体系的关键是促成创意集群制度条件的形成和发展。[①]

三、创意集群是区域创新体系的实现主体

创意集群与区域创新体系的构建存在着千丝万缕的联系，创意集群有利于催生创新，促进区域创新体系的建立；区域创新体系的建立也会吸引更多相关企业，加强该产业的集聚效应。

1. 创意集群是区域创新体系的重要实现方式

创新体系，无论是国家创新体系还是区域创新体系，其目标都是通过知识

---

① 陈柳钦：《基于产业集群的区域创新体系构建》，《新疆社会科学（汉文版）》2005年第3期，第37-38页。

的有效积累、传承与增长来促进知识创新，从而实现区域生产效率的提高，而其是通过创新系统的主体构成的相关联的耦合性网络化体系实现的。创意集群则正是这类耦合性网络化体系的重要实现方式。[①]

创意集群能够促进区域生产效率的提高。同一产业内大量企业在地理上的集中，能很快形成区域规模经济效应，促进区域生产率的提高。其具体表现，一是关联性供应商的聚集。二是专业化市场的形成。从原材料供应、配套产品支持到最终产品销售，集群区域内可以自然形成巨大的专业产品市场。三是高素质员工的流入。创意集群对技术员工而言，意味着更多的就业机会和较低的流动风险，由此带来人才的集聚。四是专业信息的共享。集群形成后，有关市场的、技术的以及竞争的信息有可能在区域内大量集中并迅速传递。五是为支持集群的发展，政府或其他公共机构在公共服务和基础设施上的大量投入。[②]

2. 创意集群是区域创新主体的创新协作平台

区域创新体系需要创新主体间相互联系、相互影响、相互作用，在完成自身本职职能的基础上，还参与其他两个主体的创新，相互联结在一起，形成三种力量相互影响、抱成一团，又螺旋上升的三重螺旋关系。在实际操作中，创新主体间的三螺旋模式结构，需要一个实在的创新协作平台来为创新主体的关联合作提供创新网络，而创意集群正适合作为创新主体的创新协作平台。

产业的集群化不仅仅是大量企业简单的聚集，其更强调集群内部政府、高校与科研机构、企业、中介服务机构间密切合作，形成耦合性网络。创意集群之所以能够提升区域创新能力，最关键的因素是创意集群通过产业链、价值链和知识链形成创新主体间的各种合作关系，是具有集聚经济和知识共享特征的创意网络化体系。进入后工业化时代后，知识经济已经成为经济发展的主要动力，知识创新也已经不再是一个个体或某个企业的个体行为，而已经逐渐发展成为政府、高校与科研机构、企业、中介服务机构等诸多创新主体共同作用的产物。创意集群正是由诸多创新主体共同协作的创新网络，其创意集群资源共享、风险共担的组织特点，降低了创新主体的创新费用和风险，也正是集群内部的依存关系形成了创新网络，该网络的优势是能够减少区域经济成员相互学习的交易成本，降低企业因外部环境不确定性所产生的决策风险。

---

① 史锦凤、马力：《基于产业集群的区域创新体系研究》，《济南大学学报（社会科学版）》2005 年第 6 期，第 73 页。

② 钱东平：《产业集群与江苏区域经济竞争力》，《现代经济讨论》2004 年第 6 期，第 44-47 页。

3. 创意集群有利于区域创新知识扩散转移

区域创新体系的主要目标除了促进知识的生产与转化外，还要促进知识的扩散和转移。创意集群集聚着众多创新企业，使企业内部竞争压力更大，但也为企业间创新知识的相互学习提供了内在动力。企业为了能够在集群内更具竞争优势，会采取多种方式学习其他企业的创新知识，既包括显性知识的学习，也包括隐性知识的学习。[①]由于集群规模效应的存在，创意集群内部企业间知识转移的过程，就是一个知识溢出、知识整合、知识再造的过程，往往会创造新的知识，这也从另一层面上促进了新知识和新技术的传播。创意集群为新知识和新技术的传播提供了良好的环境基础，在促进知识和技术的传播方面起到媒介的作用。[②]除此之外，创新主体间为了能够获取企业管理方法、企业文化、企业经营经验等隐性知识，还会通过创新主体人员间的非正式交流及人才流动等方式，经社会网络在集群内部转移和扩散隐性知识。由此可见，创意集群地理上的集中给创新主体带来更大的竞争压力，迫使集群内的创新主体加快知识的学习和再造，这在客观上起到了促进作用，并有效扮演了"催化剂"的角色。

第三节　基于创意集群构建京津冀区域创新体系

作为区域创新体系的实现主体，创意集群由一定地理范围内集中且相互关联的文化及相关高校与科研机构、企业、中介服务机构等构成，通过产业链、价值链和知识链形成战略联盟或各种合作关系，是具有集聚经济和知识共享特征的创意网络化体系。

如图 8-1 所示，创意集群是由政府、高校与科研机构、企业、中介服务机构四个创意主体，通过创意主体间的相互联系、相互作用、相互融合，以三螺旋模式共同推动知识的创造、转化、应用、产业化及升级。以三螺旋模式为基础的创意集群中，各个创意主体地位平等，且摆脱了单一的集群职能，而是成为兼具多种职能又相互作用的综合创意主体。政府间接引导为主，重点发挥协调主体关系、服务主体创新的作用；高校与科研机构在教育的基础上进行着知识的转移和扩散；创意企业不仅进行知识转化，还要参与知识创新和转移；中介服务机构既充当主体间的桥梁，也成为各项创新资源的流通桥梁。

---

① 陈林生：《以产业集群促进区域创新体系建设研究》，《经济问题探索》2005 年第 4 期，第 109 页。
② 闫彦、朱孔来：《基于产业集聚的区域创新体系构建研究》，《特区经济》2013 年第 3 期，第 151-152 页。

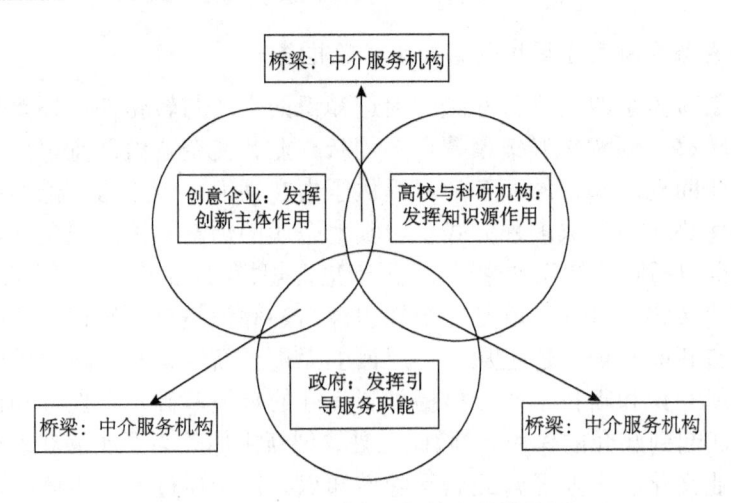

图 8-1 创意集群内三螺旋发展模式图

一、创意企业：发挥创新主体作用

与传统产业集群不同，创意集群的核心要素已经从资源、交通、资金等转化为知识技术。而创意企业作为知识生产、转移扩散、转化应用最主要的载体，是创意集群中最为活跃的主体。高校与科研机构需要创意企业将其创造的知识转化为生产力，政府需要通过创意企业获得税收收入，中介服务机构需要通过为创意企业提供信息咨询、人才输送、知识交易、融资服务等服务来获利。因此，创意企业在集群内利用知识的生产、转移扩散、转化应用整个过程，与政府、高校与科研机构、中介服务机构连接在一起，形成了一个共同的创新共同体。而创新共同体主体作用的发挥，主要包括以下方面。

第一，树立知识创新的企业精神。文化创意产业为知识密集型、人才密集型产业，文化创意企业在发展过程中，要始终将知识、人才作为企业发展的核心竞争力。创意企业和企业家要坚持敢于冒险、勇于创新的精神，需重点做好的方向：一是将企业的知识创新作为企业发展的基本战略，始终以提升企业的知识创新能力作为企业的核心竞争力；二是重视人才，知识的创新者是人才，而创意企业更需要重视人才的作用，要在人才待遇、人才培养、人才职业规划等方面为人才提供良好环境；三是注重自身知识产权的保护，对于文化创意企业而言，专利权、著作权等知识产权是其最重要的无形资产，企业要运用管理制度、法律制度等多种手段提升知识产权保护水平；四是不断提升企业学习能力，在创意集群内，集聚着众多创意企业、高校与科研机构，创意企业要加强同其他企业间的沟通交流，通过购买、合作开发、人才流动等多种方式，积极获取溢出和转移知识，不断扩大企业知识储备。

第二，构建官产学合作知识联盟。创意集群具有耦合性。所谓耦合，是源于物理学的概念，是指两个或两个以上系统或者两种运动方式之间通过相互作用而彼此影响以至联合起来的现象，耦合的实质是系统之间及其运动方式的互动。[①]而创意集群正是政府、高校和科研机构、企业等创新主体间的作用力的耦合。只有各类创新主体间进行耦合，才能在区域内形成稳定的合作互动关系，提升集群内知识的生产、转化、应用、产业化及升级速度，不断提升集群整体学习显性和隐性知识的能力，增强集群创新的核心竞争力。因此，集群内创意企业要积极与高校、科研机构合作，相互影响，以联盟的形式建立相对稳定的正式或非正式合作组织，高校与科研机构帮助企业提供新知识，帮助企业输送人才、培养人才，而企业则负责与高校及科研机构共同研发、促进知识转化及应用，并为后者提供资金支撑。在产学研联盟的基础上，政府、中介服务机构也应当被纳入其中，政府是政策的主要制定者、监督者，能为产学研联盟提供政策扶持，中介服务机构则为联盟提供信息咨询、金融融资等多方面中介服务，是促成各类创新主体稳定合作的重要桥梁。

第三，构建上下游企业间产业链。如果说管产学合作知识联盟是创意企业在横向层面以知识为纽带形成的相互稳定的合作关系的话，那么构建上下游企业间产业链，则是以创造企业价值为纽带的纵向联盟。文化创意产业价值的创造过程是由内容创意、生产制造、营销推广、传播渠道等一系列活动共同运作而产生的。因此，在文化创意产业集聚过程中，要想最大限度地创造经济价值，就需要文化创意产业链各组织间分工明确、协同合作，使价值链贯穿价值创造始终，共同创造企业价值。上下游企业间纵向联盟的构建，需要政府、企业、园区等多方共同努力，需具体做到：一是政府要注重创意集群规划，现阶段京津冀区域各地产业集群存在"捡到篮里就是菜"的政绩冲动，以尽快集聚起更多的企业为目的，几乎每个园区都有动漫、软件、工艺美术等产业，造成园区"只有企业没有产业"，仅仅是企业地理上的"扎堆"，而没能真正实现产业的集群效应。这就需要政府在创意集群规划中，注重集群内创意企业的产业链关联性，不仅要实现企业地理上的集中，更要实现产业链的协同发展。二是创意企业要注重建立稳定的上下游产业链，特别要注重集群内龙头企业的发展，要注重通过自身影响力和竞争实力，努力将上下游企业集聚在创意集群内，这样不仅能够降低交易成本、创新成本，实现区域规模效应、范围效应，也能够推动集群品牌化的发展。

第四，重视挖掘京津冀文化资源。文化创意产业具有文化根植性，主要是因

[①] 陈柳钦：《产业集群竞争力问题研究》，《北京科技大学学报（社会科学版）》2009年第2期，第19页。

为其以历史文化资源为依托,以创意人才为关键要素,而文化资源和创意人才都具有较强的地域性,这就决定了其经济行为受到当地文化的约束。地域性的历史文化传承和人文社会环境是创意产业集群形成和发展的重要基础。因此,创意企业要注重挖掘京津冀区域本地文化资源,将北京胡同文化、京剧文化,天津民国文化、滨海文化,河北剪纸文化、武术文化、燕赵文化等丰富的历史文化资源,通过"文化+互联网""文化+科技""文化+旅游"等多种形式发扬光大。

二、高校与科研机构:发挥知识源作用

高校与科研机构是创意集群内创造知识的"源泉"。因此,高校与科研机构要重点突出自身在知识创新、人才输出方面的优势,积极与企业合作,通过委托课题、定制班等形式向企业输送知识和人才。

首先,加快复合型创意人才培养。文化创意产业作为新兴产业,包括新闻业、群众文化服务、互联网信息服务等众多行业,其本身不同于传统产业,涉及专业领域较广、跨学科特征明显,这也对文化创意产业人才提出了较高要求。文化创意产业人才主要分为三类:文化创意人才、文化经营管理人才、文化创意与经营复合人才。其中,文化创意人才主要是从事原创内容制作和设计的人才,此类人才主要以美术、动画设计等专业毕业生为主;文化经营管理人才,主要是从事文化创意产品开发、市场推广、文化资本运作等方面的人才,此类人才主要以管理学、市场营销、金融学等专业毕业生为主;文化创意与经营复合人才,通常是文化创意产业的决策者、管理者和创业者,是指既具备文化原创技能,又了解文化创意市场经营规律的复合型人才,此类人才极度紧缺。现阶段,文化创意产业学科在的归属较为混乱,既有归属于美术学院、艺术学院等设计类的,也有归属于管理学院、经济学院等经济类的,而这种混乱也造成了学科管理上的不力,再加上文化创意产业起步晚、内容新等特点,使得师资力量严重不足以及专业教材极度匮乏。因此,京津冀三地教育部门和高校应当充分整合现有教育资源,尽快在文化创意基础较好的院校成立文化创意产业学院,打破传统的学科体系壁垒,将彼此没有关联的学科以新的方式结合起来,为文化创意专业的学生开设不同的课程,包括艺术类课程、计算机媒体类课程和经济管理类课程,为培养复合型人才提供教育基础。

其次,提升知识的创造转化效率。高校与科研机构在知识创新过程中,往往存在知识转化效率不高、知识与实际应用脱节等现象,造成了科研资源的浪费。为解决这一问题,提升转化效率,需要具体做到:一是高校与科研机构要加强自身知识转化能力,可以通过校办企业或鼓励教职工创业等形式,积极将高校与科

研机构的知识创新转化为生产力。二是高校与科研机构可以通过委托课题、共建实验室等方式，为创意企业提供订单式知识创新，例如，高校的美术、动画等专业师生就可以通过与企业合作共同设计相关文创产品，这不仅能够提高师生的实践能力和业务水平，也能够降低企业的设计成本。三是高校与科研机构可以通过与中介服务机构合作，将专利权、著作权等知识产权投入市场进行交易，尽快将知识成果转化为文创产品。因此，创意集群内高校与科研机构、创意企业、中介服务机构等创新主体，不仅仅是地理上的邻近集中，更是知识生产、转化、应用及交易上的"邻近"，创意集群使高校与科研机构的知识走出"象牙塔"，真正走向市场，转化为实实在在的生产力和创新能力。

最后，促进科研机构跨学科转型。科研机构与高校既有相同点，又存在一定的差异。二者都是知识的主要创造者，但是科研机构与创意企业间的联系更加紧密，掌握的行业发展动态也更加前沿、准确。以澳大利亚昆士兰模式为例，在澳大利亚布里斯班创意产业集聚区内，就存在着包括澳大利亚研究委员会创意产业与创新研究中心在内的多家科研机构，这些科研机构设立跨学科的新型互助研究模式，摆脱了传统的人文学科与自然学科相互独立的研究方法，从不同学科的独特视角和综合视角来考量文化创意产业对经济和社会的贡献与价值，以及自然科学对文化创意产业的发展所起的不可忽视的推动作用。[1]京津冀创意集群也应当促进科研机构的跨学科转型，科研机构独立于高校，科研机构人员可以在高校内兼职，但是机构本身具有独立的自主权，这样可以保证研究的独立性与自主性。跨学科科研机构，是介于高校与创意企业之间的中介服务机构，创意集群使其能够与高校、企业间保持良好的互动机制。这样既可以解决高校文化创意专业复合型教师匮乏的困难，也能够从企业中获得最及时的产业动态，将其用于研究，最终以研究成果的形式反馈给教学部门、咨询机构和企业，形成良性循环，促进共同发展。另外，创意集群的集中性，也使得科研机构能与当地政府保持高度联系，这也保证了研究内容与政府相关政策保持一致，也能够为政府决策提供内容和发展方向，保证为创意产业的发展提供最有利的政策后盾。因此，跨学科文化创意科研机构的成立，对于政府、高校、企业来说，都具有重大意义。

三、政府部门：发挥引导服务作用

中国创意集群的发展模式，大多是由政府以文化创意产业园区的形式吸引创意企业集聚逐渐发展而来的。另外，由于文化创意产业的不可确定性和高风

---

[1] 王曦：《澳大利亚文化创意产业发展对我国的启示——以'昆士兰模式'为例》，《中央财经大学学报》2013年第1期，第76页。

险性，在知识原创生产、消化转化过程中，政府应引导、协同、服务其他创新主体，使其共同参与到创新活动中来。同时，政府还要提供扶持创意集群的政策法规等软件环境，推动适合创意集群的创意城市硬件环境建设。

第一，打造现代创意城市。创意城市是创意产业兴起的基础和动力，是创意集群发展的空间载体，而创意产业和创意集群也会推动创意城市的发展，可以说创意集群与创意城市是相互依存的关系。因此，发展创意集群离不开创意城市的建设。弗罗里达认为，构建创意城市的关键要素是"3T"理论，即技术（technology）、人才（talent）和包容（tolerance），为了吸引创意人才、产生创意和刺激经济的发展，创意城市必须同时具备这三个条件。技术是一个地区创新实力和高科技的集中表现；包容可以定义为对所有民族和种族开放、宽容的态度，允许生活态度和生活方式的多样性；人才则是指那些获得学士学位以上的从业人员，即所谓的创意阶层。[①]城市政府应当制定"筑巢引凤"的发展战略，以高品质的创意城市环境来吸引创意产业集群，需要重点做到以下三点。一是具备良好的经济技术基础。创意城市的关键要素之一就是技术，必要的创新实力和高科技集中，是一个城市实现知识创新和创意集群的基础，这也决定了并非任何一个城市都适合建设创意城市，在京津冀区域内除了北京、天津两个直辖市外，河北省还可以选择1—2个经济基础较好、高科技集中的城市作为备选城市。二是营造包容的社会文化环境。以美国硅谷为例，硅谷的成功除了经济基础良好、高校云集、创新人才众多外，离不开硅谷当地"勇于创新、乐于创业、不惧失败"的社会氛围，而这也正是创意萌发与技术创新的环境土壤。因此，政府要加大宣传力度，在城市内形成鼓励创新、宽容失败的创业氛围，并营造宽松有序、多元包容、和谐共荣的社会文化环境。三是培养城市的创意阶层。创意人才是创意产业和创意城市发展的关键，而创意阶层往往集聚于有良好的城建设施、完善的生活配套、富有创新灵感的文化艺术建筑等完备基础设施的大城市，这就需要政府部门充分尊重创意人才对工作、生活氛围的需求，加强基础配套设施的建设，营造浓厚的文化艺术氛围和宽松自由的工作环境，为创意阶层提供多样化的工作和生活空间。

第二，提升集群服务质量。京津冀区域内的文化创意产业园区大多存在社会职能过多而服务意识弱化、管理机构臃肿、办事效率低下、管理体制不灵活等问题，提升创意集群服务质量已经越来越成为促进创意集群发展的关键。这就需要园区管理部门适时从经济主体、市场主体的角色中退出，逐渐回归到经济调控、市场监管、社会管理和社会服务的正确位置上去，借助市场力量促进

---

① 李明超：《创意城市与英国创意产业的兴起》，《公共管理学报》2008年第4期，第95页。

资源流动和产业集群发展。①首先，园区管理部门应当树立服务意识，由片面管理思维转向服务园区企业思维，努力为园区入驻企业提供优质服务，创新服务方式，细化服务内容；其次，应积极与中介服务机构对接，为园区企业搭建和完善培训、咨询、中介、投融资、知识产权保护、交流展示等公共服务体系，使创意集群健康有序发展；再次，还应成为园区企业与政府部门对接的"桥梁"，积极协调关系，为园区企业在立项、用地、税收、信贷、融资、生产、进出口、人才引进等方面争取优惠政策。②

第三，重视创意企业孵化。"大众创业、万众创新"作为国家重大发展战略，是充分激发群众智慧和创造力的重大改革举措，是实现国家强盛、人民富裕的重要途径。前期投入成本较低、行业门槛不高等原因，使得文化创意产业成为大众创业的首选行业。正因如此，在创意集群内存在着众多创业企业，但是创业企业由于资金匮乏、经验不足等原因，抵御市场风险的能力较差，这就需要政府加大孵化扶持力度，帮助具有市场潜力的创意创业企业提高抗风险能力。可以从以下三方面入手：一是孵化政策支持，政府可以对创意创业企业在税收、人员培训、创业补贴、创业专项基金等方面给予优惠和支持，实行信用评价与税收便利服务挂钩制度，将优惠政策由备案管理和事前审批逐渐向加强事中、事后监管转变，提高中小企业优惠政策获得感。二是孵化服务到位，园区管理部门可以探索设立专业化的行政审批机构，实行审批职责、审批事项、审批环节"三个全集中"，建立知识产权保护中心，扩大知识产权快速维权覆盖面，搭建集专利申请、维权援助、调解执法等于一体的一站式综合服务平台。三是孵化硬件保障，英国谢菲尔德文化产业园区在发展初期，由于音乐制作设备昂贵，限制了当地音乐产业的发展，政府和民间大力投资音乐相关设施与设备，免费或低息租赁给音乐工作室和音乐从业者，排除了后者的技术障碍，使得当地短时间内就集聚了众多音乐创业公司，最终发展成为享誉世界的音乐产业集群。鉴于此，京津冀创意集群管理部门也应当积极引进社会资本，为创意集群企业免费或低息提供相关制作设备，排除创意创业企业的发展障碍。

四、中介服务机构：发挥主体间桥梁作用

中介服务机构就像"桥梁"一样，不断增强着创新主体之间的联系，这也进一步提升了区域创新体系创新主体间的耦合程度，有利于创新主体间的相互

---

① 赵冰琴、李勇洲：《京津冀协同发展下的石家庄市园区建设研究》，《河北工业大学学报（社会科学版）》2014 年第 4 期，第 15 页。

② 胡微、刘舜、刘翠君：《河北省文化创意产业园区发展问题与对策研究》，《北华航天工业学报》2013 年第 3 期，第 31 页。

作用。中介服务机构为企业提供信息咨询、知识交易、投资融资、人才输送等一系列服务；为高校和科研机构进行知识产权的交易和人才的输出；为政府制定政策和进行行政管理提供信息服务和数据支撑。

第一，做好信息咨询服务。中介服务机构提供信息咨询服务，其主要服务对象包括两个：一个是服务企业，信息是企业了解市场动态、把握市场发展方向的重要资源，信息中心、咨询公司等中介服务机构能够为文化创意企业提供必要的市场信息，帮助企业正确把握市场动态；另一个是服务政府，政府部门制定文化创意产业政策，需要对市场有精准的把握，需要大量的一手市场信息和数据作为支撑，这就需要中介服务机构的信息咨询服务来提供支持。

第二，做好人力资源服务。创意企业的核心竞争力就是人才，而创意人才的引进，除了高校的培养输送外，另一个重要渠道就是利用以猎头公司、经纪人组织、培训中心为代表的中介服务机构，这是创意企业高层次人才引进的重要路径。另外，中介服务机构同时也为高校毕业生提供了就业岗位。

第三，做好知识产权交易服务。中介服务机构，应当在立足传统交易的基础上探索创新知识产权交易模式，为知识产权或科技成果所有者、生产者和投资者提供技术与资本对接的通道，推动具有自主知识产权的重大创新成果的转化实施和二次开发。创意集群内的知识产权交易服务体系，要秉承开放、互利，资源共享、优势互补的观念，充分发挥引导、协调、监管和服务的作用，为京津冀知识产权交易发展营造良好的工作环境。[①]

第四，做好金融融资服务。文化创意风险投资机构、创业融资服务机构和担保机构等中介服务机构，作为政府文化创意专项资金和商业银行贷款等主流融资渠道的有效补充，拓宽了创意企业的融资渠道，提升了创意企业的融资能力，在为中小创意企业解决融资难的问题上发挥着重要作用。另外，主要投向中小企业、初创企业的各类天使投资，具有较强的风险意识，是创业企业融资最直接、最有效的渠道，也是创意集群内金融融资服务的重要组成部分。

[①] 邓志云、管怀明等：《知识产权交易平台建设》，《天津科技》2015年第9期，第96-97页。

第九章 京津冀区域创新体系的基本保障：创新环境

在区域创新体系中，创新环境不再仅仅是完善的市政设施、技术设备等硬件环境，更注重的是健全的知识产权保护法规、各类促进知识创新的政策及浓厚的社会创新氛围等软件环境，而完备的创新软硬件环境将为创新主体提供有力的支撑体系。

环境因素可以分为硬件环境和软件环境。硬件环境就是硬件设施，包括基础设施、科研教育机构等。硬件环境是可见的，拓宽了主体之间的交流渠道，从线下到线上，丰富了主体之间的合作形式，加快了彼此之间的资源整合。软件环境就是一种制度、一种氛围，包括机构或组织内部的管理理念、规章制度，社会知识管理体系，国家政策法规，人们的文化水平、价值观念、思维方式等。软件环境是不可见的，但其发挥的作用不可小觑，不仅在潜移默化中影响着主体的行为模式，而且还渗透到区域内各个行为主体彼此之间相互合作的过程中。[1]

硬件环境是客观的，而软件环境是主观的。硬件环境可以通过经济因素（大量的人力、物力与财力）在短时间内完善，达到立竿见影的效果，而软件环境的完善更多需要的是非经济因素（制度、社会、文化），其过程是缓慢艰巨的，但后期取得的经济、文化与社会效益是显著的。软硬件环境的相互配合与完善，加快了区域创新体系的形成。美国等发达国家正是通过营造适宜创新、创业的大环境，充分发挥市场在创新资源配置中的基础性作用，通过政府政策引导和创新基础设施建设，进一步推动区域内创新活动的开展和创新绩效的提高。[2]

---

[1] 余以胜、赵浚吟、陈必坤等：《区域创新体系中创新主体的知识流动研究》，《情报理论与实践》2014年第7期，第63页。

[2] 罗掌华、杨志江：《区域创新评价——理论、方法与应用》，经济科学出版社2011年版，第40-42页。

第一节　京津冀区域创新软件环境构建路径

京津冀区域创新环境中的软件环境，包括两个方面：一是政府层面的制度环境，二是社会层面的社会文化环境。

一、政府制度环境构建

（一）打造京津冀创新利益共同体

近些年来，京津冀三地文化创意产业间的合作日益增强，例如，中关村科技园区在秦皇岛、保定等地相继开设了分园；三地政府相继签署了《京津冀三地文化领域协同发展战略框架协议》等一系列框架合作协议。但是，三地文化创意产业间的合作仍然停留在规划层面，真正付诸实施且卓有成效的凤毛麟角。三地间缺乏统一的顶层设计和高效的执行机构，并且现行体制下三地行政级差的不对等，都成为束缚三地协同发展的藩篱。要想破解京津冀文化创意产业协同发展的困境，关键是要理顺三地的利益关系，努力打造三地创新利益共同体。

首先，加快京津冀协同发展顶层设计。与长三角"一主两副"的区域协同发展格局不同，京津冀区域内涉及"三地四方"，即中央政府、北京、天津、河北四方，其中，京津冀三省市都由中央政府领导，而北京是中央政府所在地，这使得三地政府在协同发展过程中，不得不重点考虑中央政府所在地北京的情况，这也造成长期以来河北、天津抱着服务北京的思想协同发展，三者地位的不平等造成创新资源的单向流动，进而越来越多非首都职能赋予北京，使得北京越来越臃肿，天津、河北则"吃不饱"。2014年，国务院成立了京津冀协同发展领导小组，成为中央层面京津冀协同发展的顶层领导组织，意味着在将京津冀一体化上升为国家战略之后，加强顶层设计和统筹协调已经成为中央的重要战略。但是，在具体执行层面，仍需要一个强有力的机构为三地产业转移、产业对接、产业协同提供实际操作层面的统一规划，这就需要一个权责明确、机制完善的协调小组，下辖京津冀文化部门联席会议，具体负责京津冀三地文化创意产业未来"十三五"统一规划、促进三地政策落地、强化三地沟通交流等跨区域运行机制与利益分配机制，进而更好地推动京津冀协同发展。

其次，创新地方政府政绩考核制度。长期以来，"唯GDP"政绩观一直是考核地方政府政绩的一把"量尺"，但是在区域创新体系下，"唯GDP"会造成两方面的缺陷：一是只顾及本地经济发展，而忽视了区域整体经济发展。当下区域经济一体化方兴未艾，区域创新体系的构建是一种跨行政区域的创新系统构建，需要各地政府摒弃局部、短期利益，将区域间的整体协同发展作为目标，实现区域整体利益、长期利益；二是"唯本地 GDP"政绩观会造成京津冀区域内各地间产业差距越来越大，"唯本地 GDP"只会在区域内形成"马太效应"，强者恒强，北京、天津等地县区文化创意产业发展水平越高，其吸收的创新资源也越多，而河北部分落后县区的文化创意产业会越来越难以发展，造成创新资源的不断外流，区域内产业梯度拉大。因此，京津冀区域内各地政府要摒弃以往"唯 GDP"政绩观，尝试建立地方政府政绩联评考核制度，可以考虑改变过去以行政区划为边界的考核制度，结合区域发展特点，将三地政府作为一个整体进行政绩考核，在经济发展、环境生态、公共服务等方面赋予一定的政绩连带责任。建立经济区划范围的政绩考核机制更加符合现实，这样才能更好地推动三地协同发展。[①]

最后，建立财税协调共享机制。在京津冀协同发展过程中，北京部分文化产业向天津、河北两地转移，大多采取总部留在北京，而在天津、河北等地开设分支机构的转移方式，这就造成分支机构的税收最终还是归属北京，而天津、河北作为文化产业的转移地区，不但没有享受到税收利益分配，增加本地税收收入，还占用了当地的土地、文化资源等。这类"税收与税源相背离"的现象，导致地区间税收利益纠纷不断，并且没有相应的法律支撑，这就需要京津冀三地建立财税协同共享机制，建议重点做好以下方面。一是设立财政横向支付转移制度，京津冀三地政府要注重全局意识，从京津冀区域整体文化创意产业发展出发，北京作为该区域内文化创意产业发展最充分、最发达的地区，有能力也有义务向天津、河北地区进行横向转移支付，采取政府购买天津、河北等地文化产品的形式，扶持落后地区文化创意产业的发展和增强对非物质文化遗产的保护。三地政府还需建立交流与分享的制度，创新体系开展、规划、运行及管理办法，还可以互通有无、互相交流与合作，交换政府性购买的文化产品及服务。二是提高京津冀三地税务机关的协同执法水平，加强税务机关的沟通与合作，建立定期税收数据情报减缓及税收风险防范机制，降低税收风险，提高各地税收风险防范意识，实现区域内税收数据的合理开发与使用，实现区域内的涉税信息共享。三是推广区域税收共享模式。"税收与税源相背离"是制约京津冀三地创新利益共同体得以实现的重要经济因素，这就需要京津冀三地税务部门创新税收分配制度，可以借鉴秦皇岛"442"利益共享模式，即税收由税收地分享 40%，税源地分享 40%，剩余 20%作为产业基金扶持当地文化创意产业发展。这一模式来源于 2013 年 11 月，河北省秦皇岛经济技术开发区与北京中关村海淀园达成的共建中关村海淀园秦皇岛分园的协议，获得的地方财政收入，

[①] 于志清、蔡仲旺：《京津冀地区协同发展路径》，《河北联合大学学报（社会科学版）》2015 年第 3 期，第 28 页。

海淀区、秦皇岛市各得40%，剩余20%作为产业基金扶持入园企业发展。[①]

（二）创新京津冀区域产业政策

京津冀区域内三地政府在文化创意产业发展中，以往是以本地行政区划为范围、以构建本地完整产业体系为目的，只重视本地区园区发展，片面注重园区数量，忽视园区的错位发展，缺乏统一规划，使得京津冀区域内文化创意产业园区同质化发展、重复建设严重，不仅浪费了国家财政资金，也使得文化创意产业集群发展水平较低，难以在区域内形成相互协同的创新协作体。因此，创新京津冀区域产业政策，对于提高区域整体协同水平，形成区域创新协作体，具有关键的作用。

首先，转变区域产业政策思维。传统的区域产业政策大多以产业优惠政策为主，通过在财政、土地、税收等方面加大优惠力度，提高本地区的产业吸引力，进而吸引部分企业集聚，形成相关产业在地理上的集中，实现产业集聚。但是，传统的产业政策更多以增加本地税收收入、提高本地产业集群水平为主，忽视了整个区域创新体系的重要性和构建，其产业集聚企业大多以享受政策优惠为主，一旦取消优惠政策，往往会"一哄而散"，不仅难以增加本地税收收入，反而造成当地财政、土地等资源的浪费。因此，要将以往传统产业政策转变为区域创新产业政策。对于京津冀区域政府而言，在制定区域创新产业发展政策中，具体要做到以下两方面。一是要制定京津冀产业集群统一规划。京津冀三地政府要坚持大局思维，摒弃各自小而全的文化创意产业发展政策，将各地产业发展置身于京津冀整个区域内，坚持"北京原始创新、天津研发转化、河北推广应用"的基本原则，对京津冀文化创意产业园区进行统一规划，加快制定《京津冀文化创意产业园区发展规划》。三地在该规划的统一框架下，结合自身发展优势错位发展，要以提高产业集群水平、增强区域创新能力、构建区域创新体系为出发点，政策重心应以培育区域创新体系为主。通过营造适宜于创新的环境，推动政府、高校与科研机构、政府、中介服务机构等创新主体之间建立合作伙伴关系，建立集体学习机制，以此加快知识创造、转移、扩散的速度，从而使区域经济发展建立在强大的创新能力基础之上。二是要抓住文化创意产业基本特征。文化创意产业具有前期投资大、风险高、中小企业多、融资困难等基本特点，这就需要京津冀三地在制定产业政策时，摒弃以往项目政策多、平台条件建设政策少的策略，坚持以产业集群政策替代产业政策，以提供孵化园、科技园、文化园等基础设施为平台，想方设法为中小企业提供发

[①] 于志清、蔡仲旺：《京津冀地区协同发展路径》，《河北联合大学学报（社会科学版）》2015年第3期，第28页。

展便利，大力扶持区域内关联企业和关联产业的成长，以及与高校和科研机构密切联系，提高区域创新能力。

其次，创新区域产业集群模式。区域产业集群既是区域创新体系的基本路径，又是区域创新体系的重要支撑。因此，构建区域创新体系的重要策略，就是要创新区域产业集群模式。就京津冀区域而言，三地文化创意产业集群水平低，北京市的集聚水平仍然处于产业集群的初级阶段，虽然实现了地理集中，但上下游分工不明晰、产业链未形成、空间集中度有待提高等问题突出，而天津、河北更是处于落后阶段；三地园区间协同不够，往往各自为政，同质化竞争严重，造成创新资源的内耗和浪费，不利于构建区域分工协作产业价值链。因此，需要京津冀三地政府加紧创新区域产业集群发展模式，具体要做到以下几点。一是推动京津冀文化创意产业园区联盟的发展。2015年4月29日，来自京津冀三地的66家文化创意产业园区共同发起并签署了《京津冀文创园区协同发展备忘录》，三地文化创意产业园区协同发展取得突破。但是，此次合作仅以原则性、意向性设想为主，可操作性不强，使得三地园区间的合作交流并没有真正活跃起来。因此，三地政府文化部门、三地文化产业协会、三地园区要共同携手，成立京津冀文化创意产业园区联盟，定期组织京津冀文化创意产业园区高峰论坛，并设立秘书处作为其固定办公机构，负责联盟的日常运作。以联盟为平台，实现各园区间的优势互补、资源共享，实现北京、天津等地文化创意产业园区品牌、管理模式、资本的输出，促进河北消费市场充分发展。二是创新区域创意集群模式。区域共建园区模式、主副园区模式已经逐渐在京津冀区域内取得一定成绩，例如，中国·保定数字文物文化产业园由保定市人民政府、保定市莲池区人民政府和中关村数字文物产业联盟共同发起成立，已经逐渐成长为带动河北文化创意产业发展的新增长点。京津冀三地要在此基础上，积极创新园区合作模式，形成区域内各园区间产业互补、上下游协同的区域产业集群发展模式，形成"北京原始创新、天津研发转化、河北推广应用"的文化产业价值链集群，真正在区域内形成集群化发展的创新体系。

二、社会文化环境构建

区域创新体系软件环境的构建，除了政府的制度环境构建外，还需要高校与科研机构、企业、中介服务机构以及其他社会组织共同在区域内创造一种全社会崇尚知识、尊重人才、鼓励创新、敢于创新的新风尚。美国人类学家拉尔夫·林顿认为，社会文化是某特定社会成员共享并相互传递的知识、态度、习惯、行为模式等的总和。[1]而区域社会文化环境是指在特定区域范围内，当地

---

[1] Linton R, *The Individual and His Society*, New York: Columbia University Press, 1939.

居民的风俗习惯、文化水平、社会风气等主流价值体系，直接影响着区域内鼓励创新、追求创新的热情，决定着人与人之间能否建立起相互信任、相互合作的关系。以美国硅谷的发展来看，几十年前硅谷还是遍地农田果园的乡村，而仅仅几十年的光景，无线电技术、晶体管、集成电路、人类基因组、互联网和云计算、大数据、社交软件的发明已使硅谷成为世界上最具创新思维、创新能力的区域。硅谷之所以能够吸引众多高科技人才、成立众多高科技公司，离不开硅谷独特的创新文化环境。硅谷坐落于旧金山湾，作为一个移民城市，多文化交融、思维活跃一直是当地的文化特色，独特的文化造就了敢于创新、勇于实践的硅谷人，也成就了硅谷的创新奇迹。因此，从硅谷的发展历程可以看出，区域社会创新文化环境具体包括以下方面。

（1）行为主体的创新精神。这里既包括企业这一核心主体领导者及其团队的敢于冒险、勇于创新的精神，也包括政府、高校等创新主体培育创新精神的相关制度保障。以硅谷为例，加利福尼亚州的法律给予了企业家和职员更大的保护，任何人都能自由选择是否加入某家公司工作而不受限制。

（2）创新主体间的信任关系。彼此信任的协作关系是集群创新的关键。

（3）开放包容的社会氛围。平等、自由、宽松的工作环境和开放的信息交流环境有利于新思想、新技术在区域内的传播、学习，相互信任和开放的心态，使得人们之间交流和互动频繁，加快了新思想、新信息扩散的速度。[①]

区域社会创新文化环境的重要意义在于：一是有利于吸引人才集聚，区域社会创新文化环境的构建是系统性工程，其平等、自由、开放、包容的工作环境和舒适的生活环境，将首先成为高端人才定居的首选，人才的集聚将成为区域创新体系发展的重要前提和资源基础。二是有利于激发社会创造力，在区域内培养具有创新精神、敢于挑战的企业家和企业管理团队，同时加强创新企业间的协作和集群，都将为创新企业发展提供良好的成长环境，提高创新企业的成功概率。三是有利于契合文化创意产业发展的需求，区域社会创新文化环境无论如何发展，都离不开本土的文化内涵和价值体系，区域社会创新文化环境构建过程中离不开对本土文化内涵和价值体系的挖掘、传承与发扬，而这也正是文化创意产业发展的源泉，同时，区域社会创新文化环境对行为主体创新精神、信任关系以及社会氛围的要求，也将促进文化创意产业的蓬勃发展。

因此，要构建京津冀区域社会创新文化环境，需要具备以下三要素。

首先，行为主体的创新精神。京津冀区域社会创新文化环境构建中的行为主体既包括创新企业和企业家，也包括政府和高校。培养创新行为主体的创新

---

① 陈柳钦：《产业集群与区域创新体系互动分析》，《重庆大学学报（社会科学版）》2005年第6期，第9页。

精神，重点从三方面入手：一是政府部门要为企业家和企业创新提供有效的制度保障，在不触及法律的前提下，对企业的创新行为给予保护，对新生事物的发展给予支持，也就是说，政府在为创新提供必要的制度支持和良好的投资环境之后，就应当让企业和企业家登上创新舞台；二是高校要注重学生创新能力的培养，同时鼓励学生创新创业，现阶段中国大多数高校已经将创新创业作为一门必修课程，并为创新创业学生提供展示的舞台；三是企业和企业家要有敢于冒险、勇于创新的精神，将创新作为企业发展的基本战略，在不断创新中将企业做大做强。

其次，创新主体间的信任关系。区域创新体系是一个由政府、高校与科研机构、企业、中介服务机构等创新主体长期合作与交流构成的创新网络，而创新主体间的合作是区域创新体系稳固发展的基础。因此，京津冀区域社会创新文化环境构建中，要特别重视对创新主体间合作信任关系的建设和维护，创新主体可以通过建立联盟来强化合作关系。联盟是介于市场与企业间的中间组织，联盟成员间具有相对稳定的合作伙伴关系，这可以降低企业间的交易成本，也能够有效降低企业的创新成本。另外，除了企业间的联盟之外，企业与高校、企业与科研机构、企业与政府，企业与中介服务机构等都能够通过联盟形成相对稳定的合作伙伴关系，降低合作伙伴间的违约风险，进而降低创新成本，形成创新协作体，提升区域创新竞争力。

最后，开放包容的社会氛围。无论是文化创意企业，还是高科技创新企业，其创新活动的关键是人才，因此为人才提供开放包容的社会氛围，是吸引人才的重要前提。硅谷之所以能够始终保持高速发展，并长期引领世界高新技术的发展，关键在于硅谷能够吸引到全世界最优秀的人才，这是由于硅谷为人才营造了一个开放、包容的社会氛围，在硅谷失败是可以被接受的，社会鼓励人们去尝试大胆而有趣的新想法、新创意。因此，京津冀三地也要从自身社会氛围的建设做起，在构建区域创新体系之前，要首先为吸引人才构建开放、包容的社会氛围，为人才的工作和生活提供舒适便利、宽松自由的社会文化环境，重点从改善人才引进制度入手。例如，石家庄市为吸引和聚集一批成长型中青年创新创业人才，实行了人才绿卡制度，从住房保障、科研支持、创业支持、户籍办理、工商税务服务、办理子女入学手续、社会保险等多方面为创新创业人才提供方便快捷、运行高效的绿色通道服务，努力在整个社会形成崇尚知识、尊重人才的社会氛围，取得了较好的效果。

第二节　京津冀区域创新硬件环境构建路径

京津冀区域创新环境的构建，除了政府制度与社会文化环境等软件环境的构建外，还需要从信息网络、交通体系、产业园区基础设施建设等方面构建创新硬件环境，为区域创新体系的发展提供坚实的物质基础。

一、区域信息网络建设

当今世界已经进入了信息化时代，信息网络在当下社会经济发展中的重要性已经超越了任何一个时代，信息网络技术已经成为最具活力的生产力，以互联网、云计算、物联网、大数据等为代表的新一代信息网络技术已经成为当前社会经济发展的重要推动力量，而"互联网+"更是成为当下经济增长中最具发展潜力、最具活力的经济新增长极。京津冀区域创新体系的构建更加需要注重信息网络基础设施的建设，究其原因：一是区域信息网络建设能够有效降低区域创新成本。加大区域信息网络建设的投入，能够降低信息成本，有利于创新企业间的信息传输、共享、协同创新。例如，2015年8月，京津冀区域内三大通信运营商在全国率先取消了手机长途漫游费，这不仅惠及京津冀区域内一亿多手机用户，也将京津冀三地的通信网络市场统一到一个区域市场内，具有划时代的意义。二是区域信息网络建设有利于促进创新产品拓展市场。"互联网+文化""互联网+旅游""互联网+健康""互联网+教育"等一系列"互联网+"产业业态已经成为当下社会经济增长中最具活力的因子，而"互联网+"相关业务的开展、普及应用、市场拓展等都需要以完备的信息网络基础设施为前提，这也决定了区域信息网络建设对于以"互联网+"为代表的创新产品的重要意义。三是区域信息网络建设是文化创意产业的传播保障。信息时代的文化创意产业产品大多以信息网络作为传播载体，无论是影视作品，还是动漫游戏制作，都离不开区域信息网络设施，可以说信息网络基础设施已经成为信息时代文化创意产业传播的主要平台和载体。

区域信息网络建设需要重点从三方面入手。一是加快信息网络升级速度。信息网络基础设施建设水平直接影响着信息网络的质量和速度，需要三大通信运营商及三地政府加快京津冀区域内信息网络的升级速度，做到京津冀区域光纤到户全覆盖，移动网络全民升级到4G+，在提速不提价的前提下，提升京津冀信息网络速度和质量，争取达到全国领先水平。二是加大与地方政府重大项目的合作。随着京津冀协同发展的推进，京津冀区域通信运营商要做好重大协作发展项目的信息网络建设，例如，北京新机场项目、北京张家口奥运会项目，通过重大项目的跟进和协作，进一步推进京津冀区域信息基础设施建设和信息化工作。三是加大与产业园区的合作。产业园区作为产业集群的重要形式，是区域创新体系发展的重要载体和路径，通信运营商要重视服务产业园区，为产业园区及入驻创意企业提供良好的通信网络服务，例如，中国联通与中关村科技园管理委员会签署了战略合作协议,双方正式确立战略合作关系,在科技园区创新创业服务和园区管理服务等领域展开广泛合作。

二、区域交通体系建设

常言道:要想富,先修路。交通运输历来被称为国民经济的大动脉。2014年2月,京津冀协同发展上升为重大国家战略,交通成为京津冀协同先行发展的重要方面,京津冀的轨道交通建设不仅打破行政壁垒加速发展,更与其他多种交通方式配合连接,逐步形成立体交通的新格局。

从长三角都市圈和珠三角都市圈协同发展的成功发展历程来看,区域内半小时或一小时生活圈的建成,为劳动力要素、知识要素、资本要素的频繁流动提供了畅通的交通基础,同时也为创新人才和技术的交流合作,为信息资源的流动与共享奠定了坚实的物质基础。由此可见,推动经济大发展,交通必须先行。实现区域经济一体化,交通运输首先必须一体化。区域创新体系需要建立在发达的交通运输网络之上,这样才能促进区域空间协调分布,推动区域创新产业发展,实现京津冀区域创新资源自由、高效运输流动,才能提高区域创新竞争力,真正实现区域一体化可持续发展。京津冀交通一体化是京津冀经济一体化中较为成熟的体系,自2014年开始,发展3年取得了不俗的成果。

2014年,交通运输部率先成立了推进京津冀交通一体化领导小组及其办公室,时任部长杨传堂亲任组长,统筹推进京津冀交通一体化。随后,京津冀三地交通部门相继成立了交通一体化统筹协调小组。

2015年,北京、天津、河北三地京津冀交通一体化统筹协调小组共同签署了《交通一体化合作备忘录》,力图通过体制机制创新破除协同发展的障碍。

2015年12月,国家发展改革委员会与交通运输部联合发布《京津冀协同发展交通一体化规划》。该规划提出,扎实推进京津冀地区交通的网络化布局、智能化管理和一体化服务,到2020年基本形成多节点、网格状的区域交通网络。

京津冀区域交通一体化已经取得了阶段性成果,但是仍需进行完善和改进。一是注重交通与产业布局、公共服务、生态环保的共同推进。交通先行,并非交通独行,在推进京津冀交通一体化过程中,部分地区出现了路修通了,而产业跟不上、措施不配套、服务不到位的现象,这无法真正实现交通先行的战略意义,也不利于突破区域发展不平衡的困境。京津冀交通一体化不仅要将各地区在地理空间上连接起来,还要将各地的创新产业、公共服务、生态保护等领域连接起来,使交通成为带动各地间产业协同发展、创新资源流动的重要纽带,最大限度地发挥交通建设的先导性作用。二是注重创新交通投资融资模式。探索建立促进社会资本参与交通基础设施建设与运营的合作机制，通过投资主体一体化带动区域交通一体化。为尽快缩小河北交通运输公共服务水平与京津的差距，对河北省交通建设给予特殊政策支持。同时，积极引进社会资本参与京津冀交通一体化建设，探索交通融资的新模式，在基本原则、开发主体等方面作出详细规定，并从收益管理、补偿机制等方面适当托底，确保社会资本能够保本微利，以提供交通设施附近增值土地的优先开发权等措施吸引社会资本进入。

三、产业园区基础设施建设

产业园区是区域创新体系的载体和实现路径，加强产业园区基础设施建设是实现区域产业集聚，进而构建区域创新体系的物质基础。现阶段，中国文化创意产业园区根据形成过程不同，主要分为市场自发型、政府主导型和两者兼顾型。市场自发型产业园区是以北京798艺术区等为代表的产业园区，主要是由市场自发形成的产业园区；以国家新媒体产业基地、北京数字娱乐产业示范基地为代表的产业园区，是政府根据产业发展规划统一建设的政府主导型产业园区；两者兼顾型产业园区则是早期由市场自发形成，随着规模、名气的提高，政府主动介入主导园区的发展和管理的产业园区，以宋庄原创艺术与卡通产业集聚区为代表，其最早是由几名画家在宋庄居住，而后吸引来了越来越多的画家迁居于此，成为远近闻名的画家村，随后当地政府介入，借助宋庄的名气，努力将宋庄打造成为全国闻名的文化创意品牌。

从文化创意产业园区的形成过程可以看出，中国产业园区的发展和建设，尤其是基础设施建设方面，政府占据着重要的地位。但是，中国部分地方政府在产业园区基础设施建设过程中存在片面强调圈地投资、忽视发展实际的现象。政府在产业园区基础设施建设方面重点要做好：一是注重文化创意产业园区地理位置的选择。全国闻名的北京798艺术区、上海同济工业设计集聚区、杭州LOFT49等园区，大多集中于大城市，这是由于大城市具有良好的城建设施，这是吸引创意人才集聚于此的重要因素，这也说明文化创意产业园区与其他产业园区的最大区别在于，创意产业园区的成功需要创意人才的集聚，而创意人才的集聚需要完善配套的设施，因此，政府在文化创意产业园区选址过程中要将邻近大城市作为首要考虑因素。二是注重文化创意产业园区综合配套设施建设。从昆士兰模式的发展来看，布里斯班创意产业集聚区因其完善的生活设施和惬意的生活氛围被创意从业者形象地称为"都市乡村"，这一特征正是契合了创意阶层的工作和生活需求特点，使其成为吸引澳大利亚甚至全球创意阶层集聚的重要空间载体。园区内创意阶层的集聚促进创新、创作、文化、艺术和生活氛围不断增强,又进一步吸引新的创意从业者不断到来,形成了创意阶层吸引效应的良性循环。[①]可见,在园区基础设施建设中,要充分尊重创意人才对工作、生活氛围的需求,加强基础配套设施的建设,营造浓厚的文化艺术氛围和宽松自由的工作环境,为创意阶层提供多样化的工作和生活空间。

[①] 郭永、杨秀云、黄琳:《澳大利亚布里斯班创意集聚区效应分析及其启示》,《亚太经济》2011年第6期,第83-87页。

第十章　京津冀区域创新体系的核心资源：创新资源

创新资源是创新活动的基础要素，是指与创新活动相关的非主体要素（创新所需要的物质条件）。创新资源的核心资源是创新知识、创新人才和创新资本，这些创新资源不仅是创新活动的基础条件，是连接区域创新体系各创新主体的重要纽带和内在动力，也是创新环境的重要依托。

第一节　构建京津冀知识资源协同体系

区域创新体系构建的基本目标就是要提升区域内知识创新的能力，因此知识资源是区域创新体系中最为核心的资源，而提升区域内知识创新的能力，主要通过知识资源在创新主体之间的自由流动来实现。但是，现阶段京津冀区域内知识资源的自由流动仍然存在一定的不足和缺陷，其主要表现：一是存在知识资源"孤岛"现象，京津冀知识资源跨区域流动不畅。京津冀三地的行政区划，导致三地知识资源分散封闭、交叉重复等"孤岛"现象较为严重，使得区域内知识资本、成果、人才等要素跨区域自由流动和优化配置受到阻碍，尚未形成统一的区域性知识资源市场。二是存在知识资源"错轨"现象，京津冀创新主体转移、吸收知识资源的能力不强。京津冀文化创意产业受到三地经济发展阶段差异化的影响。北京文化创意产业发展水平居全国前列，其知识资源国际化、专业化、产业化水平较高，而天津、河北文化创意产业仍处于起步阶段，集中于文化创意传统产业，集聚化、专业化水平较低，这导致知识资源的需求与供给出现了结构性错位，三地知识资源对接融合度不够充分。另外，京津冀区域知识资源支撑服务体系的不完善也在一定程度上加剧了三地"错轨"现象。受到管理体制条块分割的影响，三地没有建立跨区域的知识资源公共服务平台，使得北京的知识产权成果难以在天津、河北两地转化为现实生产力。基于此我们提出以下建议。

一、构建京津冀知识资源市场开放机制

京津冀知识资源的自由流动，需要突破京津冀三地行政壁垒，建立以市场配置资源为主体的统一市场开放机制，具体来说要做到以下两点。

首先，建立京津冀知识资源协调发展顶层沟通机制。在京津冀协同发展领导小组领导下，建议由国家知识产权局牵头，会同三地政府，共同举办京津冀知识产权协同发展高峰论坛，并下设京津冀知识产权协同发展办公室，为京津冀三地政府、文化创意企业、园区、协会、中介服务机构等创新主体构建交流沟通的平台。建议论坛每年举办一次，可邀请政府、企业、园区、协会、中介服务机构等各方人士共济一堂，为京津冀区域知识资源的保护、转移、吸收、转化等出谋划策。同时，国家知识产权局和京津冀三地政府要充分利用论坛的交流成果，制定京津冀知识产权发展规划、京津冀知识产权保护条例等区域性政策，并努力建立区域知识产权政策共享平台，加强京津冀区域知识产权政策的沟通与协调，为京津冀知识资源的保护、转移、吸收、转化提供政策支撑。

其次，建立以市场为主导的区域知识资源配置机制。京津冀区域创新体系的建立，需要京津冀形成统一开放的知识资源市场，突破知识资源流动的机制体制壁垒，坚持以市场主导知识资源配置，实现京津冀知识资源市场的协同。组建京津冀知识产权联盟，共享知识产权资源、降低知识产权成本，促进三地创新要素充分流动，加快创新要素聚集，助推产业合理布局；共建知识人才信息共享平台，在京津冀建立知识产权人才库，统一知识产权人才职称、社会保险等制度，为知识产权人才的自由合理流动提供保障；加大知识产权金融协同力度，整合金融资源，共建京津冀知识产权质押处置平台，探索建立知识产权银行和互联网知识产权金融平台，成立知识产权投融资服务联盟。[①]

二、构建京津冀知识产权保护协作机制

文化创意产业有形资产少，其核心生产要素是信息、知识、文化、技术等无形资产，如果没有知识产权的保护，文化创意产业将面临被抄袭模仿的无序境地，文化创意产业的发展也将面临生存危机。知识产权保护是文化创意产业的根本，因其具有鲜明的知识产权性，可以说文化创意产业就是知识产权产业。京津冀区域文化创意产业的协同发展，其核心在于三地知识产权保护的协同发展，只有在京津冀区域内形成统一协作的知识产权保护机制，才能真正为文化创意产业的协同发展提供一个良好的环境。因此，我们建议重点做好以下两点。

首先，完善知识产权保护相关法律法规。虽然中国已经拥有了《专利法》

---

① 《京津冀知识产权协同发展现状与对策研究》，2017年8月10日，http://www.nipso.cn/onews.asp?id=37333。

《商标法》《著作权法》三部知识产权保护法律，但是作为新兴产业，文化创意产业中诸多新形式、新媒介的知识产权仍然无法在以上法律中找到相应的法律依据。例如，电视栏目为一类创新知识成果，但目前中国仅能对其注册名称进行保护，栏目的形式、游戏设置、故事脚本等都无法被认定为知识产权，这也是造成电视栏目跟风不止的重要原因之一。因此，需要政府出台更加全面的知识产权保护实施细则，并根据文化创意产业发展快、新事物多的特点，有针对性地制定保护文化创意产业知识产权的政策体系。

其次，加强知识产权保护相互协作机制。京津冀三地知识产权保护部门要在国家知识产权局牵头下，推动三地知识产权联合执法机制的构建，搭建京津冀知识产权保护信息共享平台，以及知识产权举报投诉互转和维权援助互通平台，推进京津冀建立统一的企业知识产权信用档案。同时，开展三地知识产权保护的联合巡视检查和执法监督；调动三地知识产权人才资源，共同培养专业人才，选派专业人员赴具有比较优势的地区委托培养；打造三地知识产权保护宣传平台，实现互联互通等。在保障机制上，三地应建立片区联席会议制度，每年定期就合作发展中的重点事项进行磋商，统一部署落实，共同研究制定下一年度专项协作计划和实施方案。

三、构建京津冀知识资源流动保障机制

经济合作与发展组织（Organization for Economic Cooperation and Development，OECD）研究认为，创新最重要的不仅仅是投入，还有技术开发过程中行为主体间的创新互动作用，也就是知识在创新主体间的流动。知识流动是指知识资源在创新主体间的溢出、扩散、吸收、转化，其目的就是推动所需知识或技术的扩散，实现知识的互补和共享，尤其是隐性知识的共享。知识流动的内容主要包括显性知识流动和隐性知识流动两种。[①]

知识资源流动的形式主要包括三种。一是创新主体间的合作。企业、高校与科研机构为创新知识主体，为了获取最新的创新知识资源，创新主体间的合作本身就是知识资源的流动。企业间的合作是通过双方知识资源的相互学习和作用，使知识资源在合作企业双方交互融合，最终实现知识创新；企业与高校、科研机构间的合作，大多以知识资源的单向流动为主，企业作为知识应用的主要载体，处于知识资源的流入方，而高校与科研机构作为知识资源的创造者，处于知识资源的流出方，最终实现高校与科研机构科研资金的回流，进而为下一次知识创造提供资金保障。二是技术扩散，也就是创新主体通过购买技术、

---

① 余以胜、赵浚吟、陈必坤等：《区域创新体系中创新主体的知识流动研究》，《情报理论与实践》2014年第7期，第59页。

专利权、著作权等方式获取知识资源。企业通过购买专利技术实现了知识资源的净流入，可以通过消化吸收的学习方式以较小的成本掌握新设备上所附着的知识，甚至以此为基础进行二次创新，最终实现创新成果社会效用的最大化，这是企业间知识资源流动的一个有效途径。三是人才流动。人才作为知识的直接创造者和应用者，其在各创新主体间的流动也带动了所拥有的知识和专利技术等创新资源的流动。人才由一个企业流动到另一个企业，其拥有的专利技术等显性知识将一并转移至新企业，很快转化为现实生产力，提高新企业的知识储备和生产效率，同时，其自身所具备的隐性知识也将一并融入新企业，有助于提高组织人员的整体知识水平，从而有利于组织经济绩效的提高和知识创新能力的增强。[1]根据知识资源流动的基本方式和特征，需要从以下四方面构建京津冀知识资源流动的保障机制。

首先，打造京津冀区域知识联盟。联盟是为了资源共享、优势互补、风险共担等共同的战略目标，在保持相互独立的前提下，通过股权参与或契约协议等形式，在某些领域建立相对稳定的合作关系的介于市场和企业之间的中间组织。因此，知识联盟的根本目标就是要实现知识资源在联盟成员间的资源共享和优势互补，同时也能够保证成员间的相互独立，能够维持一种相对稳定的合作关系。知识联盟不仅能够降低创新成本，也能够为创新主体提供稳定、可信任的合作关系。京津冀三地政府应当牵头成立以创意产业协会、创意企业、高校与科研机构、中介服务机构等创新主体为成员的京津冀区域知识联盟，为京津冀创新主体间知识资源的合作交流提供平台，努力建立一个区域知识联合体。在该知识联盟中，创新主体可以在联盟框架内形成稳定的合作关系，通过股权或契约等形式，采取共同开发、购买转让、定向研发等方式促进知识资源在区域内高效流动。加强京津冀企业与高校和科研机构对接，探索以合作开展共性关键技术研发为手段、以知识产权利益分享为纽带、以研发机构为平台、以创新成果有效转化为目的的跨区域产学研合作机制。[2]

其次，推进京津冀知识人才流动。知识人才在京津冀区域内的自由流动，尤其是北京地区向天津、河北地区的流动，能够为津冀两地带来专利技术、著作权等显性知识，提升两地文化创意产业的水平和生产能力。最为重要的是人才流动所带来的隐性知识流动，北京高端文化创意人才的流动，能够将北京文化创意产业先进的创意理念、管理方法、企业文化、国际视野带到天津、河北，提升两地整体知识水平，实现知识存量的最优化和知识应用价值的最大化。京津冀三地政府部门应当组织跨区域创意人才交流，包括合作研究、兼职、咨询

---

[1] 曹孜：《区域创新系统之间的知识流动》，《中国集体经济》2008 年第 3 期，第 48 页。
[2] 佟林杰：《京津冀区域科技创新协同机制构建研究》，《河北地质大学学报》2017 年第 4 期，第 99 页。

服务、顾问等形式，并为人才的跨区域交流在科研资金、职称评定、人才引进等方面提供制度保障，为人才的合理流动创造良好的环境，给予他们需求的工作条件，使个人的才能获得自由的发展。

再次，提升创新主体吸收转化能力。对于在京津冀知识资源流动过程中，以技术扩散形式获得的专利权、著作权等创新知识，企业要不断提升自身的吸收转化能力，才能真正将知识转化为生产力，实现知识资源的再创造。企业自身要不断加大知识创造投入，对于文化创意产业而言，要将提升企业的知识吸收转化能力作为自身发展的重要战略，在企业内部打造知识创新的企业文化。京津冀三地政府部门要采取多种措施促进区域内企业间的知识交流，北京市要加快推进文化创意企业向天津、河北等地输送人才、管理经验、知识产权等知识资源，天津、河北等地建立文化创意产业分园，帮助当地文化创意企业提升吸收转化知识资源的能力。天津、河北当地政府要积极为本地文化创意企业提供必要的职业培训服务，提升本地文化创意企业员工的技术水平和创新能力，节约企业成本，减轻企业负担，为当地企业吸收转化先进知识资源提供人才基础。

最后，构建创新主体间信任机制。文化创意产业在美国被称为版权产业，可见知识产权对于文化创意产业的重要意义。但是，知识产权作为知识资源在区域内的流动需要一个良好的信任环境，一旦信用缺失就是对知识产权保护的严重践踏，将损害知识产权所有人的利益，进而阻碍知识的生产和流动。正因如此，需要在京津冀区域内构建良好的信任机制，必须从道德建设、法制建设和中介机构建设等多方面加强社会信用环境的营造，为知识在区域创新系统内的流动构建良好的制度环境。

四、构建京津冀知识资源集群服务机制

在知识经济时代，创意集群不再像制造业集群那样是同类企业或上下游企业间的简单聚集，而是以知识创新为纽带形成的相互关联的由诸多创新主体构成的耦合性网络。创意集群内部，地理上的集中和文化的根植性，使集群内部显性知识的传播和转移更加便捷和普遍，同时，公司地理上的集中也使隐性知识或公司特色的知识能够在本地语境中通过社会网络中频繁的面对面互动进行传播。因此，在京津冀区域内构建知识资源集群是促进知识资源高效流动，促进隐性知识传播的重要途径。构建京津冀知识资源集群服务机制需要做好以下两点。

首先，在集群内部要促进创新主体间的知识互动。京津冀文化创意产业集群内部管理部门要重视知识资源的内部流动，在集群内部营造良好的知识交流氛围，可以在资金、政策等方面向集群内合作项目倾斜，为集群内部创新主体间的合作提供政策支持，鼓励集群内部创新主体相互学习、共享知识资源，进

而提升整个集群的知识学习和创造水平。另外，重视集群内部知识交流环境的建设，加强基础配套设施建设，营造浓厚的文化艺术氛围和宽松自由的工作环境，通过举办交流会、论坛、沙龙等活动，与附近集群内部创意阶层人才交流，促进隐性知识在创新主体和人才间流动。

其次，在集群间要形成区域创意集群交流平台。2016年9月，京津冀三地成立了"京津冀文化产业园区（企业）联盟"，旨在联合京津冀三地的各个文化产业园区（企业），共享园区的成功发展经验，推动三地地区之间、园区之间的合作，构建京津冀文创产业协同发展体系，优化区域文化创意产业发展格局。这一联盟的成立，是京津冀区域内集群间合作的有益尝试。未来，京津冀三地政府更要重视区域间创意集群的合作，避免各地创意集群各自为政形成新的要素市场壁垒，从而阻碍知识资源在集群间自由流动。京津冀三地政府和文化产业园区可以通过合建园区、开设分园等方式创新合作方式，利用北京集群的优势知识资源为天津、河北两地集群发展提供资源对接、项目推介、信息咨询、招商引资等服务，实现信息共享与合作共赢。同时，在区域内整合集群知识资源，搭建大数据平台，通过建设京津冀文化产业园区及驻区企业品牌管理大数据平台，构建京津冀文化产业集群知识资源数据平台。

第二节　构建京津冀创意人才支撑体系

文化创意产业为人才密集型产业，人才是创意的直接创造者，也是文化创意产业最核心的创新资源。京津冀三地人才资源的分布极不均衡，北京作为全国文化中心，集中了全国著名的高等学府，也集聚了众多文化创意人才；天津作为直辖市和北方重要经济重镇，也吸引了一批文化创意人才，虽然在人数上无法与北京相比，但动漫等行业具有一定的人才优势；河北省则属于该区域的人才洼地，不仅高端文化创意产业人才匮乏，文化创意产业从业人员也主要以传统文化技术人员为主，缺乏现代文化创意产业必要的知识和技能。为实现京津冀三地文化创意人才的协同发展，促进人才在三地的自由流动，需要重点从以下四方面入手。

一、共建京津冀人才合作协调机制

2016年6月，北京市文化局、天津市文化广播影视局、河北省文化厅共同签署了《京津冀三地文化人才交流与合作框架协议》，该协议特别提出鼓励和支持京津冀三地文化创意领域老艺术家、文化名家面向三地收徒授艺，利用三地剧场和院校的特点，各有侧重地培养人才，并共同参与课题研究、著述创作等项目，主要对曲艺等领域文化人才的合作制定了方案。虽然该协议仍然在行业、举措等方面存在一定的局限性，但这是京津冀三地人才合作的良好开端。现阶段，京津冀三地应当继续促进三地人才合作协同机制的共建，三地应当由政府牵头共同成立京津冀文化创意人才合作联席会议，建议该会议每年举办一次，常设京津冀文化创意人才合作中心，具体负责日常合作事宜。该联席会议由京津冀三地文化部门、人事部门、教育部门等职能部门参加，通过区域人才战略规划的制定，明确区域人才发展的总体目标和方向，确立京津冀三地各自的人才重点领域，加强三地间人才发展的合作协调，重点讨论三地区域文化创意人才发展规划、人才分工协作等。由京津冀文化创意人才合作中心全面负责协调三地人才合作事宜，并在三地人事部门设立分支机构，积极拓展人才市场的公共服务功能，规范和监督三地人才服务与管理机构等。该机构的资金来源于三地政府财政资金，并由三地政府拨付专项资金用于三地人才合作项目，作为三地人才育、选、用、留之用，要把人才资金和区域引智专项经费的配套资金列入三地财政预算中，三地根据财力现状合理分担费用。[①]

二、共建京津冀人才联合培养机制

京津冀文化创意人才协同发展，除了要促进三地间的合作流动外，还需要增强天津、河北等地的人才"造血"能力，这就需要京津冀三地在人才联合培养上做好文章。

首先，依托院校建立联合培养机制。作为人才培养的主要渠道，河北高校要主动作为，与北京、天津等地高校积极对接，坚持"走出去""请进来"的人才合作战略，采取互聘导师、互修学分、互派挂职、共建博士后工作站等形式，加快促进三地文化创意人才间的交流学习。通过联合培养机制，河北高校师生能够进入知名院校增进知识、开阔视野，北京、天津地区的师生也能通过在河北等地服务来提升自身能力，挖掘河北的文化资源，促进三地文化创意人才协同发展。除了高校间的合作外，职业教育学校间的合作同样重要，文化创意产业技术工人在将创意转化为创意产品的过程中扮演着重要的作用，京津冀三地职业教育学校要在互相交流、沟通、合作的基础上，联合三地规模以上的文化创意企业，组建各种类型的高技能人才培训基地，企业可以定期选派人员来基地参与实习实训，提升员工文化创意职业技能，而职业教育学校也能够通过培训基地实训实现"订单式"教育，为企业输送合格技术人才。

其次，依托园区建立联合培养机制。文化创意产业园区是京津冀区域创新

---

① 白海琦：《京津冀协同发展中的人才合作路径创新研究》，《河北地质大学学报》2017年第3期，第102页。

体系的主要载体，京津冀文化创意人才的协同发展，需要建立园区人才联合培养机制，推进京津冀三地园区间的项目合作与对接，促进三地园区内文化创意人才交流合作的常态化、制度化，加速形成京津冀互通互联的人才集聚网络。另外，还要依托京津冀园区联盟，定期举办京津冀园区项目合作洽谈会，以项目为依托，为三地园区管理人才间的互动合作提供交流平台。

三、共建京津冀人才公共服务机制

京津冀三地文化创意人才的协同发展，除了提升"造血"能力外，还要提高三地人才的"输血"能力。但是，长期以来京津冀三地人才政策、资源分布、人才服务等方面的巨大差异，给区域人才流动造成了较大障碍，加之三地的人才评价标准、职业资格和技术等级等方面不统一、不互认，使得京津冀三地人才市场相互分割，限制了区域人才间的自由流动。想要打破京津冀人才市场的分割，实现三地人才市场协同发展，具体要做到以下三点。

首先，建立京津冀区域统一人才市场。京津冀三地政府应重视合作与协商，针对阻碍三地人才市场协同发展的因素制定详细的解决措施，打破三地地域分割和分类体制，制定和健全三地统一认可的人才市场制度与规定，并联合构建有利于三地人才市场一体化发展的机制，建立相互贯通的人力资源市场体系和服务标准，开发和完善人才派遣、人才转让、人才评估等新型服务项目，拓展人才市场服务领域，发挥人才市场在人才资源配置中的调节作用。另外，建立京津冀人才信息共享和联合发布机制，建立区域文化创意人才信息库、项目库、成果库等信息共享资源，形成各类信息共享机制。[①]

其次，建立京津冀区域人才联合绿卡制度。中国行政区域间在教育、医疗、社会保障等方面存在巨大差异，而作为直辖市的北京、天津与河北之间存在的差异则更加明显，这也成为京津冀区域内人才向北京、天津单方面流动的主要诱因。为了消除京津冀区域人才自由流动的后顾之忧，三地政府要逐步推进基本社会公共服务的对接。因此我们建议，京津冀三地应当尽快建立人才联合绿卡制度，使之成为京津冀三地共同审核制定的人才优惠政策，凡是获得京津冀联合绿卡的人才，就能够在京津冀三地享受到同等的教育、医疗、社会保障、住房等方面的优惠政策，持联合绿卡的人才可以自由选择在京津冀任何地方工作和生活，并且享受同等待遇，这不仅能够提升河北当地文化创意人才的相关待遇，也能够消除北京、天津等地人才进入河北工作的后顾之忧。

最后，建立统一的职业资格认证体系。职业资格认证体系是现行体制对人

[①] 张雪、李爽、张靖轩：《京津冀区域人才开发合作机制》，《河北联合大学学报（社会科学版）》2014年第6期，第31页。

才衡量的重要标准。目前京津冀三地职业资格认证各成体系，互相并不认可对方的职称评定，这为人才在区域内的自由流动设置了天然的障碍。因此，京津冀三地要打破职业资格认定的藩篱，应联合成立京津冀职业资格认证体系，制定三省市统一的职业资格评审鉴定标准和程序，构建连通三省市的职业资格评审鉴定专家库，实现京津冀三地职业资格认证互认互通。

四、共建京津冀人才成果共享机制

京津冀三地人才互通互动不畅的另一重要原因在于文化创意成果收入的分配不均，这使得三地政府和人才输出单位对于人才自由流动存在观望情绪。这就需要三地积极建立合理的成果共享机制。

首先，建立科学的人才合作利益共享机制。京津冀文化创意产业合作项目的利益分配，应当根据合作双方投入的人才、技术、土地、资本等要素系统评估，三地研究制定区域人才合作利益评估体系，根据要素共享大小确定利益分配比例，并通过税收分成的形式实现三地对成果的共享。[①]

其次，建立适当的人才合作利益补偿机制。京津冀人才流动客观上促进了区域人才资源的流动，有利于区域创新体系的构建，为京津冀文化创意产业协同发展提供了人才支撑，但对于输出人才的单位而言造成了一定损失，进而影响了该单位的直接利益。因此，应当建立适当的区域人才合作利益补偿机制，对于积极参与区域人才合作交流的单位和个人给予支持和鼓励，在人员编制补充、职称评定、专项经费支持等方面适当给予照顾，打消用人单位输出人才的顾虑，为用人单位提供适当的利益补偿。

第三节　构建京津冀文化资本保障体系

文化创意产业是一种具有高风险性的创新产业，大多数文化创意企业规模小、有形资产少、无形资产占比较高。正是这样的行业特征，使得文化创意产业企业在以银行融资模式为主导的资本市场中面临融资难的困境。因此，如何引导社会资本进入文化创意产业，如何破除中小文化企业融资困境，如何在京津冀区域内形成文化资本自由流动的金融市场，已经成为当下京津冀文化创意产业协同发展的重要课题之一。

[①] 马宁、饶小龙、王选华等：《合作与共赢：京津冀区域人才一体化问题研究》，《中国人力资源开发》2011年第10期，第77页。

一、发挥政府财政资金基础作用

近些年，随着文化创意产业的不断发展，京津冀三地政府都先后设立了文化创意产业专项资金用于支持本地文化创意产业的发展。例如，北京市先后设立了文化创意产业专项发展资金（每年5亿元）和文化创意产业集聚区基础设施专项资金（总规模5亿元），用于支持优秀文化产业企业、项目、园区发展和建设；天津市政府专门筹集了200亿元财政资金，用于支持包括文化企业在内的科技型中小企业，支持成长型和壮大的企业，采取资助、贴息等各种方式，资金主要是以周转使用形式为主；河北省设立了3亿元的省级文化发展引导资金，主要用于支持全省文化产业发展项目，包括"文化产业特色县、重点文化产业园区和重大文化产业项目"等11个使用范围。虽然各地安排了众多专项财政资金用于扶持文化产业，但是财政资金仍青睐于扶持已经初具规模且经营稳定的大中型文化企业，而需要国家资本支持的具有较大外部性、投入巨大、高风险的基础性和公益性文化投资项目乏人问津，尤其是中小型文化企业难以得到财政资金支持。因此，京津冀三地政府应当建立京津冀文化创意产业专项发展基金，此项基金以三地政府财政资金为主，按照平均比例出资，主要用于京津冀区域内文化创意企业的资金支持，重点向中小企业倾斜，可以采取租金补贴、就业补贴、培训补贴、创业补贴等形式减轻中小初创企业的负担，切实发挥财政资金的基础作用，为京津冀三地文化创意企业的蓬勃发展提供基础性保障。

二、发挥金融机构资本主体作用

金融机构是企业获取融资的主流渠道，这也决定了文化创意产业融资难问题最主要的解决渠道仍在于金融机构。因此，京津冀三地政府要把握协同发展的重大机遇，积极争取国家在京津冀区域内政策性信贷、地方政府债券和产业发展基金等方面的政策优惠，努力发挥金融机构对文化创意产业资本支撑的主体作用。

首先，设立京津冀开发银行。未来，京津冀开发银行将成为区域内主要投资开发主体，将扶持和投资具有战略性、前瞻性的产业。文化创意产业作为未来京津冀区域发展的重要发展行业，也将是京津冀开发银行的重要投资行业。京津冀开发银行的成立也将有利于整合区域文化创意资本，发挥市场在文化资源配置中的基础性作用。

其次，建立京津冀知识产权交易中心联盟。由于文化创意企业的交易多以专利权、著作权等知识产权为主，这就需要京津冀共同建立京津冀知识产权交易中心联盟，实现三地产权交易的互联互通。推动三省市建立统一的抵押制度，推进区域内支付清算、异地存储、信用担保、融资租赁等业务同城化，争取实现金融创新政策在京津冀的一体化推广。

最后，创新京津冀投融资模式。北京市积极创新适合文化产业的金融产品，已与国家开发银行北京分行、中国工商银行北京分行、北京银行等10家银行签订文化金融创新发展合作协议，10家银行每年共为北京文化产业发展提供1000亿元人民币的授信额度。北京的做法值得该区域各地积极尝试，建立政府引导、政企分开、社会参与、市场运作的投融资体制，同时，创新抵押担保方式，积极向总行（总部）争取金融产品创新试点，开展知识产权、专利技术、景区门票收入权和特许经营权等质押融资，拓宽文化创意企业的融资渠道。

三、发挥社会多元资本补充作用

目前，中国多地都已成立了政府牵头的文化产业基金，京津冀各地也先后成立了省级文化产业基金，例如，北京市文化创意产业投资基金、天津文化产业股权投资基金和河北汇洋文化产业股权投资基金。其中，河北汇洋文化产业股权投资基金，总规模达10亿元，已完成了10亿元资金的募集工作，其中吸引社会资本近6亿元。①但是，目前投资基金仍然存在资本供需之间结构性失衡、内部治理机制不健全、外部运行环境不完善等问题，制约着区域内文化产业基金更好地发挥产业引导和支撑作用。因此，我们提出以下建议。

首先，成立京津冀文化产业投资基金。虽然京津冀区域各地政府牵头成立了省级产业引导基金，但是各地引导基金仍然以扶持当地企业为主，对于京津冀形成统一的文化产业市场不利，而成立京津冀文化产业投资基金，是面向整个京津冀区域内文化创意企业和区域市场，有利于文化资本在区域内的自由流动，促进区域整体文化市场的形成。

其次，引导社会资本共同参与。京津冀文化产业投资基金应当形成多元化股权结构且国有资金不控股，财政出资比例控制在1/3，以引进社会资本、民间资本为主。择优选聘专业化基金管理团队负责基金的日常运营，政府可以委派人员进入基金管理团队参与重大事项决策，并对管理团队加以监督。

最后，激励股权投资基金参与发展。政府可以利用税收优惠等政策，重点对投向中小企业、初创企业的各类天使投资给予政策支持，使其作为政府扶持中小文化企业的重要辅助力量。另外，基金的退出渠道单一，而文化企业很难达到主板上市条件，阻碍了基金参与文化产业的热情，这就需要政府积极调动长期性资金进入文化资本市场，努力募集社会劳动保障资金、商业保险资金等长期性资金，并逐步完善主板、中小板、创业板、新三板，以及股权交易中心、产权交易市场等多层次资本市场，为文化产业投资基金的退出提供良好路径。

---

① 张晶：《我省首支省级文化产业引导股权投资基金揭牌》，《河北日报》2016年6月3日。

参考文献

安娜·格兰多里. 2005. 企业网络：组织和产业竞争力. 刘刚等译. 北京：中国人民大学出版社.
白万纲. 2008. 集团管控之战略联盟管控. 北京：中国发展出版社.
拜瑞·J. 内勒巴夫, 亚当·M. 布兰登勃格. 2000. 合作竞争. 王煜昆等译. 合肥：安徽人民出版社.
陈黎琴. 2008. 企业联盟的实现方式研究. 北京：经济管理出版社.
董秋霞. 2015. 创意产业园区区域协同机理研究. 北京：经济管理出版社.
谷虹. 2012. 信息平台论——三网融合背景下信息平台的构建、运营、竞争与规制研究. 北京：清华大学出版社.
琳达·S. 桑福德, 戴夫·泰勒. 2008. 开放性成长. 刘曦译. 北京：东方出版社.
马尔科·扬西蒂, 罗伊·莱维恩. 2006. 共赢：商业生态系统对企业战略、创新和可持续性的影响. 王凤彬等译. 北京：商务印书馆.
迈克尔·波特. 1997. 竞争优势. 陈小悦译. 北京：华夏出版社.
迈克尔·波特. 2002. 国家竞争优势. 李明轩, 邱如美译. 北京：华夏出版社.
迈克尔·波特. 2005. 竞争战略. 陈小悦译. 北京：中国财经出版社.
曼纽尔·卡斯特. 2006. 网络社会的崛起. 夏铸九等译. 北京：社会科学文献出版社.
徐晓慧, 王云霞. 2009. 规制经济学. 北京：知识产权出版社.
伊夫·多兹, 加里·哈默尔. 2004. 联盟优势. 郭旭力译. 北京：机械工业出版社.
殷俊, 代静. 2006. 跨媒介经营. 成都：四川大学出版社.
尤查·本科勒. 2013. 企鹅与怪兽——互联时代的合作、共享与创新模式. 简学译. 杭州：浙江人民出版社.
余东华. 2008. 模块化企业价值网络 形成机制、竞争优势与治理机构. 上海：上海人民出版社.
贠晓哲. 2006. 战略联盟理论与实践. 北京：经济科学出版社.
张伟. 2007. 转型的逻辑——传媒企业研究. 青岛：中国海洋大学出版社.
邹文杰. 2011. 企业能力理论视角下的企业联盟. 北京：社会科学文献出版社.
Porter, M. E .1990. The competitive advantage of nations. *Harvard Business Review*, 68: 73-93.

附　　录

附录一　京津冀三地政府文化创意产业政策一览表
（2006—2017年）

时间	颁布部门	政策名称	内容概要
2006年	中共北京市委宣传部、北京市发展和改革委员会	北京市促进创意产业发展的若干政策	该文件共出台了35条鼓励文化创意产业的政策，包括每年5亿元专项资金、放宽市场准入、保护知识产权、加大资金扶持等内容
2006年	北京市财政局	北京市文化创意产业发展专项资金管理办法	主要对文化创意产业发展专项资金的资助范围、申报及管理、监督等内容进行了规定
2006年	中央北京市委宣传部、北京市发展和改革委员会	北京市文化创意产业投资指导目录	将文化创意产业的投资准入程度分为鼓励类、允许类、限制类和禁止类四项
2006年	北京市统计局	文化创意产业分类标准	根据该标准的分类方法，北京市文化创意产业有9个大类，指的是文化艺术，新闻出版，广播、电视、电影，软件、网络及计算机服务，广告会展服务，艺术品交易，设计服务，其他辅助服务等
2007年	北京市发展和改革委员会	北京市文化创意产业集聚区认定和管理办法（试行）	对文化创意产业集聚区的定义、认定原则、认定条件、认定程序以及管理办法进行了规定
2007年	北京市发展和改革委员会	北京市文化创意产业集聚区基础设施专项资金管理办法	此文件是对《北京市促进文化创意产业发展的若干政策》的有效补充和具体执行，重点对文化创意专项资金5亿元的使用范围、投入方式、审批程序、监管等进行了规范
2008年	北京市知识产权局	北京市文化创意产业知识产权保护与促进意见	该意见从加大文化创意产业知识产权保护力度、促进文化创意产业知识产权取得和拥有、推经文化创意产业集聚区知识产权工作、提升文化创意产业知识产权服务水平、加强文化创意产业知识产权工作的领导与保障5个方面提出了20条意见
2008年	北京市文化创意产业领导小组办公室	北京市文化创意产业贷款贴息管理办法（试行）	该办法对贷款贴息的机构设置、申请条件、范围、贴息方式、期限、标准和额度等进行了详细的规定

续表

时间	颁布部门	政策名称	内容概要
2009年	北京市文化创意产业领导小组办公室	北京市文化创意产业担保资金管理办法（试行）	北京市文化创意产业担保资金主要采取对合作担保机构的再担保费进行补贴、对担保业务进行补助等方式，引导担保机构为符合北京市文化创意产业发展总体规划和相关政策的项目提供担保服务。并对担保资金支持对象、范围和方式、再担保费补贴、担保业务补助以及监管等进行了规定
2009年	北京市文化创意产业领导小组办公室	北京市文化创意产业创业投资引导基金管理暂行办法	该办法中提到的引导资金主要用于引导创业投资机构投资于符合文化创意产业重点支持方向的处于创业早期的文化创意企业，引导基金本身不直接从事创业投资业务，初始规模为3亿元，连续安排3年，每年从市文化创意产业发展专项资金中安排1亿元。
2009年	北京市文化创意产业领导小组办公室	北京市关于支持网络游戏产业发展的实施办法（试行）	该办法规定对北京地区原创网络游戏产品提供100万元至200万元的前期资助；自主网络游戏引擎，给予200万元资助；对于资助研发形成知识产权的网络游戏，给予200万元资助等一系列资助政策
2009年	北京市文化创意产业领导小组办公室	北京市关于支持影视动画产业发展的实施办法（试行）	该办法规定在市文化创意产业发展专项资金中安排专项资金，支持影视动画产业发展，例如，对在本市立项、具有自主知识产权的优秀原创动画剧本和样片，择优予以前期资助，资助额为项目实际到位投资额的5%至15%等优惠资助政策
2009年	北京市文化创意产业领导小组办公室	北京市关于支持中国动漫游戏城发展的实施办法（试行）	该办法是为了推动国家重大文化产业项目——中国动漫游戏城项目的发展而制定办法，从中国动漫游戏城的选址、专项扶持基金的建立，到金融贷款支持、入驻企业补贴、高端人才引进等方面做出了相应的规范
2010年	中共北京市委办公厅	关于大力推动首都功能核心区文化发展的意见	该意见提出了重点发展与核心区功能相适应、与传承历史文化体现地区特色相一致的高端文化创意产业，并建设一批有国内外影响力的文化创意产业集聚区
2012年	北京市财政局	北京市文化创新发展专项资金管理办法（试行）	北京市文化创新发展专项资金属于北京市级财政安排资金，2012年至2015年每年安排100亿元，专项资金主要用于支持文化领域公益性事业建设、发展现代文化产业、体制机制改革、人才队伍建设等方面，主要采取项目补助、贷款贴息、奖励、融资担保、股权投资、产业投资基金等支持方式

续表

时间	颁布部门	政策名称	内容概要
2013年	北京市发展和改革委员会	进一步鼓励和引导民间资本投资文化创意产业若干政策	该政策努力打破阻碍民间投资进入文化创意产业的"玻璃门""弹簧门",为民间资本开辟更广阔的发展空间,更加有利于提振民间投资意愿,增强文化创意产业发展内在动力和活力。尤其是在促进产业投资、扩大文化消费、创造公平市场环境等方面提出了一些实实在在的政策手段
2014年	北京市人民政府	北京市文化创意产业功能区建设发展规划(2014—2020年)	全国首个省级文化创意产业空间布局规划,提出规划形成"一核、一带、两轴、多中心"的功能区空间发展格局和与之相适应的"两条主线带动,七大板块支撑"的功能区产业支撑体系,着力建设20个文化创意产业功能区,规划面积共计441.56平方千米
2014年	北京市人民政府	北京市文化创意产业提升规划(2014—2020年)	该规划提出,到2020年,构建起富有首都特色的"3+3+X"文化创意产业体系,产业支柱地位更加巩固,成为支撑本市科学发展、绿色发展、创新发展的核心引擎,文化创意产业增加值占GDP比重达到15%以上
2015年	北京市人民政府	北京市推进文化创意和设计服务与相关产业融合发展行动计划(2015—2020年)	该计划以"创意北京"为统领,推动文化创意和设计服务业与高端制造业、建筑业、商务服务业、信息业、旅游业、农业和体育产业等重点领域相融合,促进相关产业升级。争取到2020年,基本形成文化创意和设计服务业与相关产业融合发展的格局
2016年	北京市国有文化资产监督管理办公室	北京市文化创意产业发展专项资金企业项目征集评审管理办法(试行)	该办法对专项资金的重点支持方向、申报条件、支持方式、标准和额度、管理流程、监督检查等内容进行了规定
2016年	北京市国有文化资产监督管理办公室	北京市文化创意产业发展专项资金项目补助实施细则(试行)	利用专项资金,为符合专项资金支持导向和重点,或者已列入市级或各区重点工程、重大文化创意产业发展规划、折子工程等项目提供补助
2016年	北京市国有文化资产监督管理办公室	文化创意产业发展专项资金项目贴租实施细则(试行)	利用专项资金,对为实施文化创意产业项目从融资租赁机构获得融资资金所发生的租息(含以手续费方式提前支付的租息)进行资金支持。另外,对贴租申请单位、融资租赁单位的条件进行了详尽的规定
2016年	北京市国有文化资产监督管理办公室	北京市文化创意产业发展专项资金项目奖励实施细则(试行)	专项资金将对已完成并取得良好社会效益和经济效益的文化创意产业项目进行资金奖励

续表

时间	颁布部门	政策名称	内容概要
2016年	北京市国有文化资产监督管理办公室	北京市文化创意产业发展专项资金项目贷款贴息实施细则（试行）	利用专项资金为实施文化创意产业项目从贷款机构获得信贷资金所发生的利息进行资金支持，对文化创意产业贷款贴息的申报条件、流程、提交资料等内容进行了规定
2016年	北京市国有文化资产监督管理办公室	北京市文化创意产业发展专项资金项目贴保实施细则（试行）	利用专项资金对实施文化创意产业项目从专业担保机构获得担保而发生的担保费进行资金支持，规定了具体的申请条件、提交资料等内容
2016年	北京市国有文化资产监督管理办公室	北京市文化创意产业发展专项资金文化创意产业孵化器奖励实施细则（试行）	利用专项资金为已经建成并正式运营一年以上，在孵企业不低于30家，且至少有3家（含）以上成功孵化案例的文化创意产业孵化器给予奖励
2016年	北京市国有文化资产监督管理办公室	北京市文化创意产业发展专项资金文化创意企业上市、挂牌和并购奖励实施细则（试行）	利用专项资金，为申请上市、挂牌和并购奖励的文化创意企业给予资金奖励
2016年	北京市委宣传部、北京市发展和改革委员会	北京市"十三五"时期文化创意产业发展规划	根据该规划，到2020年，文化创意产业增加值占全市GDP比重力争达到15%左右。产业支柱地位更加巩固，体系更加完善，布局更趋合理，市场竞争力、创新驱动力、文化影响力显著增强

附录二 天津市文化创意产业相关政策一览表

时间	颁布部门	政策名称	内容概要
2009 年	天津市委宣传部、市工商行政管理局	关于支持文化体制改革和文化产业发展的意见	该意见明确指出，一是积极支持文化体制改革；二是支持发展多元化文化市场主体，提出创新服务方式、支持文化企业发展的 11 条措施；三是支持农村文化旅游业发展，开发新的文化旅游项目等
2010 年	天津市人民政府	天津市文化产业振兴规划	该规划确立了"山海城乡"四带多点的发展格局，明确了全面提升广播影视、新闻出版、演艺娱乐、数字内容与动漫、文化创意园区和文化主题公园、文化会展和艺术品交易、文化旅游、广告八个重点业态
2010 年	天津市委宣传部与国家开发银行天津分行	支持天津市文化产业发展合作备忘录	该备忘提出，双方将建立战略合作关系，通过政策引导和金融工具的结合，培育和打造一批国有和国有控股的骨干文化企业、战略投资者；推动重点文化产业项目建设，通过提供大额中长期贷款、流动资金贷款、组织银团贷款等满足项目建设的融资要求，并在资本金落实、政府贴息等方面给予政策倾斜
2010 年	天津市委、市政府	关于打好文化大发展大繁荣攻坚战的实施意见	该意见提出"努力建设富有独特魅力和创造活力的文化强市"的奋斗目标，并提出 2020 年，天津市文化发展主要指标要保持在全国前列，文化软实力显著增强，基本实现建设文化强市的战略目标
2011 年	天津市人民政府办公厅	关于鼓励和支持我市文化产业发展的实施意见	该意见从财政、税收、土地、人才、投融资、工商管理、非公有资本进入、文化产业示范园等方面提出了一系列扶持政策
2011 年	天津市人民政府办公厅	关于促进我市电影产业繁荣发展的实施意见	该意见指出，为促进天津市电影产业繁荣发展，重点从加强影院基础设施建设、推进城市电影院线建设、完善公共服务体系、培育新型市场主体、提升电影科技水平、促进电影创作生产等方面采取措施
2011 年	天津市发展和改革委员会	天津市创意产业发展"十二五"规划	该规划强调，立足特色优势资源，强化引导，分类推进，促进研发设计、文化传媒、咨询策划等主导行业做大做强，培育时尚创意、动漫游戏等新兴行业快速发展，构建以科技为先导，符合城市功能定位，体现城市特色的创意产业体系
2011 年	天津市发展和改革委员会	天津市文化产业发展"十二五"规划	该规划指出，利用区域优势资源，形成特色突出、错位发展的文化产业空间格局，重点打造中心城区都市文化产业带、滨海新区开放型海洋文化产业带、北部山区休闲旅游文化产业带和周边区县民俗文化产业带，发展完善形成"四带多点"文化产业空间布局。在"四带多点"文化产业空间打造 18 个文化产业板块

续表

时间	颁布部门	政策名称	内容概要
2011年	天津市文化广播影视局	天津市文化产业示范园区认定管理办法（试行）	该办法对文化产业示范园区定义、认定管理、认定标准、认定程序以及管理、考核等内容进行了规定
2013年	天津市委宣传部	天津市促进文化和科技融合发展的实施意见	该意见总结了该市推进文化和科技融合的进展情况，对存在的问题和困难进行了深入分析，制定了措施办法
2013年	天津市财政局、市文化广播影视局	支持高端演出、高端展览和公益文化普及活动专项经费管理暂行办法	该办法指出，市财政每年专门拨付经费1500万元，用于补贴高雅文化活动的门票收入。高端演出补助标准为演出直接费用的50%，每场最高补助为60万元，每年补助不超过12场，补助专项经费按照"政府补助、降低票价"原则，全部用于观众购票
2013年	天津市商务委、市委宣传部、市文广局和市新闻出版局	关于促进天津市文化贸易发展的实施意见	该实施意见明确了文化贸易是服务贸易发展的重点领域之一，同时出台了培育文化贸易主体、打造文化贸易平台、支持文化科技创新等七项具体措施
2014年	天津市文化体制改革领导小组	天津市文化服务、文化产业转型升级工程	该工程包括95个重点文化项目，总投资约236.5亿元，其中公共文化服务项目23个，文化产业项目39个，文化产品创作生产项目33个
2014年	天津市委、市政府	中共天津市委天津市人民政府关于加快服务业发展的意见	该意见指出，推进文化创意和设计服务与相关产业融合发展，打造独具特色的文化强市、北方创意之都。积极开拓文化产品市场，加快新闻出版、广播影视、新媒体、演艺娱乐、动漫游戏、体育等产业发展，提升文化产业园区服务功能
2014年	天津市发展和改革委员会	天津市现代服务业重点产业三年行动计划汇编	每年推出一批文化大发展大繁荣攻坚战重点项目，着力推动项目建设。加快文化产业园区和基地建设，到2016年天津市国家级文化产业示范基地达到10家。打造动漫精品，到2016年认定动漫企业超过40家，动漫产品总量和效益比2013年翻一番
2014年	天津市委宣传部	天津市关于推进文化和旅游融合发展的实施意见	该意见提出，力争到2015年，文化与旅游快速融合发展，产业不断优化，新增20个文化旅游大项目，培育一批特色文化旅游演艺活动，举办100项特色文化旅游活动，文化、旅游产业增加值占全市GDP的比重分别达到5%和7.5%，成为国民经济支柱产业
2015年	天津市发展改革委、市委宣传部	天津市推进文化创意和设计服务与相关产业融合发展行动计划（2015—2020年）	该计划提出，以产业集聚区和重点项目建设为抓手，加强与制造业、科技、旅游、金融等相关产业的融合发展，着力提升文化创意和设计服务整体质量水平和核心竞争力。到2020年，创意产业增加值占全市生产总值比重力争达到8%，与相关产业融合发展程度进一步提升

续表

时间	颁布部门	政策名称	内容概要
2016年	天津市委宣传部	天津市文化产业发展专项资金项目管理暂行办法	该办法是为了进一步规范和加强天津市文化产业发展专项资金管理而制定,主要从支持方向与方式、申报条件和审批程序、项目的实施与管理、项目验收、绩效评价等方面加以规定
2016年	天津市文化广播影视局	天津市文化广播影视局"十三五"规划	该规划提出,构建六大文化体系：现代公共文化服务体系、优秀艺术作品创作推广体系、文化产业和文化市场发展体系、文化遗产保护传承体系、广播影视传播体系构建对外文化开放体系、文化人才队伍支撑体系,并列举了"十三五"期间天津文化发展十大重点工程和十大重点项目

附录三　河北省文化创意产业相关政策一览表

时间	颁布部门	政策名称	内容概要
2009 年	河北省文化厅	河北省文化市场信用评价指标体系（试行）	以全面反映企业诚信状况为依据，围绕信贷、纳税、合同履约、产品质量、诚信经营等企业信用核心行为，结合文化市场特点，总结归纳为一级指标 7 个、二级指标 43 个
2009 年	河北省政府办公厅	关于促进文化产业发展的实施意见	该实施意见确定了河北省重点发展的八大行业：出版发行业、印刷复制业、影视制作业、演艺娱乐业、动漫产业、文化旅游业、体育健身业以及文化产品、设备生产与销售业
2009 年	河北省委宣传部、省文化厅	河北省文化产业园区认定管理办法	该办法共五章十六条，规定了河北省文化产业园区认定管理工作的对象、领导机构，详细列出了河北省文化产业园区的认定条件、申报认定的程序及对已认定园区的管理和考核办法等内容
2009 年	河北省文化厅	河北省文化产业示范基地评选命名管理办法	该管理办法规定，示范基地原则上每两年评选命名一次，并对申报条件、程序以及管理机制进行了规定
2010 年	河北省政府办公厅	河北省文化产业振兴规划（2010—2015 年）	该规划提出，重点发展出版印装发行、文化旅游、现代传媒、文化娱乐及演艺等八大行业；大力实施数字化引领工程、结构化升级工程、城镇文化魅力提升工程等八项工程
2011 年	河北省文化厅	河北省文化产业投资指导目录	该目录揭示了文化产业具有示范和拉动效益的重大项目，详细列出了鼓励与限制的文化产业类别，对文化产业投资进行了全面梳理和引导
2011 年	河北省财政厅	河北省文化产业振兴奖励资金管理办法	根据办法，河北省设立文化产业精品项目奖，用于奖励上年度社会效益和经济效益突出的文化产业精品项目的所属单位，最高奖金为 500 万元。另外，河北省还设立设区市文化产业振兴奖，用于奖励上年度文化产业发展社会效益和经济效益突出的设区市政府，最高奖金为 2000 万元
2011 年	河北省财政厅、省文化厅	河北省舞台艺术精品工程专项资金管理办法（试行）	该专项资金主要支持入选省级舞台艺术精品工程剧目创作生产、宣传推介、展演和深加工
2015 年	河北省文化厅	河北省文化产业发展"十二五"规划	该规划提出，到"十二五"末，全省文化产业增加值年均增长 20% 以上，文化产业增加值力争超过 1500 亿元，占全省生产总值的比重达到 5%，努力成为国民经济的支柱产业。同时，依托各地特色文化资源和优势主导产业，培育一批特色文化产业强市（县）或文化产业集群，逐步引导形成"四带一区"的文化产业发展总体布局
2014 年	河北省财政厅 中共河北省委宣传部	河北省文化人才专项资金管理暂行办法	该办法规定，河北省级财政设立河北省文化人才专项资金，用于实施燕赵文化英才工程等。对于入选的燕赵文化英才，在 2 年培养期内，对其承担国家重大课题、重点项目、重要演出、开展创作研究、培训进修、考察交流、出版专著等发放一定专项补助津贴

续表

时间	颁布部门	政策名称	内容概要
2014年	河北省政府办公厅	河北省人民政府关于推进文化创意和设计服务与相关产业融合发展的实施意见	该意见指出，河北省将通过实施知识产权战略、强化人才支撑、壮大市场主体、培育市场需求、引导集约发展、强化财税支持、加强金融服务、优化发展环境等八项措施，推动文化创意和设计服务与相关产业融合发展
2014年	河北省财政厅 中共河北省委宣传部	河北省文艺精品扶持奖励专项资金使用管理办法（试行）	该办法明确了河北省对于文艺精品项目的扶持标准：根据作品的题材厚度、资金投入、预期影响力等指标，扶持资金的额度分重点扶持、一般性扶持和引导性扶持三个层次。重点扶持项目每件扶持资金为200万元至500万元；一般性扶持项目每件扶持资金为50万元至200万元，引导性扶持项目每件扶持资金不超过50万元
2015年	河北省财政厅 中共河北省委宣传部	河北省省级文化产业发展引导资金使用管理办法	该办法规定，引导资金主要用于支持全省文化产业发展项目，包括"文化产业特色县，重点文化产业园区和重大文化产业项目"等11个使用范围
2014年	河北省政府办公厅	河北省人民政府关于加快金融改革发展的实施意见	该意见提出，加快要素交易平台建设。规范发展各类要素交易市场，支持产权、股权、林权、金融资产和环境能源等交易市场做大做强，推动组建土地、农村产权、知识产权和旅游资源等交易平台，构建传统产业、电商和金融三位一体的要素市场体系
2015年	河北省委办公厅、省政府办公厅	关于加快构建现代公共文化服务体系的实施意见	该意见明确要求加大公共文化设施建设力度。今年，河北省省级对下转移支付安排文化建设发展专项资金达7.1亿元，文化事业投入力度进一步加大
2016年	河北省委办公厅	关于繁荣发展社会主义文艺的实施意见	该实施意见为认真落实习近平总书记在文艺工作座谈会上的重要讲话精神，从六个方面提出22项具体实施意见
2016年	河北省委办公厅、省政府办公厅	关于推动全省文化产业加快发展的若干意见	该意见提出了壮大主业规模实力、巩固提升传统产业、补齐新兴产业短板三大布局，并明确了加强文化产业园区建设、推动县域文化产业发展等七项任务
2016年	河北省文化厅、省发展改革委、省财政厅、省文物局	关于推动文化文物单位文化创意产品开发的实施意见	该意见提出，鼓励文化文物单位积极开发、经营文化创意产品；注重开发富有文化内涵的文化创意产品；打造具有河北特色的文化创意品牌；充分运用现代科技开发文化资源；推进文化资源共享与跨界融合；加强文化创意产品支撑平台建设和利用
2016年	河北省文化厅	河北省文化产业发展"十三五"规划	该规划提出，河北省要以京津冀协同发展为龙头，以京津冀文化产业协同发展区、冀中南文化产业转型引领区为主体，以沿海文化产业带、太行山文化产业带、长城文化产业带、大运河文化产业带为支撑，构建"两区四带"文化产业发展格局

附录四　河北省文化产业示范基地名单

1. 河北省第一批文化产业示范基地名单

（1）石家庄　藁城宫灯研制开发中心有限公司
（2）石家庄　石家庄东方美术职业学院
（3）石家庄　石家庄东方紫铜浮雕工艺品有限公司
（4）石家庄　石家庄市影乐宫
（5）张家口　蔚县焦氏剪纸厂
（6）张家口　涿鹿中华三祖圣地文化产业发展有限责任公司
（7）承德　紫塞明珠演艺有限责任公司
（8）承德　承德市龙腾艺术馆
（9）唐山　开滦国家矿山公园
（10）廊坊　大厂评剧歌舞团演艺有限责任公司
（11）保定　曲阳宏州大理石厂工艺品有限公司
（12）沧州　吴桥杂技大世界旅游有限公司
（13）衡水　衡水习三内画艺术有限公司
（14）衡水　河北金音乐器制造有限公司
（15）邢台　中国爱情山—天河旅游区
（16）邯郸　馆陶县陶漆工艺厂

2. 河北省第二批文化产业示范基地名单

（1）石家庄　河北古韵文化艺术品有限公司
（2）石家庄　石家庄燕赵艺术团
（3）石家庄　石家庄深度动画科技有限公司
（4）张家口　张家口十八怪文化旅游产品开发有限公司
（5）张家口　张家口上谷书院
（6）承德　平泉辽河源契丹文化产业群
（7）承德　承德金枋传统艺术开发有限公司
（8）承德　兴隆千华旅游开发有限公司
（9）唐山　迁西喜峰口旅游开发有限公司
（10）唐山　唐山华岳传媒有限公司
（11）秦皇岛　秦皇岛浪淘沙海上娱乐有限公司
（12）秦皇岛　秦皇岛山海关古城景区

（13）秦皇岛　秦皇岛山海关欢乐海洋公园股份有限公司
（14）廊坊　大厂回族自治县良盛达花丝镶嵌特艺有限公司
（15）廊坊　河北华都影视剧制作有限公司
（16）保定　河北曲阳定瓷有限责任公司
（17）保定　保定中科帷幄数码科技有限公司
（18）衡水　河北中轻北方乐器有限公司
（19）衡水　衡水一壶斋工艺品有限公司
（20）衡水　衡水侯店毛笔厂
（21）邢台　宁晋古槐画廊
（22）邢台　巨鹿七夕乞巧土布工艺品专业合作社
（23）邢台　柏乡汉牡丹花卉开发有限责任公司
（24）邯郸　峰峰矿区大家陶艺有限责任公司
（25）邯郸　馆陶思月陶艺有限公司
（26）邯郸　邱县黑马编织培训基地

3. 河北省第三批文化产业示范基地名单

（1）石家庄　河北白鹿温泉旅游度假股份有限公司
（2）石家庄　河北玛雅影视有限公司
（3）石家庄　河北秦川文体乐器有限公司
（4）石家庄　河北省武术文化产业促进会
（5）张家口　张家口市万龙运动旅游有限公司
（6）张家口　张家口市怀来锣厂
（7）承德　承德大鑫黄金珠宝有限责任公司
（8）承德　河北畅达旅游文化产业开发有限公司
（9）承德　大汗行宫旅游发展有限公司
（10）承德　承德田原牧歌旅游度假有限公司
（11）唐山　唐山滦州古镇置业有限公司
（12）唐山　渤新文化产业开发有限公司
（13）唐山　唐山丰南运河唐人街景区管理有限公司
（14）秦皇岛　北戴河集发农业综合开发股份有限公司
（15）廊坊　大厂回族自治县京东工艺品有限公司
（16）廊坊　霸州市鸿兴捷图照明设备有限公司
（17）廊坊　河北今朝建工集团
（18）廊坊　大厂回族自治县大东关大民工艺美术厂
（19）保定　河北玉兰香保定会馆饮食有限公司

（20）保定　　涿州明城恒盛集团
（21）保定　　白洋淀异国风情园有限公司
（22）保定　　河北恒岳雕刻集团有限公司
（23）保定　　河北省曲阳县荣杰雕刻石材有限公司
（24）衡水　　河北青竹美术颜料有限公司
（25）衡水　　河北华声乐器制造有限公司
（26）衡水　　阜城县王集乡国良剪纸烫金厂
（27）衡水　　饶阳县华日青铜艺术有限公司
（28）衡水　　深州东方实业集团有限公司
（29）衡水　　饶阳成乐民族乐器有限公司
（30）衡水　　冀州市田园棉被服有限责任公司
（31）沧州　　河北乐海乐器有限责任公司
（32）沧州　　吴桥金鼎古籍印刷厂
（33）邢台　　巨鹿县天工粗布有限公司
（34）邢台　　宁晋燕瓔工笔画有限公司
（35）邢台　　邢台銮宇乐器有限公司
（36）邯郸　　大名县工艺品工厂
（37）邯郸　　河北永不分梨酒业有限公司
（38）邯郸　　河北汉鼎文化发展有限公司
（39）邯郸　　馆陶县海增粮艺有限公司

4. 河北省第四批文化产业示范基地名单

（1）石家庄　　河北焦氏商贸有限公司
（2）石家庄　　石家庄百年巧匠木制品有限公司
（3）石家庄　　石家庄洪顺曲艺社文化传播有限公司
（4）石家庄　　平山县沕沕水生态风景开发有限公司
（5）石家庄　　河北天桂山旅游开发有限公司
（6）张家口　　怀安县精武石材有限公司
（7）张家口　　怀来天元特种玻璃有限公司
（8）张家口　　张北成龙商务贸易有限公司
（9）张家口　　张家口泥河湾产业发展有限公司
（10）承德　　承德避暑山庄碧峰门民俗文化园区有限公司
（11）承德　　兴隆县画之都文化有限公司
（12）承德　　兴隆县郑氏砂艺有限公司
（13）唐山　　河北迁西景忠山旅游发展有限责任公司

（14）唐山　　唐山市丰南区天娱文化传播有限公司
（15）唐山　　唐山君丽文化传媒有限公司
（16）唐山　　银贝壳（唐山）科技有限公司
（17）秦皇岛　抚宁县南戴河旅游发展（集团）有限公司
（18）秦皇岛　秦皇岛市山海关龙城旅游开发有限公司
（19）廊坊　　廊坊京锐釉料有限公司
（20）廊坊　　茗汤温泉水疗养生度假公司
（21）廊坊　　三河市茗文化卡通设计有限公司
（22）廊坊　　霸州海润俱乐部
（23）廊坊　　河北光彩投资有限公司
（24）保定　　涞水县天马古建材料厂
（25）保定　　曲阳县通宝雕塑建筑艺术有限公司
（26）保定　　河北古城香业集团股份有限公司
（27）保定　　保定滑氏红木家具制造有限公司
（28）保定　　河北燕都环境艺术有限公司
（29）保定　　曲阳马若特雕塑艺术有限公司
（30）衡水　　刘晖民俗文化产业园
（31）衡水　　河北闾里文化传播有限公司
（32）衡水　　河北正阳红广告传媒有限公司
（33）沧州　　河北明亮玻璃制品有限公司
（34）沧州　　吴桥华艺杂技演出有限公司
（35）沧州　　沧州郭氏镂空木雕艺术有限公司
（36）邢台　　沙河市宝石来玻璃有限公司
（37）邢台　　河北华宝古籍印刷有限公司
（38）邯郸　　魏县龙翔粮油食品有限公司
（39）邯郸　　邯郸市文化艺术中心有限责任公司
（40）邯郸　　河北秀谷旅游开发有限公司

5. 河北省第五批文化产业示范基地名单

（1）省直　　河北省话剧院演艺有限公司
（2）石家庄　河北赛凡蒂工艺美术品有限公司
（3）石家庄　河北易水石砚台有限公司
（4）承德　　河北怡达食品集团有限公司
（5）张家口　蔚县宏宇剪纸有限公司
（6）唐山　　唐山海洋牧场实业有限公司

（7）唐山　河北弘业地毯集团有限公司
（8）唐山　唐山人达新天地经营管理有限公司
（9）秦皇岛　秦皇岛冀弘渔岛温泉度假村有限公司
（10）廊坊　廊坊市珍艺工艺美术品有限公司
（11）廊坊　河北乐聪网络科技股份有限公司
（12）保定　河北翰鼎雕塑集团有限公司
（13）保定　河北荣毅通讯有限公司
（14）衡水　衡水华建板业有限责任公司
（15）衡水　饶阳天雄玻璃制品有限公司
（16）沧州　冀春实业集团有限公司
（17）沧州　河北明尚德玻璃科技股份有限公司
（18）沧州　中企促发影视有限公司
（19）邢台　平乡县金速派电子商务有限公司
（20）邢台　河北恒驰自行车零件集团有限公司
（21）邢台　邢台县盛敖旅游开发有限公司
（22）邯郸　冀南磁州窑艺术研发有限公司
（23）邯郸　馆陶县翔杰陶艺有限公司
（24）邯郸　河北新圆旭包装装潢有限公司
（25）定州　河北定坤文化传播有限公司
（26）辛集　辛集欢乐谷生态农业开发有限公司

后　　记

　　如今"文化创意产业"已成为世界公认的朝阳产业，在各国经济发展中具有越来越重要的地位，是高成长服务业的核心产业。

　　京津冀地缘相接、文脉相承，三地资源禀赋深厚，地方特色鲜明，相通性和差异性并存，在文化创意产业方面有着广泛的合作空间。中国传媒大学文化发展研究院院长范周曾指出，北京是京津冀地区文化产业发展的龙头，文化资源极为丰富，人才资本要素集中，在文化艺术、新闻出版、广播影视和文化旅游等方面优势显著，能够对周边区域形成巨大辐射作用，带动次级文化中心的发展。天津市拥有环渤海地理环境优势，便利的海运、空港条件对高端文化装备制造业的发展提供了有利条件。同时，天津具有独特'津派'文化底蕴，其特色文化产业、软件互联网、广告会展产业等产业优势明显，产业环节大多集中在内容创意、制作复制、发行展示等领域。河北省历史文化积淀深厚，目前已经形成以出版印刷发行、文化旅游、文化产品生产及销售业等为主导的特色文化产业，产业环节主要集中在生产复制、文化消费等中间环节，在文化制造业发展方面具有较大潜力。

　　2015年，我们的科研团队以"京津冀文化创意产业协同发展的困境与突围"为题申报教育部人文社科规划基金项目并成功获批，这一年是我主持河北大学文化创意产业研究中心的第6个年头。2009年，由我牵头，整合河北大学历史、教育、文化、新闻传播、艺术、管理等重点学科资源，创办了河北大学文化创意产业研究中心，开启了文化创意研究与实践之路。几年间，我们的科研团队深入挖掘京津冀地区文化特色，凸显社会服务职能，在政府相关文化产业规划、文化产业精准扶贫开发与研究、红色文化基地开发与梳理、文化产业园区建设、文化传承及非物质文化遗产保护与开发等领域的研究与实践取得了一些成绩，我们的研究中心也从一个校级的研究机构变成了河北省哲学社会科学研究基地和河北省的新型智库。本书可以说是我们科研团队多年积累的研究成果。

　　本书以京津冀协同发展战略为思考问题的出发点，以"区域创新体系"为总体理念，研究内容涵盖京津冀文化创意产业协同发展的"理论探讨""各地发展现状""京津冀合作""路径选择"四个方面，在充分借鉴和吸收前人研究成果的基础上，运用新闻传播学、区域经济学、管理学、传媒经济学等理论工具和研究方法，以区域创新体系构建为纽带，对中国京津冀区域内文化创意产业的历史演变、产业布局、现状和问题进行了较为深入的分析，并尝试从创新主体、创新环境、创新资源三个部分提出对策。

本书重点尝试解决四个关键问题：一是从区域横向层面对京津冀三地文化创意产业发展现状进行全景式的论述；二是从时间纵向层面对京津冀三地文化创意产业的发展历程进行探索；三是提出突破京津冀文化创意产业发展空间壁垒的现实路径——区域创新体系；四是提出区域创新体系构建的关键所在，即创意集群。本书在解决以上四个关键问题的过程中，运用了大量科学可信的数据，列举了众多生动翔实的案例，借鉴了弗里德曼、熊彼特、马歇尔等著名学者的经典理论，希望为读者了解京津冀文化创意产业发展现状打开一扇窗。

在本书写作过程中，第二作者宋伟龙老师在资料搜集、文稿校对等方面做了大量细致的工作。宋伟龙老师是河北大学新闻传播学院的优秀青年教师，也是我们文化创意产业研究中心的骨干。近年来，他在文化创意产业领域的研究与实践中取得了一些成果，如2017年4月他撰写的研究报告《文化产业在雄安新区发展规划中的策略与建议》就被教育部采纳，并报送有关领导参阅。参与本书的写作，进一步促进了他的成长，希望他在文化创意产业领域的研究与实践中能够不断进步，取得更多的成果。

由于作者水平所限，书中难免会有不足之处，敬请专家学者和广大读者批评指正。

杜　浩
2018 年 12 月